沐光而行

湖南中医药大学学生工作研究与实践探索

廖　菁　朱久宜　胡　超◎主编

湖南师范大学出版社
·长沙·

图书在版编目（CIP）数据

沐光而行：湖南中医药大学学生工作研究与实践探索 / 廖菁，朱久宣，胡超主编. —长沙：湖南师范大学出版社，2024. 11 -- ISBN 978-7-5648-5666-3

Ⅰ. G645. 5

中国国家版本馆 CIP 数据核字第 202430RC90 号

沐光而行：湖南中医药大学学生工作研究与实践探索

Muguang' erxing：Hunan Zhongyiyao Daxue Xuesheng Gongzuo Yanjiu yu Shijian Tansuo

廖　菁　朱久宣　胡　超　主编

◇出 版 人：吴真文
◇责任编辑：王　璞
◇责任校对：谢兰梅
◇出版发行：湖南师范大学出版社
地址/长沙市岳麓区　邮编/410081
电话/0731-88873071　0731-88873070
网址/https：//press. hunnu. edu. cn
◇经销：新华书店
◇印刷：三河市华晨印务有限公司
◇开本：170 mm×240 mm
◇印张：19
◇字数：290 千字
◇版次：2024 年 11 月第 1 版
◇印次：2024 年 11 月第 1 次印刷　2025年3月第2次印刷
◇书号：ISBN 978-7-5648-5666-3
◇定价：68.00 元

谨以此书献给学校建校九十周年

编委会

主　编｜廖　菁　朱久宜　胡　超

副主编｜王召亿　马改红　刘金红

编　委｜（按姓氏笔画排序）

马　翔　朱洪慧　李湘玉　肖　辰　张玉桃

侯　祥　袁　惠　黄　容　蔡　雄　薛金凤

序

古人云："国有贤良之士众，则国家之治厚；贤良之士寡，则国家之治薄。"党的十八大以来，习近平总书记多次强调，培养什么人、怎样培养人、为谁培养人是教育的根本问题，要坚持把立德树人作为根本任务，培养德智体美劳全面发展的社会主义建设者和接班人。习近平总书记在 2020 年 9 月考察湖南大学岳麓书院、2024 年 3 月考察湖南第一师范学院（城南书院校区）时，先后两次就高校思政工作作出重要指示，强调"学校要立德树人，教师要当好大先生"，对传承红色基因、充分运用丰富的历史文化资源、加强实践教学、抓好大思政课等提出明确要求，勉励学生立报国强国大志向，努力成为堪当强国建设、民族复兴大任的栋梁之才。这为我们做好高校学生工作指明了前进方向、提供了根本遵循。

惟楚有材，于斯为盛。湖南自古素有崇文重教的优良传统，也是我国近现代教育重要发祥地之一，在革命和建设时期培养了一大批爱国报国的杰出人才。进入新时代以来特别是近几年，在省委、省政府的坚强领导下，湖南教育系统坚守"为党育人、为国育才"的初心使命，紧紧围绕落实立德树人根本任务，坚持敢为人先、守正创新，积极推进"三全育人"综合改革试点，构建了具有湖湘特色的"大思政"工作体系，尤其是推出了习近平总书记点赞的"移动思政课"、岳麓书院"大思政课堂"、"奋斗青春号"网络思政等一批在全国颇具影响的特色思政品牌，为高校学生工作贡献了"湖南方案""湖南经验"。

湖南中医药大学作为我省特色鲜明的研究型大学，承载着中医药文化传承与创新发展的使命，在创新学生思政工作方面独树一帜。长期以来，学校秉承“人本、仁和、精诚”的办学理念，坚持以中医药优秀传统文化涵养医德医风，将医德教育贯穿于医学教育始终，引导学生树立和践行“医者仁心”的职业操守和“悬壶济世”的情怀担当，培养了众多“扎根湖南、心系国家、面向世界”的中医药等各类人才，涌现了国医大师、长江学者、芙蓉学者等一大批名医名师，成为华中、华南片区中医药人才的摇篮。

今年恰逢湖南中医药大学建校九十周年。学校编撰的《沐光而行——湖南中医药大学学生工作研究与实践探索》一书，正是学校干部教师多年来研究和实践探索的智慧结晶。书中既有对思政理论创新的深入探讨，也有对学生工作实践案例的鲜活呈现，全方位展示了学校在思政教育、学生管理、心理健康教育、学生资助等方面的成功经验和务实举措，为各高校提供了颇有价值的参考范例。该书的出版，不仅是对该校学生工作的一次全面梳理和回顾，更是对未来工作的重要指引，对于提升学校思政工作整体水平、促进学生全面发展具有重要意义，同时也为湖南乃至全国高校思政队伍建设树立了生动典范。

迈上新征程，担当新使命。前不久，习近平总书记在全国教育大会上发出“朝着建成教育强国战略目标扎实迈进”的号召。湖南积极响应，正在谋划推进教育强省建设。这意味着我们的教育迎来新的发展春天。希望湖南中医药大学乘东风、鼓实劲，大力弘扬教育家精神，进一步探索有特色、有实效、有影响的思政育人新模式，在引领和推动全省乃至全国高校学生工作上作出新贡献。

是为序。

湖南省教育厅党组书记、厅长：夏智伦

2024 年 11 月

目录

理论研究

实践探索

调查研究

理·论·研·究

党建引领高校事业高质量发展的“五个维度”

戴爱国

党的二十大报告强调：“全面建设社会主义现代化国家、全面推进中华民族伟大复兴，关键在党。”党的领导是我国高等教育最鲜明的特征，是办好人民满意的高等教育的根本保证。

坚持党的领导，提高政治站位。坚持党的领导，高校党委要做到：全面讲政治。坚持以习近平新时代中国特色社会主义思想为指导，把学习宣传贯彻落实党的二十大精神作为首要政治任务，坚持对党绝对忠诚，与党中央同心同德，真心爱党、时刻忧党、坚定护党、全力兴党，深刻领悟“两个确立”的决定性意义，增强“四个意识”、坚定“四个自信”、做到“两个维护”。系统揽全局。充分发挥高校党委总揽全局、协调各方的领导作用，通过深入贯彻落实党委领导下的校长负责制，不断增强推动高质量发展本领、服务群众本领、防范化解风险本领，把党的领导贯穿办学治校、教书育人全过程。整体促发展。结合高校不同定位和发展赛道，把教育与国家、与时代、与世界、与经济社会发展进行“强连接、真融入、真推动”。中医药高等院校要自觉扛起“促进中医药传承创新发展”使命，扎根中国大地办医办学，以“大党建”观协同大教育、大科技、大人才、大中医观，在服务健康中国建设、经济社会发展中彰显更大作为。

坚持铸魂固本，提升立德树人温度。党的二十大报告强调，培养什么人、怎样培养人、为谁培养人是教育的根本问题。高校党委要全面贯彻党的教育

作者简介：戴爱国，湖南中医药大学党委书记，教授。

方针，落实立德树人根本任务。坚持以习近平新时代中国特色社会主义思想凝心铸魂。深入推动习近平新时代中国特色社会主义思想和党的二十大精神进教材进课堂进头脑，建立健全促进学生身心健康、全面发展的长效机制，教育引导学生明大德、守公德、严私德，做合格的社会主义建设者和接班人。坚持马克思主义指导地位。深入开展马克思主义理论研究阐释传播，不断增进政治认同、思想认同、理论认同，努力构建中国特色、中国风格、中国气派的学科体系、学术体系、话语体系。构建大思政工作格局。建立党委统一领导、部门分工负责、全员协同参与的责任体系，调动社会力量和各方资源办好“大思政课”，让思政教育更有温度、更加温润人心。

坚持融合创新，充盈事业发展厚度。高校是教育、科技、人才的交汇点，要牢固树立“党建+”思维，推进党的建设与事业发展融合。推进“党建＋教育”融合。以“党建强”引领“教育强”，坚守教育质量生命线，将党建工作渗透到教学管理、课程改革、课堂建设等教育教学全过程，以党建促教育改革、提教育质量。推进“党建＋科技”融合。充分发挥党的政治优势、组织优势，将教师党支部建在学科上、建在关键核心技术攻关任务上、建在科技成果转化的重大项目上，精准实施有组织的科研，使高校成为科技攻关的主战场、重大原创性成果的孵化地。推进“党建＋人才”融合。加强党对人才工作的领导，深化人才第一资源认识，营造用心识才、真心爱才、悉心育才、诚心引才、精心用才、公心容才的良好氛围，使高校成为服务党和国家事业发展的人才高地。

坚持大抓基层，拓展党建工作广度。要坚持大抓基层的鲜明导向，把基层党组织建设成为有效实现党的领导的坚强战斗堡垒。落实第一责任。强化“一岗双责”，牢固树立“抓好党建就是最大政绩”的理念，形成一级抓一级、层层抓落实的生动格局。突出一项功能。即政治功能，提高党组织会议、党政联席会议议事决策质量，健全集体领导、党政分工合作、协调运行的工作机制，严格执行“三会一课”、组织生活会、党建述职评议等制度，确保党的路线方针政策在基层落到实处。完善一个体系。即组织体系，坚持一切工作到支部，师生在哪里，党支部就建在哪里，党的工作就拓展到哪里，依托学科团队、科研平台、重大项目等设置党组织，形成党的领导纵向到底、横向到边、全面覆盖的工作格局。创建一批品牌。推进高校党建示范创建和质量创优，开展国家、省、校三级示范创建和特色党建品牌创建。中医药高等院校要推动基层党建与中医药文化创新性发展、创造性转化相融合，形成一批具有全国影响、体现中医药特色的党建工作品牌。

坚持自我革命，加大严管厚爱力度。全面从严治党永远在路上，党的自我革命永远在路上。高校党委要牢记“两个永远在路上”，坚持严管和厚爱相结合，在严管中彰显厚爱。敢管敢严。旗帜鲜明地激励“能者”，敢于为担当者担当、为负责者负责、为干事者撑腰，善于发现、培养、使用敢担当善作为的干部，营造想干事、能干事、干成事、干好事、不出事的良好氛围，激励干部敢于担当、积极作为。真管真严。倡导以身许党、夙夜在公的工作作风和“时时放心不下”的责任感、积极担当作为的精气神，把讲实干、重实绩作为干部工作的鲜明导向。不打小算盘、不搞小聪明，自觉防止和反对个人主义、分散主义、自由主义、本位主义。长管长严。锲而不舍落实中央八项规定及其实施细则精神，深化纠治“四风”，重点纠治形式主义、官僚主义顽疾，从严整治师德师风突出问题，严肃查处违规收受红包礼金、违规公款吃喝、教风不正等问题，让师生切实感受全面从严治党实际成效，建设风清气正的清廉校园。

（原文刊载于《新湘评论》2023 年第 04 期，有删改）

新时代推动中医药文化传承发展的三大向度

易刚强

习近平总书记指出，“只有全面深入了解中华文明的历史，才能更有效地推动中华优秀传统文化创造性转化、创新性发展”。中医药文化是中医药事业发展的根基与灵魂，新的历史起点上，强化文化自觉、厚植文化自信、担负文化使命，推动中医药文化传承与创新发展成为新时代中医药事业发展的一项重要且紧迫的任务。

一、逻辑起点：立足价值底蕴，夯实中医药文化传承的坚实根基

中医药学是在中华民族几千年医学理论和实践基础上形成的独特学科，其内核不仅融合了中国古代自然科学的精髓，还体现了中华民族独特思维模式和核心价值观念，具有明显的文化属性。这种文化属性塑造了中医药学的内在范式与外在形式，更将引领中医药学未来发展走势，成为“打开中华文明宝库的钥匙”。

天人合一：把握中医药文化的整体性规律。“天人合一”是古人在探索人与大自然关系中形成的一体化、整体性思维方式。中医认为“人与天地相参也，与日月相应也”，天地人是息息相关的有机整体。中医的整体观既将人体的各气血津液、脏腑经络视为相互联系的整体，强调人体内部的和谐；又强调要对生命个体与外部环境进行整体把握，在适应自然环境的过程中维持自身身体机能的稳定。“天人合一”的整体观缔造了中医药文化的基本框架，

作者简介：易刚强，湖南中医药大学校长，高级政工师。

是传承中医药文化必须把握的整体性规律。

调和致中：遵循中医药文化的平衡原则。中医以阴阳五行学说为载体，强调调和阴阳，以致中和。从中医病理学来看，“阴阳不和，百病乃生”，阴阳失调是诱发疾病的关键所在；从中医诊疗法来看，“中病即止，以平为期”，使破坏的生理机能恢复阴阳平衡的状态是中医治疗疾病的基本理念；从中医养生观来看，“法于阴阳，和于术数……故能形与神俱”，养生的根本就在于“和”。“调和致中”的动态平衡是中医药的世界观、方法论，是研究中医药文化必须遵循的基本原则。

以人为本：领悟中医药文化的人文精神。中华文明认为人是万物之灵，强调以人为本，这同样是中医的认知起点。一方面中医强调人命至重，“天覆地载，万物悉备，莫贵于人”，要求医者要有仁爱之心，普救生灵之苦；另一方面中医倡导一视同仁，“若有疾厄来求救者，不得问其贵贱贫富……普同一等，皆如至亲之想”，医者要平等对待患者，要有高尚医德。这都是中医“以人为本”精神的具象化表现，规范着中医的伦理道德观念，是认识中医药文化必须领悟的精神内核。

二、现代视域：着眼时代发展，构建中医药文化发展的创新体系

习近平总书记强调，要推动中华优秀传统文化的创造性转化、创新性发展。面向新时代，我们要自觉把中医药文化融入建设文化强国、增强文化自信的大格局中，构建出契合时代发展潮流的新理念、新方法、新体系。

坚持“两个结合”，激发内生动力。习近平在文化传承发展座谈会上强调，“在五千多年中华文明深厚基础上开辟和发展中国特色社会主义，把马克思主义基本原理同中国具体实际、同中华优秀传统文化相结合是必由之路”。马克思主义是时代精神的精华，和中医药文化在世界观、方法论等方面高度契合，是中医药文化焕发生命力的内生动力。推进中医药文化创新发展，必须将中医药文化与马克思主义基本原理相结合、与当代社会相适应、与现代文明相协调，深入挖掘中医药文化的精髓内涵和时代价值。

落实顶层设计，筑牢四梁八柱。党的十八大以来，以习近平同志为核心

的党中央高度重视中医药事业发展，全面加强中医药发展顶层设计和战略部署。中医药文化建设被纳入中华优秀传统文化传承发展工程总体布局，并在重点项目中新增中医药文化弘扬工程。新时代，中医药文化建设的资源力量得到进一步整合，组织保障得到切实加强。我们要以国家战略为导向，以政策规划为抓手，为中医药事业立柱架梁，做好新时代中医药文化创新发展大文章。

注重人才培养，凝聚核心力量。人才作为第一资源，是中医药文化创新发展的关键所在。中医药高等院校承载着中医人才培养、中医文化传承与创新的重任，应将强化学生的中医药文化自信作为教育的重要任务贯穿始终。对学生进行系统的传统中医药文化熏陶和中医药思维训练，让他们深刻理解和把握中医药文化的精髓，提高学生对中医药文化的认同与自信，把他们培养为具有深厚中医药文化底蕴的中医药人才，成为中医药文化创新发展的有力推动者。

三、实践路径：聚焦文化传播，营造中医药文化振兴的浓郁氛围

文化无传播不立。目前中医药文化传承创新及传播推广已上升为国家战略。担当起中医药文化“传下去”和“传出去”的光荣使命，形成爱中医、信中医、用中医的浓厚氛围，成为中医药文化振兴的一项重要任务、系统工程。

创新话语体系，做优传播内容。中医药文化作为古老文明的传承，是以中华民族特有话语体系建构起来的，存在一定的理解难度、传播隔阂。新时代中医药迫切需要一套通俗易懂、清晰明了的新的话语体系，用现代人的表达方式和思维逻辑去解读中医药精神价值和理论知识。既要“用中医疗效说话”，又要“讲好中医故事”，让更多的人能够听得懂、学得会、用得上，正确地认识中医药，真正地理解中医药，增强群众对中医药文化的认同与信心。

巧用现代媒介，拓宽传播渠道。要树立全媒体融合的中医药文化“大传播观”，搭建线上线下双向互动传播矩阵，拓宽中医药文化传播渠道。线上以人工智能、大数据等现代技术为支撑，建设好一批中医文化资源库、数字文化传播平台等，构建“中医药＋互联网”的数字传播新模式；线下利用好中医药文化教育基地、文化体验场馆等场所，深入开展中医药文化科普、中

医健康咨询等多元文化服务活动，最终形成线上线下全空间、全场景、全渠道的传播体系。

加强交流互鉴，提升传播效力。一是加强中医药文化本土推广。建立“政府主导、医院联动、学校参与、基层实施”的多元推广模式，以群众喜闻乐见的传播手段和活动形式，让中医药文化融入大众生活，惠及千万民众。二是加强中医药跨文化传播。既要充分利用好“一带一路”等国际合作的战略机遇，进行中医药文化国际传播大布局；又要下沉海外基层，加强民间交往，与海外受众形成良好的互动交流模式，真正提升中医药文化国际传播效力。

（原文刊载于《新湘评论》2023 年第 21 期，有删改）

政治文化如何为党的组织建设铸魂培元

章小纯

政治文化建设是党的建设的灵魂，引领着党的思想建设、组织建设、作风建设、纪律建设和制度建设。以文化人，涵养风清气正的党内政治文化生态；以文造形，塑造规范严格的党内政治文化生活；以文铸魂，促使广大党员干部对党内政治文化形成价值共识，从而促进党的组织建设和政治文化建设之间的有机协同与良性互动。习近平总书记在中央政治局第二十一次集体学习时强调，“组织建设是党的建设的重要基础”。高度重视党的组织建设，不断巩固和完善党的组织建设是党的优良传统和独特优势，是党在革命、建设、改革时期不断壮大、取得胜利和走向新的胜利的成功密码，是马克思主义执政党建设规律认识的升华，也是马克思主义政党的优势所在、力量所在。新时期，加强党的组织建设既要“造形”，更要“铸魂”。

一、正本清源：整体性是党内政治文化的本质属性

（一）党内政治文化在立场、观点、方法上的整体性

以马克思主义为导向，这是党的政治文化保持科学性、革命性的制胜宝典。马克思主义始终是共产党人认识世界和改造世界的锐利的思想武器，在立场、观点和方法上具有统一性和整体性，或者说整体性是马克思主义理论形态和理论框架上的统一。共产党人始终坚持以马克思主义作为行动指南，在实践中不断推动马克思主义中国化，以马克思主义的立场对待马克思主义，

作者简介：章小纯，湖南中医药大学马克思主义学院党总支书记，正高级政工师。

坚持实践的观点，不断进行理论创新。马克思主义的指导思想是中国共产党相较于以前任何政治力量的独特优势，是共产党保持蓬勃生命力和强大战斗力的重要原因。

（二）党内政治文化在历史发展中的整体性

文化是社会实践发展的产物，党内政治文化随着社会主义革命和建设的实践而发展。中华优秀传统文化、革命文化和社会主义先进文化之间的三位一体说明三者之间关系并不是相互割裂的，而是前后的相继和传承、创造和转化的关系。三位一体既是各具特点，又紧密贯通，反映了中华民族一脉相承的精神追求和精神特质。

中华优秀传统文化是根源。它是中华民族区别于世界其他民族的独特标识，也是党内政治文化体系的源头活水，它形塑了当代党员的精神底蕴、价值追求和文化理念。中华优秀传统文化是推动民族进步、国家发展的精神力量，是中华民族不能割舍的精神命脉。党内政治文化在优秀传统文化的道德理念、行为规范、价值标准中得到涵养和发展，如自强不息、知常达变、经世致用、扶危救困、见义勇为等价值观念，以及崇仁爱、重民本、守诚信等思想观念，对塑造和坚定党员的理想信念、加强品德修养以及深化服务人民的意识和厚植家国情怀起着重要作用。

革命文化是灵魂。革命文化是近代以来面对深重的民族危难，党和人民在伟大斗争中积淀的爱国情怀、革命理想、革命精神和政治追求，如红船精神、井冈山精神、长征精神、延安精神等，激励着无数共产党人英勇抗争、不畏牺牲、勇于奋斗。党在革命征程中形成的光荣的革命传统和红色基因铸就的党内政治文化永远不会过时和落伍，而是会不断被传承、转化和弘扬。

社会主义先进文化是动力。社会主义先进文化是党和人民在社会主义建设实践中形成的思想理论、价值追求、精神品格，也是中华优秀传统文化和革命文化在当代的发展，在历史和传统的资源滋养下，党内政治文化建设更坚持开放性和创新性，与时俱进，创造了中国特色社会主义先进文化。它是以马克思主义中国化的制度和理论成果、社会主义核心价值观、以爱国主义为核心的民族精神和以改革创新为核心的时代精神等为实质内容，体现了时代进步潮流和发展要求，是党内政治文化先进性的动力源泉。因而党的政治文化既有着优秀传统文化的滋养，传承着革命文化和红色基因，也始终以开放和创新的姿态，以与时俱进的社会主义先进文化为指引。

（三）党内政治文化在思想、行为、制度层面的整体性

党的政治文化是信仰文化、组织文化和实践文化的一体性，它既有着有形的客观载体即制度规矩，又有着无形层面的价值理念，前者决定了共产党员行为作风，后者形塑了共产党的理想信念。因而，党的政治文化作为观念形态，从结构上说包含了有形的制度规范和无形的价值观实践要求，制度规范是硬性规定，价值观的实践要求是柔性规定，两者是不同性质的作用力，同向同时，对党的组织建设形成强大合力。价值文化是制度文化的灵魂，实践文化是信仰文化和组织文化的落脚点。前者是党内政治文化建设的支撑和载体，对党的组织建设起到造型作用，后者是党内政治文化建设的内核和灵魂，对党的组织建设起到铸魂作用。党内政治文化包含着党的政治认知、政治情感和行为取向，以文化人、以文铸魂的关键在于内化于心外化于行，最终落实为自觉的行动。

二、固本培元：党的政治文化应成为凝聚、组织、引领党员的思想“总开关”

（一）始终贯穿党内政治生活的全过程

党的政治文化是党内政治生活的灵魂。文化的“造形”功能即是要坚持发挥马克思主义政党的鲜明优势和坚实力量，切实抓好党的组织体系建设，不断提高各级党组织的政治领导力、思想引领力、群众组织力和社会号召力。“铸魂”则是要全面发挥思想建党的光荣传统和政治优势，切实加强党内政治文化建设，筑牢信仰之基，补足精神之钙，把稳思想之舵，切实增强党的创造力、凝聚力、战斗力。党内政治文化对政党的组织体系有着深层涵养和内在支撑作用，全党之所以始终保持统一的思想、坚定的信念、强有力的行动，在于统一的积极健康的文化氛围，同时要有纪律规矩意识、底线意识，培育斗争精神，强化政治担当，自觉把党的政治立场作为个人操守。

（二）涵养风清气正政治生态的价值主张

党的政治文化是廓清思想迷雾的“指南针”。在党的十九大报告中，习近平总书记强调“全面净化党内政治生态”，深化全面从严治党的政治要求。风清气正的党内政治生态要求干部清正、政府清廉、政治清明，如何根除吹吹拍拍、拉帮结派的不正之风，纠正个人主义、自由主义、本位主义等错误，就要使党员干部形成正确的世界观、人生观、价值观以及权力观和事业观，不断增强“四个意识”、坚定“四个自信”、做到“两个维护”，从思想上认识上自觉提高党性修养，并且内化为党员的认知、情感，才能以自身实际行动推动党内政治生态建设。党的政治文化反映了党的价值目标与精神追求，既是党内政治生态的深层反映，也是党内政治生态的实践要求，是严肃党内政治生活的有效途径，有利于提高党的政治能力、提高组织的净化能力，用健康的党内政治文化营造风清气正的党内政治生态，为全面从严治党提供文化基础和价值支撑。

（三）永葆党的初心使命的精神支撑

党的政治文化有着定心养性的作用，是永葆党的初心使命的“定盘星”。它决定了党组织和党员的价值取向和行为方式，起着凝聚、组织、引领党员的作用，进一步诠释了新时代中国共产党人政治底色，是永葆党的初心使命、滋养共产党员的政治灵魂的“营养素”。党内政治文化最大限度激发各级党组织和党员的内生动力和活力，党的政治文化的导向、评价、激励和约束功能，是党保持凝聚力和号召力，提升长期执政能力的重要保证。

三、活水源泉：不断提升党组织的政治领导力、思想引领力、社会号召力

（一）坚持以文铸魂，筑牢信仰之基

政治信仰是一个政党的“根”和“魂”，坚持马克思主义的科学真理，坚守共产主义远大理想和中国特色社会主义共同理想，是中国共产党人的政治灵魂，决定着党的命运和事业的兴衰成败。加强党内政治文化建设，首要的就是坚定理想信念，切实凸显和保障党内政治文化的鲜明政治特征，发挥

好文化的政治信仰认同、政治价值塑造和政治情感培育作用，巩固党团结统一的思想基础，筑牢中国特色社会主义的思想根基。要以马克思主义、共产主义信仰作为党内政治文化的坚定方向，以中国特色社会主义文化作为涵养党内政治文化的活水源泉，坚持把博大精深的中华优秀传统文化作为坚实根基，把奋发向上的革命文化作为精神力量，把承前启后、继往开来的社会主义先进文化作为主体内容，立根固本，为坚定政治信仰、保持政治定力、站稳政治立场提供强劲的精神保障。

（二）坚持以文化人，补足精神之钙

价值观念是一个政党的“命”和“脉”，以人民为中心是中国共产党的价值旨归，决定着党的事业的人心向背和前途命运。“为中国人民谋幸福，为中华民族谋复兴”是中国共产党的初心和使命。要把党员、干部的世界观、人生观、价值观看成是“总开关”，总开关没拧紧，缺乏正确的是非观、义利观、权力观、事业观，各种出轨越界、跑油堵漏就在所难免。因此，党内政治文化建设要切实发挥拧紧“总开关”的作用，通过文以载道、文以修身、文以强魄、文以明志，厚植党内良好政治生态土壤，补足党员干部的精神之钙和强身之本。要传承和弘扬党内优良的政治文化和价值规范，尤其是要发扬以红色革命文化为核心的老一辈无产阶级革命家的光荣传统和文化遗产，确保全体党员干部不忘初心，牢记使命，始终“坚持一切为了人民”这一最高价值尺度，永葆共产党人的政治本色。要依靠党内先进政治文化的自觉自信，深入推进全面从严治党，进一步整顿和改进党内不良风气，为净化政治生态、提升政治能力营造良好的组织环境。

（三）坚持以文造型，把稳思想之舵

组织体系是一个政党的“筋”和“骨”，党的全部工作要依靠坚强组织体系去实现，它决定着党的肌体健康和生机活力。新时代党的组织路线要求坚持和加强党的全面领导，充分发挥各级党委（党组）、各领域基层党组织的政治功能，全面彰显广大党员在改革发展稳定中的先锋模范作用。因此，党内政治文化应当起到强心剂和润滑剂的作用，通过注入组织领导、融入组织生活、贯穿组织制度，切实做到凝聚精神动力、改进作风建设、聚焦共同

奋斗目标，把各领域基层党组织建设成为实现党的领导的坚强战斗堡垒，让每一位党员成为基层党组织的一面旗帜，把广大人民群众紧紧团结在党的周围，切实提升党组织的政治领导力、思想引领力、群众组织力和社会号召力。要将党内政治文化充分渗透到党的肌体的神经末梢，起到充实气血、鼓舞正气、疏通微循环的作用，切实打通贯彻落实党中央决策部署的“最后一公里”，为强化政治领导、凝聚政治共识构建高效的传导通路。

（原文刊载于《人民论坛》2021 年第 03 期，有删改）

大数据时代高校意识形态安全面临的风险及其防范

万颖

近年来，以大数据为主导的信息技术革命，在为我国高校意识形态建设工作注入活力的同时，也带来了诸多现实挑战。当前，国内就大数据视域下高校意识形态安全的研究存在着对新环境下高校意识形态安全面临的新生危机认识不足，高校意识形态安全风险防范中大数据意识与运用嵌入不足，以及缺乏针对具体国情的思考与探讨，相关研究偏理想化等问题。基于此，本文以大数据时代为背景，以大数据技术为视角，考察大数据时代高校意识形态安全风险产生的原因，从物理域、信息域和认知域三个层面分析高校意识形态安全的风险表现，并从原则、路径与保障机制三个方面总结高校意识形态安全风险防范策略。

一、大数据时代高校意识形态安全风险的表现

大数据时代，由于社会转型期多种社会思潮叠加渗透、高校意识形态教育有待加强、青年的价值判断能力不足，以及大数据技术给传统监管体制带来的冲击等多方面因素影响，高校意识形态安全面临一定的挑战。在厘清高校意识形态安全风险成因的同时，应全面深入地考察当前高校意识形态安全风险的表现，通过把握物理域、信息域以及认知域三方面的高校意识形态安全风险表现，形成科学而精准的风险防范策略。

作者简介：万颖，湖南中医药大学党委宣传统战部常务副部长，高级政工师。

（一）物理域风险表现

物理域的风险表现是高校意识形态安全风险表现中最基础的风险表现之一，其主要涉及数据终端设备安全与数据传输网络安全两个方面。大数据时代，信息数据的传输与安全依赖于现代基础设施网络。有研究者指出，现代基础设施网络往往具有规模庞大、结构复杂、节点类型多样的特点，因此容易成为攻击者入侵的对象。高校意识形态安全风险中的物理域风险，主要体现为基于硬件设施与设备的安全，要求保护硬件设施与设备不被干扰、破坏和摧毁，以确保数据在传输、存储中的安全。当前，在错综复杂的信息环境中，非法访问控制终端、恶意软件入侵以及恶意程序渗透等问题，正在以不同的形式威胁着数据终端设备安全与数据传输网络安全。

（二）信息域风险表现

数据信息作为联通网络信息空间与物理空间的重要中介，在整个网络信息传输过程中发挥关键作用。信息域的高校意识形态安全风险主要涉及相关信息的可用性、机密性、真实性和完整性。全球化背景下，信息域的风险随着大数据的价值创造而不断上升。攻击者为了获取数据中有价值的信息，往往采用信息窃听、文件非法拷贝、信息篡改等手段，使得信息的传输、使用以及存储受到严重影响。

（三）认知域风险表现

相较于物理域与信息域，认知域的风险表现则具有一定的隐蔽性，且对于高校意识形态安全的威胁也最严重。认知域的高校意识形态安全风险主要涉及政治安全、社会安全与心理安全三个部分。其中，政治安全的风险表现为当前复杂的环境对于主流意识形态话语权的削弱，社会安全的风险表现为社会认同低下阻碍和谐社会发展，心理安全的风险表现为社会思想观念混乱影响青年心理健康。我们必须明确，大数据技术本身无意识形态性，而使用技术的人却有着不同的阶级立场。因此，在大数据技术的使用过程中，数据不可避免地被有意图地使用，进而导致认知域中政治安全、社会安全以及心理安全风险的发生。

二、大数据时代高校防范意识形态安全风险的策略

大数据技术是一把双刃剑。一方面，大数据技术带来了来自物理域、信息域、认知域的高校意识形态安全风险。另一方面，依托大数据的理念与技术，通过对数据的有效处理，可以实现对高校意识形态安全风险的有效防范。对于大数据时代高校意识形态安全风险防范策略的研究，应以防范原则为出发点，在对防范路径进行全面具体构建的同时，完善意识形态安全风险防范策略的保障机制，以确保防范策略的科学性与有效性。

（一）防范原则

防范原则是高校意识形态安全风险防范策略制定的前提，它决定着防范策略的基本结构。首先，需确保风险防范策略的科学性。一方面，在制定防范策略之前，必须充分把握高校意识形态安全风险的实际现状。随着信息技术的不断发展，当前高校意识形态安全工作与互联网呈现出不断融合的态势。互联网的嵌入，使高校意识形态安全风险呈现出多元化与动态化的特点。另一方面，必须充分了解大数据技术在高校意识形态安全工作中的应用状态。当前，大数据技术在嵌入高校意识形态安全风险防范工作过程中，仍存在数据意识薄弱、制度安排不当、样本代表性不足等问题。

其次，需确保风险防范策略的整合性。一方面，应对大数据技术优势进行整合。大数据技术具有对海量信息进行采集、整合、处理的能力，高校在意识形态安全风险防范工作中，可以采用文本挖掘、实时监测、持续追踪等方式协同处理信息数据，从而获取全景式的参考资源。另一方面，高校应调动相关主体共同参与意识形态安全风险防范工作。不同主体在风险防范的各个环节中有不同的作用，只有整合多元主体，实现信息实时共享、协同合作，才能做好高校意识形态安全风险防范工作。

再次，风险防范策略要做到精准化。一方面，利用大数据技术精准的数据挖掘与清洗能力，对高校意识形态安全风险进行精准溯源。另一方面，在制定安全风险防范策略时，要利用大数据技术精准化处理数据的能力，对安全风险防范的对象、防范传播渠道以及防范宣传内容等，实行精准化预测、选择与投放，从而增强风险防范的针对性与有效性。

最后，风险防范策略要做到动态化。当前，由于信息科技的高速发展以及社会多元文化的不断碰撞与融合，高校意识形态安全所面临的风险也随之具有动态变化的特征。然而，目前我国基于大数据技术的网络意识形态安全治理呈现出“内卷化”趋势，即治理理念“控制化”、管理人员“压力化”和组织功能“维稳化”等。这类现象严重阻碍了意识形态安全风险的有效防范与化解。因此，有必要对高校意识形态安全风险实行动态监测与动态化的策略制定。

（二）防范路径

以大数据技术驱动高校意识形态安全风险的防范，防范路径必须完成从理念到实践、从监测到应对的全方位构建，确保大数据时代我国高校意识形态安全风险的有效应对。首先，革新理念，提升信息素养，强化创新能力。大数据是一种技术，但更是一种理念和思维。当前，运用大数据技术的意识还未能深入人心，因此，构建高校意识形态安全风险防范路径的首要任务是理念革新。应对大数据时代的新挑战，高校意识形态安全风险防范工作要学会运用大数据思维解决问题。一方面，高校应提高建设大数据基础设施和招募大数据人才的意识，为大数据技术的发展提供基本保障。另一方面，高校在防范意识形态安全风险时，应切合大数据技术的特性，充分提升运用大数据技术深层次分析信息以及专业化处理数据的能力。

其次，搭建“学习 + 防御”平台，增强风险防控能力。利用大数据技术应对高校意识形态安全风险，在理念革新之余，需积极运用大数据所具有的海量信息资源，搭建优质的理论学习平台与智能的防御平台，增强信息化防控能力。一方面，社会主义核心价值观的宣传要想深入人心，需要实现日常化、具体化、形象化、生活化，大数据技术可以有效挖掘生活化的资源，并融合技术性资源，提升理论学习的吸引力，从而筑牢主流思想的宣传主阵地。另一方面，大数据技术能够根据海量的信息化资源，搭建起防范化解高校意识形态安全风险的防御平台，强化高校对于意识形态安全风险的感知能力以及风险成因的分析能力，从而增强高校意识形态安全风险的防控能力。

再次，完善体系，实施舆情监测，提高引导能力。随着信息技术的高速发展，高校网络舆情也不断发生变化，出现了舆情主体同质化、舆情内容复杂化、舆情载体多样化、传播方式私密化的新型特点。面对高校网络舆情的新形式，必须依托大数据技术研究制定舆情量化指标，完善舆情监测体系。对网络舆情的新变化与新热点，实现实时监测、及时反馈、精准溯源、有效应对，既保证从宏观上实行大样本、全方位、全过程的量化研判，又做到个体化、特殊化、定制化的精准分析，从而提升高校意识形态引导能力。

最后，建构管理模型，提升应对能力。模型建构是大数据技术嵌入高校意识形态安全工作的有效实现途径。利用大数据技术对于海量数据的采集、存储能力，可以有效获得高校意识形态安全风险的信息化资源。通过对信息化资源的总体把握，建构基于大数据的管理模型。管理模型通过对意识形态的全面跟踪，总结高校意识形态发展的规律与趋势，并由此制定符合其发展规律与趋势的应对策略。根据管理模型的指导，高校意识形态安全风险的应对可以实现全方位信息联动和多元主体协同。

（三）保障机制

为保障高校意识形态安全风险防范策略的有效施行，相应的保障机制必不可少。高校意识形态安全风险防范工作的复杂性，决定了符合实际情况的保障机制必须随之跟进。首先，大数据技术保障是前提条件。随着信息技术的飞速发展，高校意识形态安全风险不断呈现出新的时代特征，具体表现为风险形式多样化、风险范围规模化、影响渠道隐蔽化等。面对复杂的信息环境，高校只有充分发挥大数据技术的特性与优势，才能更好完成意识形态安全风险防范工作。

其次，法规制度保障是根本保障。由于大数据技术自身的特性，大数据存在“数据透明度悖论”“身份悖论”“权力悖论”。鉴于大数据的悖论理论，必须用法规制度来保障大数据时代高校意识形态安全风险防范策略的施行。通过明确数据权利主体和主体权利，以及建构数据主体和数据控制者等参与者的利益平衡机制，实现对高校意识形态安全风险防范的法规制度保障。

再次，文化软实力保障是核心要素。优秀传统文化是一个国家、一个民族传承和发展的根本。面对西方各类社会思潮对高校意识形态的渗透，必须加快建设与提升中国文化软实力，以自身丰富多彩的文化资源引导高校学生积极应对各类思潮的影响。只有高校学生自觉认同我国主流意识形态与优秀传统文化，才能从根本上保障高校意识形态安全风险防范策略长期施行有效。

最后，人才资源是重要保障。大数据技术的发展日新月异，高校正面临着大数据人才资源短缺的问题。由于缺乏大数据人才资源的支撑，面对大数据时代网络舆情的监测、意识形态风险的分析等问题，传统的问题解决模式已无法做出有效应对。大数据人才资源是一切大数据技术嵌入高校意识形态安全风险防范工作的基础保障，必须加快建设符合大数据技术要求的高校意识形态工作队伍。

参考文献：

[1] 袁会．新形势下的网络空间安全研究［J］．新媒体与社会，2014（1）：135-146.

[2] 曹华阳．关键基础设施网络安全模型与安全机制研究［D］．长沙：国防科学技术大学，2014.

[3] 李昊远．大数据技术嵌入国家意识形态安全建设：内涵与对策［J］．求实，2017（1）：14-21.

[4] 段海超，吴楠．大数据在高校意识形态安全工作中的应用探析［J］．学校党建与思想教育，2019（17）：30-32+46.

[5] 蒲清平，范海群，赵楠．基于大数据的网络意识形态安全治理研究［J］．学校党建与思想教育，2017（10）：22-24+30.

[6] 彭庆红，耿品．高校意识形态阵地建设的根本原则和重要方针［J］．思想教育研究，2018（7）：29-33.

[7] 中共中央文献研究室．习近平关于社会主义文化建设论述摘编［M］．北京：中央文献出版社，2017.

[8] 徐江虹．基于大数据的高校网络舆情应对研究［J］．学校党建与思想教育，2017（23）：44-46.

[9] 张黎．大数据视角下数据权的体系建构研究［J］．图书馆，2020（4）：21-28.

[10] 习近平．习近平谈治国理政：第二卷［M］．北京：外文出版社，2017.

（原文刊载于《学校党建与思想教育》2021 年第 03 期，有删改）

强化青年学生对中国特色社会主义道路认同

杨晓溪　吴增礼

党的二十大报告明确指出："全党要把青年工作作为战略性工作来抓，用党的科学理论武装青年，用党的初心使命感召青年，做青年朋友的知心人、青年工作的热心人、青年群众的引路人。"大学生作为青年高知群体，其思想理念、意识观念和价值信念在青年群体中具有决定性的导向作用，强化青年大学生对中国特色社会主义道路的认同，是党的事业薪火相传的应有之义。本文基于对"00后"大学生思想行为特质的分析，精准对接道路认同需求侧，试图构建"科学认知、价值引导、话语表达、实践参与"的多元协同机制，力求为新时代"00后"大学生道路认同的生成保驾护航。

一、"00后"大学生道路认同的价值意蕴

增强"00后"大学生道路认同，是坚持中国共产党的全面领导和巩固长期执政地位的根本要求，是实现中华民族伟大复兴中国梦的必然要求，是巩固世界大变局下意识形态安全的客观需求。

1.加强高校思想政治工作的本质要求

我国高校是中国共产党领导的高校，高校思想政治工作是党领导高校工作的具体体现，通过构建强有力的政治认同确保高等教育坚持正确的政治方向从而实现其功能。引导大学生从社会主义思想源头和历史演进中，从中国共产党探索中国特色社会主义历史发展和伟大实践中，坚定在中国共产党的

作者简介：杨晓溪，湖南中医药大学宣传统战部副部长，高级政工师；吴增礼，湖南大学马克思主义学院院长，教授。

领导下走中国特色社会主义道路的理想信念，从而实现道路认同是高校思想政治工作的核心任务。“00 后”大学生是社会主义建设者和接班人，赢得其对中国特色社会主义道路的认同是高校落实立德树人根本任务、坚持社会主义办学方向的内在要求，任何时候只能加强，不能放松。

2. 巩固意识形态安全的迫切需求

互联网技术迭代更新使舆论的生成方式和传播方式深刻改变，“两种道路”“两种意识形态”之间的竞争日趋激烈，历史虚无主义、新自由主义、“普世价值论”等错误社会思潮以网络为温床生成发酵。高校是意识形态建设的前沿阵地，“00 后”大学生已然成为当代西化势力的“标的物”，处在高校意识形态斗争的最前线，需要通过强化道路认同，提升与错误社会思潮作斗争的能力，增强打赢意识形态领域斗争主动仗的本领。

3. 实现中华民族伟大复兴中国梦的战略需要

历史和现实无可辩驳地证明，中国特色社会主义道路是中国人民在新的伟大实践中所作出的历史性选择。实现中华民族伟大复兴需要一代又一代人在中国特色社会主义道路上接续奋斗。把“00 后”大学生培养成为堪当民族复兴重任的时代新人，为实现中华民族伟大复兴提供人才支撑和智力保障，是历史和时代赋予高校的庄严使命。增强“00 后”大学生道路认同，引导他们正确认识时代责任和历史使命，深刻认识中国特色社会主义道路的非凡意义和广阔前景，是党和国家各项事业继续向前推进的现实要求和实现中华民族伟大复兴的战略需要。

二、“00 后”大学生的内在特质

当前，“00 后” 大学生作为青年大学生群体的新生主力，有着鲜明的内在特征。

1. 体现出理性的处世态度

由于教育氛围、教育资源、教育渠道等条件总体优于以往，相比“80 后”“90 后”，“00 后”大学生的综合素养空前发展，知识储备量更大、思维层次更高、视野更开阔、洞察力更强、人生格局更宽广。“00 后”大学生，很少束缚于传统伦理观念，大多崇尚理性文明，追求独立人格，喜欢与教师和父母保持着平等、开放、互动的关系，不迷信权威、不屈从世俗、不盲从跟风，看待自身生活世界客观冷静，善于把握底层逻辑，体现出理性的处世态度。

2. 有着务实的人生理想

“00 后”大学生成长于我国社会主义市场经济繁荣发展时期，他们摒弃了以往的理想主义色彩，适应了务实的生存法则。他们有远大理想，更注重活在当下。他们对理想的定位是要成为优秀的人，能否成为伟大的人需要量力而行。在他们的人生规划中，考虑国家、社会和他人，但也注重实现个人价值。对于成功的条件，不少“00 后”大学生认为成功主要靠个人努力奋斗，良好机遇和个人天赋等属于次要的因素。

3. 注重精神需求，渴望情感丰盈

大学生处于心理发育成熟的关键时期，经历了升学压力后，对于情感的归属、价值的渴望更为迫切，这在“00 后”大学生身上表现得尤为突出。有调查发现 60% 以上的“00 后”大学生为独生子女，社会和家庭均为“00 后”大学生的成长发展提供了优越的物质条件，然而“00 后”大学生更注重超越性的精神需求，更加渴望情感的丰盈。互联网时代催生了“00 后”大学生以趣缘为核心纽带的“圈层化”现象，兴趣情感的圈际化正是“00 后”大学生内在情感需求的外在反映。同质化的“圈层化”塑造了彻底抒发自我情感的私密场域，最大化地满足了“00 后”大学生内心对情感价值的强烈诉求。

4. 追求个性化价值

追求实现个性化的价值是“00 后”大学生区别于其他大学生群体的突出表现。在新兴技术快速更新迭代背景下，“00 后”大学生的价值取向逐渐多元化，呈现出主流文化和青年亚文化共存共融的状态。这是一个文化高度开放和包容的时代，追求个性化价值成为可能，“00 后”大学生期望按照自己的主观意志作出价值判断，鲜有现实顾及和束缚。他们认为“集体之所以存在，是因为集体可以包容、拓展个体的个性，集体能够帮助个体实现价值”。秉持这种理念，“00 后”大学生表现出个性化的一面。

三、“00 后”大学生道路认同的生成机制

推进“00 后”大学生道路认同的生成，要着力构建以科学认知为逻辑起点、以价值引领为核心环节、以话语表达为重要媒介、以实践参与为逻辑归宿的协同机制，为新时代“00 后”大学生道路认同的生成保驾护航。

1. 科学认知：道路认同的逻辑起点

迄今为止，绝大多数高校并未设立或开展专门的道路认同教育课程，需要进一步整合课程资源，从多方面开展好这方面的课程。一是从科学社会主义的理论逻辑出发，厘清中国特色社会主义道路的性质。科学认知中国特色社会主义道路，首先要在理论基础上搞清楚“什么是科学社会主义”“科学社会主义的基本原则是什么”“中国特色社会主义与科学社会主义的血脉联系”这三个内容。二是从中国社会演变的历史逻辑出发，厘清走中国特色社会主义道路的历史必然性。每个国家都有选择自己发展道路的权利，选择不同的道路是因为每个国家对应着不同历史轨迹、文化脉络和现实国情。要以中国共产党领导中国人民探索中国特色社会主义道路的经验教训为历史基础，厘清中国特色社会主义道路“由何而来”。三是从“中国特色”的实践逻辑出发，厘清中国特色社会主义伟大成就和发展目标。中国特色社会主义道路不是标榜出来的，要以中国特色社会主义伟大成就为现实依据，厘清中国特色社会主义道路“因何而立”“去向何方”。

2. 价值引领：道路认同的核心环节

面对主体意识较强的“00 后”大学生，教育者必须实现由知识传授者向价值引领者的身份转变，并将价值引领与他们的成长需求相结合。一是塑造利益需求的契合点。“00 后”大学生对当前社会发展道路的认同核心在于对社会的利益需求。要尽可能地为“00 后”大学生成长发展创造机会和有利条件，在就业、创业、升学、访学、兴趣发展等方面提供制度支持和政策支持。二是把握远大理想和实现个人价值的契合点。“00 后”大学生既面临着难得的建功立业的人生际遇，也面临着“天将降大任于斯人”的时代使命。要引导“00 后”大学生把个人的理想追求融入中国特色社会主义事业中，在弘扬社会主义核心价值观的同时，要把建功新时代的精神具象化、人物化、故事化、

情节化，用时代楷模的励志故事激励“00后”大学生珍惜大好时光。

3. 话语表达：道路认同的重要媒介

教条式论证、空洞式说教容易陷入“假、大、空”的窠臼，并不吻合“00后”大学生的审美情趣和认知层次，导致思想真理不得其门而入。革新思想政治教育话语体系，要义在于话语转译，即实现教材文本话语到课堂教学话语和日常生活话语的转换。一是政治性和学理性是思想政治教育话语转译“变”中之“不变”的内核。政治性是思想政治教育话语的本质特性和功能特性，偏离了政治属性的话语即便个性十足也失去了存在的合法性。学理性是思想政治教育话语的力量所在，脱离了理论支撑的话语即便生动形象也失去了可信度和说服力。二是实现理论的学术话语向通俗的生活话语转变。将“高大上”的思想政治理论用“接地气”的生活化语言表达，不仅能够拉近与学生之间的距离，并且通俗易懂又妙趣横生。三是增强话语表达的时代感。思想政治教育立足历史之纬，话语内容要紧跟时代主旋律，积极回应学生关切。

4. 实践参与：道路认同的逻辑归宿

实践参与不仅是“00后”大学生道路认同的最高形态和价值旨归，还是道路认同行为逻辑固化的必然途径。社会实践是大学生审视国情、了解社情、体察民情的一个主要渠道，也是大学生投身社会主义现代化建设、向群众学习、增长才干的有效方式，要在丰富多样的社会实践中增强“00后”大学生的获得感。具体而言，一是要探索社会实践新形式和新载体，丰富社会实践内容。开展以新时代为“坐标”的社会考察、社会调研，深入改革开放示范区、大型企业、乡镇基层等地方，全方位了解中国特色社会主义伟大成就。二是要拓展社会实践平台，加强社会实践基地和实践项目建设，与乡镇、贫困地区、地方政府等建立长期合作机制。三是要创新机制，构建大学生社会实践体系。要建章立制、保障经费、明确任务、强化考核，推进大学生社会实践科学化、规范化管理。

（原文刊载于《中国高等教育》2023年第08期，有删改）

将湖湘红色文化融入高校“大思政课”建设

刘莉

习近平总书记在中国人民大学考察时强调：“思想政治理论课能否在立德树人中发挥应有作用，关键看重视不重视、适应不适应、做得好不好。”2022年7月，教育部等十部门联合印发《全面推进“大思政课”建设的工作方案》，要求充分调动全社会力量和资源，建设“大课堂”、搭建“大平台”、建好“大师资”。湖南红色资源丰富、红色基因厚重，在长期革命斗争和建设实践中形成了具有鲜明湖湘特色的红色文化，是思政课的活教材、资源库。如何以湖湘红色文化的创造性转化和创新性发展，推进“大思政课”建设，是摆在湖南省高校和思政课教师面前的重要课题。

一、擦亮“红”的底色

办好思想政治理论课，最根本的是要全面贯彻党的教育方针，解决好“培养什么人、怎样培养人、为谁培养人”这个根本问题。湖南是“伟人故里、将帅之乡、革命摇篮”，是中国共产党建党、建军、建政的重要策源地，遍布着老一辈无产阶级革命家的革命足迹。他们接受马克思主义先进思想文化的熏陶，确立共产主义理想信念，并矢志不移地为之奋斗。他们是党的重要创始人、党的指导思想的主要缔造者，比如蔡和森第一个提出“明目张胆正式成立一个中国共产党”，毛泽东第一个提出“唯物史观是吾党哲学的根据”。我们要充分了解湖湘红色文化与中国革命的渊源，与社会主义信念、共产主义理想的渊源，深刻阐明中国共产党为什么能、马克思主义为什么行、中国

作者简介：刘莉，湖南中医药大学党政办公室副主任，政工师。

特色社会主义为什么好等重大问题，始终坚持为党育人、为国育才，教育引导青年学生自觉把个人理想追求融入国家和民族的事业。

二、讲好“红”的故事

习近平总书记考察湖南期间强调，要讲好红色故事，搞好红色教育，让红色基因代代相传。在“经世致用、兼收并蓄、心忧天下、敢为人先”的湖湘文化熏陶下，湖南人素来以“吃得苦、耐得烦、霸得蛮”闻名，在革命战争时期更是如此。据统计，湖南查明在册的革命烈士达 15 万名，留下了无数可歌可泣的感人故事。这些红色故事，见证了革命先辈对革命理想的矢志追求、承载着共产党人的初心使命。我们要深入挖掘其中蕴含的理想信念、精神气质、文化内涵和时代价值，找准湘籍革命家、英雄烈士人物故事与思政课的关联处和切合点。在思政课的各门课程中都可以开设湖湘红色故事专题内容，充实教学案例，用故事感染、感动、启发学生。同时要注重教学方式方法的创新，用学生听得懂的语言、听得进的方式，发挥学生的主体性作用，积极运用小组研学、情景展示、课题研讨、课堂辩论等方式组织课堂实践，让思政课有深度、有力度、有温度。

三、用活“红”的资源

湖南红色资源丰富，十步之内必有芳草。每一座爱国主义教育基地、每一件革命文物，都是一部历史教科书、一座红色育人库、一个“大思政课”教学基地。要坚持开门办思政课，善用实践教学基地“大”课堂，不断丰富“大思政课”的途径和载体。可主动对接省内各类实践教学基地，开发现场教学专题，开展实践教学，也可与有关实践基地建立长效合作机制，加强研究和资源开发。建设思政课教学资源库，整合全省优秀思政课教师和哲学社会科学专家力量，组织开发一系列以湖湘红色故事、湘籍革命先烈为主题的优秀思政课教学素材，比如有关“半条被子”的思政课程等，将课件、讲义、教学配图、微视频、融媒体公开课等优质教学素材共享，引导教师开发一系列高质量、多形式的教学案例，打造一批思政“金课”，推动“大思政课”真正入脑、入心、入行。

（原文刊载于《湖南日报》2022 年 08 月 30 日第 08 版理论•学习，有删改）

新媒体时代大学生“四史”学习教育的创新发展

杨盈盈　章小纯

知史以明鉴，查古以至今。从历史中汲取智慧和力量是中国共产党的优良传统。习近平总书记多次强调，“历史是最好的教科书”。他在给复旦大学青年师生党员回信中指出：“希望广大党员特别是青年党员认真学习马克思主义理论，结合学习党史、新中国史、改革开放史、社会主义发展史，在学思践悟中坚定理想信念，在奋发有为中践行初心使命，努力为实现‘两个一百年’奋斗目标、实现中华民族伟大复兴的中国梦贡献智慧和力量。”“四史”学习教育作为高校思想政治教育的重要内容，在引导大学生树立正确的历史观从而担负起实现中华民族伟大复兴的历史重任方面具有重要作用。当下，新媒体已成为大学生获取信息的重要手段，但其作为一种新的信息平台，目前仍存在审核把关不严、监管工作不到位等问题，导致其在传播积极内容的同时还可能夹带不良信息，造成一些大学生接受扭曲的历史知识，形成错误的历史认知，给高校意识形态安全和思想政治稳定带来风险。因此，新媒体时代如何加强大学生“四史”学习教育，是高校需要深入研究的重要课题。

一、新媒体时代大学生“四史”学习教育的生态发生改变

新媒体构造了一个较为开放自由的“四史”学习教育环境。传统的“四史”学习教育在时间、地点和内容上是相对固定的，营造了一个相对封闭的教育环境。新媒体的出现打破了时空的限制，为大学生学习“四史”提供了

作者简介：杨盈盈，湖南中医药大学外国语学院科教科科长，副教授；章小纯，湖南中医药大学马克思主义学院党总支书记，正高级政工师。

一个虚拟的开放空间。但新媒体准入门槛低、话语自由度高、内容的准确度和真实性较难把握，给了一些历史虚无主义传播者以可乘之机，他们打着“还原历史真相”的旗号混淆视听、恶意否定、歪曲历史，以达到贬损中国共产党和中国特色社会主义道路的目的。在这样真假信息混杂的新媒体环境中，应警惕大学生价值观产生偏差的风险。

新媒体强化了“四史”学习教育的双主体关系。新媒体时代，信息传播途径广、更新速度快、信息量大、内容丰富，大学生能够根据个人需要便捷地搜索到更多个性化信息，极大地提高了其在“四史”学习教育过程中的主观能动性，一定程度上削弱了高校老师作为传统“四史”学习教育主体的权威性。由此，大学生在“四史”学习教育中的角色逐渐由客体向主体转变。双主体关系使“四史”学习教育从“独白”走向“对话”，有助于师生双方加强沟通，达成思想共识，提高“四史”学习教育效果。同时，大学生乐于利用新媒体平台的“分享”“转发”“评论”“点赞”等功能来传播和表达自己的思想认识，如能加以引导，可以促进“四史”学习教育内容的有效传播。

新媒体改变了“四史”学习教育的介体。新媒体传播以内容短、小、精和形式可视化等特点，满足了快节奏社会中紧张忙碌的人们对娱乐和消遣的需求，往往内容越简单、越有趣，越能吸引用户，这一趋势也同样体现在“四史”学习教育中。共青团中央曾于2016年推出一款名为《重走长征路》的文字冒险游戏，成了新媒体时代创新教育介体的一个成功案例。在游戏中，参与者重温了长征历史，切实体验了长征的艰苦，感受到了长征精神的伟大。介体的改变一方面能增强“四史”学习教育的趣味性、时效性和互动性，大学生接受度高；但同时，在内容上可能具有碎片化、娱乐化的特点，既考验着大学生对网络信息的辨别能力，也考验着内容生产者对严肃主题娱乐化尺度的把控力；更糟糕的是，新媒体可能会培养浅阅读的不良习惯，使大学生满足于对“四史”的一知半解，不愿沉下心来感悟其思想内涵，导致教育效果大打折扣。

为了应对新媒体时代大学生“四史”学习教育生态的转变，众多高校进行了积极探索，利用网络平台、小程序、微视频、直播等开展“四史”学习教育，成效显著。如复旦大学党委党校、上海市中共党史学会、上海市党建服务中心、东方网联合推出“红色筑梦——‘四史’现场讲”系列视频微党课；延安大学鲁艺新媒体文化工作室引领短视频、音频、图文多种形式育人新风尚，先后推出《鲁艺小讲堂》《鲁艺学史》等栏目；苏州大学采用现场授课与网络直播同步进行的方式开讲《学习“四史”，鉴往知来》等。当然，还有一些高校在开展“四史”学习教育时并没有深入探索与新媒体传播特点相契合的方法体系，内容缺乏整体规划和针对性，在运用新媒体技术时掌握不熟练、管理不规范，在实践过程中缺乏长效机制，导致教育效果不佳。

二、新媒体时代大学生“四史”学习教育方法亟待转变

一是由单向传授向双向互动转变。传统的“四史”学习教育以老师讲、学生听为主，这种单向传授的教育方法已经不适应新媒体时代的开放式教育格局。习近平总书记在全国高校思想政治工作会议上指出，“做好高校思想政治工作，要因事而化、因时而进、因势而新”“思想政治理论课要坚持在改进中加强，提升思想政治教育亲和力和针对性”。这就要求思政课教师遵循新时代的教学规律，提高运用新媒体获取信息以及与学生互动的能力，更多地了解大学生的个性化需求并加以合理的引导，提高大学生的参与度，激发其学习“四史”的热情，引导其理解感悟“四史”的内涵。

二是由集中教学向浸润式教学转变。2020 年 12 月，中共中央宣传部、教育部制定印发《新时代学校思想政治理论课改革创新实施方案》，明确规定“大学阶段开设‘思想政治理论课’必修课程和选择性必修课程”，要求“确保学生至少从‘四史’中选修 1 门课程”。总的来说，大学阶段“四史”集中教育的学时相对有限，要想加强大学生“四史”学习教育，必须利用好课堂以外的“碎片时间”，通过新媒体平台扩大“四史”的传播声量，使大学生能够持续长久地浸润在“四史”蕴含的精神能量中，在潜移默化中树立正确的价值观。

三是由课堂教学向协同教育转变。新媒体时代，每个人都可以是信息的制造者和传播者。加强大学生“四史”学习教育，应将高校与家庭、社会结合起来，充分发挥各自优势，合理配置教育资源。高校与高校之间应积极共享“四史”学习教育资源和教学经验，搭建“四史”学习教育平台，打造“四

史”网络金课；高校与家庭之间应加强沟通联系，了解大学生在启蒙时期和学校教育期间形成的价值观，共同促进教育目标的实现；高校要与社会尤其是校外的新媒体平台和“意见领袖”加强合作，把好关，传播正确的“四史”思想；高校各部门应与新媒体平台形成协同机制，深化“三全育人”教学改革，在思政课教师与专业教师、大学生朋辈之间形成协同机制。

三、创新内容、形式和机制，全面提升“四史”教学成效

第一，构建以小见大的“四史”学习教育内容体系。无论是传统媒体还是新媒体，优质的内容是吸引用户的关键。新媒体时代，用户具有更大的选择权，因此要吸引大学生投入“四史”学习教育，需要着力创新“四史”学习教育内容，力争在短小精辟的内容中体现深意、引起共情。一方面，应注重新媒体的用户群体细分，充分了解大学生学习“四史”的动机、感受和诉求，结合大学生的思想动态，创新“四史”学习教育的话语体系，增强亲和力，使“四史”学习教育更接地气。另一方面，应结合新媒体传播特点，构建一个全面系统的“四史”学习教育内容体系，使大学生能够紧扣“四史”学习教育的主线；同时，应坚持联系实际，联系大学生关注的时事热点，充分利用当地红色资源，挖掘大学生喜闻乐见的“四史”题材。需要强调的是，新媒体时代创新“四史”学习教育内容不能凭空创造，在创新内容的同时应坚持唯物史观，加强内容把关，确保内容真实性，确保教育导向正确、客观。

第二，创新“四史”学习教育的呈现与传播形式。2018 年 4 月，教育部印发《新时代高校思想政治理论课教学工作基本要求》，明确指出“要深入研究网络教学的内容设计和功能发挥，不断创新网络教学形式，推动传统教学方式与现代信息技术有机融合”。新媒体时代加强大学生“四史”学习教育，一要创新“四史”的呈现形式，在传统的文字表述、绘画图片的基础上，加入音频、视频等形式，并融入 AR、VR、H5 等技术，实现全程、全息、全员、全效传播；二要创新“四史”的传播形式，新媒体时代传播形式呈现出由单一媒体传播向多媒体传播的新趋势，传统媒体和新媒体只有相辅相成、取长补短，才能产生一加一大于二的效果。因此，应推动“四史”学习教育进行“线上 + 线下”“理论 + 实践”的融合创新，线下在传统的授课、讲座、征

文、知识竞赛等形式的基础上，创新情景表演、社会实践、影视展播等形式；线上搭建网络教学、在线竞答、虚拟体验等平台，增强“四史”学习教育的立体感、吸引力和感染力。

第三，形成“四史”学习教育管理保障与激励反馈机制。将新媒体融入大学生“四史”学习教育，应创新其管理与保障机制、激励与反馈机制。创新管理与保障机制，应建立健全“课堂—实践—新媒体”三位一体的“四史”学习教学管理制度体系，组建以思政课教师为主导、学生工作者和新媒体运营人员协同配合的教学团队，充分调动校内外资源，形成教育合力，提升教学团队的新媒体素养，实现科学管理、高效运作。创新激励与反馈机制，应重视和利用好新媒体的大数据资源。大数据能够精确反映大学生的思想活动轨迹，能够为正确评估教育效果提供依据；高校在成果评审、工作量核算以及职称评审过程中可以参考新媒体平台上“四史”学习教育的实绩，并根据大数据反馈的信息及时调整“四史”学习教育的内容和形式，持续推动“四史”学习教育走心、走实、走深。

参考文献：

[1] 中共中央党史研究室.历史是最好的教科书——学习习近平同志关于党的历史的重要论述[M].北京：中共党史出版社，2014.

[2] 习近平.习近平给复旦大学青年师生党员回信勉励广大党员 在学思践悟中坚定理想信念 在奋发有为中践行初心使命[N].人民日报，2020-07-01（01）.

[3] 卢岚.大数据时代思想政治教育方法论研究探微[J].思想政治课研究，2019(6)：19-22+46.

（原文刊载于《人民论坛》2021年第26期，有删改）

伟大建党精神融入高校爱国主义教育探析

侯祥

建党百年之际，习近平总书记首次阐述了伟大建党精神的深刻内涵。这在中国共产党历史上是第一次对伟大建党精神进行高度总结概括，它是共产党人的精神动力，也是自党成立以来能够带领中国人民进行社会革命、建设、发展取得胜利的精神密码；同时，也为新时代高校开展大学生爱国主义教育提供了丰富的育人资源、奠定了遵循的基本原则、指明了明确的实践路径。

大学生作为实现社会主义现代化建设的生力军，在这一特殊群体的爱国主义教育过程中融入伟大建党精神，既是确保高校完成立德树人根本任务、坚持社会主义办学方向的政治要求，也是培养时代新人、实现中国梦的时代要求。站在完成第二个百年奋斗目标的时代起点，正确把握和理解伟大建党精神与大学生爱国主义教育的逻辑关系，将伟大建党精神融入大学生爱国主义教育全过程是现阶段高校育人工作的重要议题。

一、伟大建党精神融入高校爱国主义教育的时代价值

在社会主义中国，爱国与爱党具有高度的一致性。中国共产党自成立以来就致力于探索救亡图存、民族独立、人民解放、国家富强的道路，团结带领全国各族人民为建设新中国不懈奋斗。可以说共产党的发展历史就是社会主义中国的发展历史；社会主义中国站起来、富起来、强起来的发展历史是中国共产党历史的重要组成部分。习近平总书记在庆祝中国共产党成立100

作者简介：侯祥，湖南中医药大学中医学院学生科副科长，讲师。

周年大会上的讲话明确指出："一百年来，中国共产党弘扬伟大建党精神，在长期奋斗中构建起中国共产党人的精神谱系，锤炼出鲜明的政治品格。"党的十九届六中全会通过的《中共中央关于党的百年奋斗重大成就和历史经验的决议》再次明确指出，"党坚持性质宗旨，坚持理想信念，坚守初心使命，勇于自我革命，在生死斗争和艰苦奋斗中经受住各种风险考验、付出巨大牺牲，锤炼出鲜明政治品格，形成了以伟大建党精神为源头的精神谱系"。在新的历史起点，将能充分体现共产党人爱国意识、理想信念、优良作风的伟大建党精神融入大学生爱国主义教育的过程中具有培育时代新人独有的价值。

（一）伟大建党精神成为重要育人资源能够增强大学生的爱国意识

新的历史阶段，大学生的爱国意识主要体现为将实现社会主义现代化作为自己的一种责任和使命，并自觉地将个人价值追求融入这种责任和使命之中。但是，随着社会的全面深入发展，新时代的大学生亲身经历了太多社会矛盾的爆发、多元价值观的冲击，导致这代大学生自我意识较强，过多追求个人价值，不能自觉承担社会责任和使命，爱国意识淡薄。伟大建党精神的价值追求自共产党成立之初就是为中国人民谋幸福、为中华民族谋复兴，自觉承担历史责任和使命，这也是共产党人爱国意识的集中体现。从中共一大的召开，到十一届三中全会的胜利闭幕，再到中共十八大的胜利举行，中国特色社会主义进入新时代，每一次重要会议、每一个重要时间点都清晰记录了中国共产党心系人民幸福、心系国家安危的历史自觉。新时代，大学生作为社会主义建设的生力军，不论其意愿如何，历史责任都将由其承担。将伟大建党精神作为一种重要育人资源融入大学生爱国主义教育之中能够让他们在学习理解这种精神的过程中，认识到革命先烈在践行历史责任、实现民族复兴时所体现出的坚定的爱国情怀、付出的巨大牺牲，反思自己的价值追求是否与社会的发展、国家的进步保持一致，在成长过程中积极主动承担起历史赋予的时代使命。伟大建党精神根植于党的百年发展历史中，在中国特色社会主义事业的建设中得到最显著的体现，可以通过中国特色社会主义制度的建设历程进行梳理，引导大学生明白现在所取得的辉煌成绩都是一代一代接续奋斗而来的。让他们在增进对社会主义发展的自信中自觉主动地增强爱国意识，积极有为地投身到社会主义建设之中。

（二）伟大建党精神作为党的精神源头能够坚定大学生的理想信念

习近平总书记指出："理想信念就是共产党人精神上的'钙'，没有理想信念，理想信念不坚定，精神上就会'缺钙'，就会得'软骨病'。"世界社会主义曲折发展的历史经验表明，马克思主义政党如果失去了对共产主义坚定的信仰，就会失去人民的支持，最终丧失政权。大学生作为社会主义事业的建设者和接班人，是高校爱国主义教育的重点对象，必须要在接受教育的过程中牢固树立共产主义信仰、中国特色社会主义信念、中华民族伟大复兴信心，把人生追求自觉融入国家和社会发展的需求之中。爱国主义教育的核心内容就是要帮助大学生树立坚定的理想信念，新时代具体的要求就是树立实现社会主义现代化的信心。而现实生活中往往由于社会生活的消极因素和西方意识形态的渗透，导致部分大学生不能正确认识国内与国际发展现状，出现对实现社会主义现代化缺乏信心，出现对社会主义中国的信仰迷失、精神迷失状况。回顾中国共产党的历史不难发现，它之所以能够带领全国各族人民克服一次次挫折，取得今天社会主义建设的成就，关键就在于有坚强的革命意志，有对马克思主义、共产主义必胜的坚定信念。也正是在这种艰苦的环境中，解救人们于水火的崇高理想信念，指引着中国共产党人奋勇直前，铸就了中国共产党人坚持真理、坚守理想的可贵品质，造就了伟大建党精神。伟大建党精神作为党的精神源头，其中蕴含的坚持真理、坚守理想的精神基因，对于坚定大学生理想信念具有重要启示。充分发挥伟大建党精神在爱国主义教育过程中的隐性和显性作用能够帮助大学生坚定"四个自信"，提升他们历史比较的能力，从社会发展规律之中看到社会主义远大的前途，进而在社会主义建设伟大事业中奋发有为。

（三）伟大建党精神体现的精神实质能够培养大学生的优良作风

回顾中国共产党的发展历史，光荣传统和优良作风是党在革命过程中战胜各种危机的胜利法宝，刻入了中国共产党人的基因之中，是伟大建党精神的精神实质。将伟大建党精神融入大学生爱国主义教育的过程中，重中之重是要帮助他们理解对党忠诚、理论联系实际、全心全意为人民服务、艰苦奋斗等光荣传统的要义，同时能够全方位用于实际生活之中。伟大建党精神的精神实质要求我们在爱国主义教育过程中加强学生对社会主义中国的热爱，而不是其他社会性质的国家；要求我们自觉运用马克思主义理论客观看待社会的变化发展，不能用西方“普世价值”削弱国家意识形态的影响；坚持以人民为中心的根本宗旨，扎根于人民，服务于人民，造福于人民，破除贪污腐败的思想。这种精神实质能够帮助大学生树立公而忘私、严于律己的道德品质；一定有助于大学生正确认识个体价值与人民价值、社会价值之间的相互共生的关系，深刻理解小我融于大我才是满足个人追求的现实前提。

二、伟大建党精神融入高校爱国主义教育的可能性分析

爱国主义是中华民族团结奋斗的精神纽带，是当下为实现第二个百年奋斗目标的精神动力。伟大建党精神作为马克思主义中国化最新理论成果，作为我国红色文化重要组成部分，从其价值追求、理论基础、实践主题等都与爱国主义教育表现出高度的契合性，是新时代高校加强爱国主义教育的宝贵资源和理论基础。伟大建党精神的生成发展逻辑为其作为重要育人资源融入高校爱国主义教育提供了切实的可能性。

（一）价值追求的一致性

爱国主义是中华民族在漫长历史过程中沉淀出的稳定的民族情感，它不只有维系个人对国家情感依赖的功能，还具有调节个人与国家关系的功能。新时代高校爱国主义教育的重要目标就是引导大学生站在历史发展的节点上重新审视个人的价值追求，将小我融入大我之中；在国家目标实现的过程中实现个人目标。伟大建党精神体现出的精神实质充分地表明无数仁人志士在历史的洪流之中通过对现实社会问题的探索，不断地重新认识个人与社会的关系，最终选择投身社会主义建设；无数中国共产党人为了实现民族独立、人民解放自觉地将个人价值追求与社会、国家价值追求保持一致，凸显了其作为育人资源的一种宣传教育功能，也凸显了高校爱国主义教育的目标导向。当代大学生成长在物质丰富的年代，他们更多的是为了实现自我价值而努力。高校作为“立德树人”的主阵地，爱国主义教育的目的就是培养承担民族复

兴重任的社会主义接班人。因此，在新时代更加要重视发挥伟大建党精神的教育作用，更多从精神层面培育大学生的正确价值观，正确处理好个人追求与国家利益之间的关系。

（二）理论基础的同源性

伟大建党精神和爱国主义都是在社会实践的过程中人民发挥主观能动性创造的结果，都是立足于马克思主义认识论的实践结果。马克思唯物辩证法指出，认识和实践是辩证统一的，实践是认识的来源，也是检验认识的唯一标准。建党一百周年之际，党中央为什么要提炼出伟大建党精神，并将其确立为中国共产党人的精神之源，从根本上说是马克思主义理论的科学性决定的。作为马克思主义政党，在革命、建设、发展的各个阶段都始终根据变化了的具体形势，不断地丰富和发展马克思主义理论，以此来指导社会建设。伟大建党精神是共产党人追求民族独立、人民解放、实现无产阶级专政的伟大实践的理论总结，也是为实现第二个百年奋斗目标创造客观物质条件而努力的理论基础，并不是抽象的唯心主义的世界观和方法论。中国共产党自成立时就非常重视在青年大学生中开展爱国主义教育，运用马克思主义历史观分析历史发展前途，动员进步青年为新中国的建设而努力。新时代，高校要以马克思主义最新理论成果指导开展爱国主义教育，自觉将伟大建党精神融入爱国主义教育全过程，帮助大学生树立马克思主义信仰。

（三）实践主题的延续性

爱国主义教育是一个永恒的主题，不同的历史时代有不同的实践主题。中国共产党是在内忧外患的历史背景下成立的，它颁布的第一个纲领明确党的中心任务是组织工人阶级反对军阀官僚；新中国成立时，它的主要任务是完成新民主主义革命的历史遗留任务，进行社会主义改造；十一届三中全会之后党和国家的中心任务转移到社会主义现代化建设上，发展社会主义市场经济；党的十八大之后，我国进入新的历史方位，党和国家的中心工作是为实现“两个一百年”的既定目标而努力。每一个具体历史阶段的实践主题虽然不一样，但都围绕一个目标进行，即实现中华民族伟大复兴。新时代高校爱国主义教育，应该融合在实现社会主义现代化的认知和行动之中，将伟大建党精神与爱国主义紧密结合。但是，当前爱国主义教育面临着多种因素的冲击，其中“历史虚无主义”“民粹主义”等社会思潮在不断渗透到大学生的日常信息，企图消解我们的历史认同、歪曲历史事实；同时，受经济全球化、市场经济发展的不良影响，“个人主义”“消费主义”严重冲击大学生价值观，造成利己主义行为越来越常见。现阶段，高校要运用历史唯物主义观点，加强伟大建党精神和爱国主义教育的深度融合，让大学生明白中国现在取得的成绩不是等来的，是一点一点奋斗出来的；社会主义现代化的实现要靠大家共同努力。

三、伟大建党精神融入高校爱国主义教育有效路径

大学生作为高校爱国主义教育的主体，具有相对稳定的人格特征和思维模式。以其为教育对象，需要遵循他们成长成才的基本规律和价值观生成发展的内在要求。将伟大建党精神融入爱国主义教育是一项系统的育人铸魂工程，主要目标是实现伟大建党精神的深刻内涵、鲜明特征、时代价值、实践要求等被大学生所接受，内化为自觉爱国行动。

（一）挖掘育人内涵，融入课程思政

课程思政是高校开展思想政治教育的重要形式，其中很重要的一点就是开展爱国主义教育。现阶段，思政课程与课程思政已经取得了一定成绩。以往只有思政课程注重思想政治教育，而专业课程注重专业教育，现在忽视思政教育的局面有很大的改变。因此，我们要利用好课程思政将育人与育才相统一的局面。但是，由于思政课程与课程思政还是存在一定的区别，将伟大建党精神融入其中是需要根据实际情况采取不同措施。具体而言，思政课程应该发挥爱国主义教育主渠道作用。思政课教师应该立足课程，充分把握伟大建党精神的生成逻辑，并将其贯穿教育的全过程，确保学生对伟大建党精神的整体理解和掌握。“伟大建党精神是在马克思主义理论的指导下，发挥马克思主义政党的先进性，在中华民族救亡图存的不懈探索中，在革命先驱建党的斗争实践中生成的，其理论渊源、历史脉络和实践基础构成伟大建党精神的形成机理。”思政课教师只有在正确理解这一形成机理时才能在教学

过程中引导学生透过史料学习到这一伟大精神的内涵；任课老师有义务认真研读伟大建党精神，深入挖掘其中育人内涵，并将其与课程相结合，突出育人导向，不断提升伟大建党精神融入爱国主义教育的有效性。专业课教师应在理解伟大建党精神的基础上结合专业课的特点，从更加具体的切入点，讲述这一精神的育人价值。

（二）创新宣传模式，营造育人氛围

伟大建党精神融入高校爱国主义教育应该要走进学生的日常生活，成为现实环境的一部分，才能更好实现潜移默化的引领作用。在当下可以将校园文化建设与融媒传播相结合，促进伟大建党精神的文化融入。高校可以充分挖掘本地的红色资源，通过主题公园、雕塑等具象事物将这一伟大精神的深刻内涵具体化、形象化、实物化，使学生自然而然地就能够接触到，进而内化为一种习惯。另一方面，随着融媒体发展，数字化传播方式使得信息交互扩展到了大学生的日常生活。因此，高校可以进行宣传话语的创新，运用动图、文字、视频等相结合的日常叙事方式，增强伟大建党精神传播的氛围感；构建伟大建党精神叙事方式的创新，建立立体化的传播模式，加强生活叙事、历史叙事等叙事方式的融合，用中国化的叙事方式向大学生阐述伟大建党精神的精神实质。只有当大学生沉浸在到处充满伟大建党精神文化氛围的环境中时，才能够增强爱国主义教育的说服力，才能让大学生真正理解为什么要树立爱国意识、践行社会主义核心价值观等，才有可能实现从情感爱国到行动爱国的转变。

（三）利用红色资源，加强实践教育

红色资源是伟大建党精神的现实反映，本身就蕴含丰富的红色文化，深刻地体现伟大建党精神的精神实质，具有很强的爱国主义教育价值。高校开展爱国主义教育理应重视红色资源的运用，挖掘出其中的红色文化。可结合目前深受学生喜爱的“剧本杀游戏”，创造“红色剧本”，将红色资源中蕴含的伟大建党精神更加直观地表达出来，引导大学生深层次地思考现阶段爱国的具体指向是什么。高校也可组织实践教学，例如走访红色遗址、革命先辈故居等，用真实的历史事件、历史场景等，增强爱国主义教育的说服力，

让学生切身实地地感受到爱国主义教育的必要性，让学生牢记历史、深化对伟大建党精神的理解。红色文化本身具有深刻的爱国主义情怀，对培养大学生爱国意识、爱国行为具有不可替代的作用。高校应该重视红色实践教育对于激活学生内心的爱国情绪的重要性，通过实地参观强化他们的爱国意识，领会伟大建党精神的厚重历史，挖掘红色文化的育人功能。

参考文献：

[1] 习近平. 在庆祝中国共产党成立100周年大会上的讲话[N]. 人民日报，2021-07-02（2）.

[2] 中共中央关于党的百年奋斗重大成就和历史经验的决议[N]. 人民日报，2021-11-17（8）.

[3] 习近平. 在十八届中共中央政治局第一次集体学习时的讲话[EB/OL].（2012-11-17）[2024-06-08]. http：//shanghai.xinmin.cn/xmsz/2012/11/19/17232302.html.

[4] 蔡志强，袁美秀. 伟大建党精神的内涵、形成机理与实践要求[J]. 思想理论教育，2021（8）.

（原文刊载于《领导科学论坛》2022年第09期，有删改）

怎么看、怎么办、怎么干

——新时代辅导员工作的哲学思考和实现路径

朱久宜　刘金红

习近平总书记在高校思政课教师座谈会上强调，高校思政教育关系到高校培养什么样的人、如何培养人、为谁培养人的问题，要把立德树人作为重点，把思想政治教育贯穿到高校育人全过程中。辅导员是高校思政教育的骨干力量，是大学生日常思想教育工作的组织者、实施者和指导者。辅导员工作在维护高校平安稳定中发挥着重要作用。

马克思有句名言："人在森林里怎么叫，森林便会发出什么样的声音。"世界观和方法论是人们认识世界和改造世界的哲学思考。"怎么看"辅导员工作，是对辅导员工作时代价值的世界观层面思考。辅导员工作"怎么办"是对辅导员工作方法论层面上的讨论。辅导员工作"怎么干"是世界观和方法论的具体落实。

一、怎么看：辅导员工作的世界观表达

"怎么看"辅导员工作，是辅导员对其工作认识的哲学思考，是关系到辅导员世界观的问题。世界观是人们站在什么角度、位置、出发点去看待事物、分析事物，从而作出相应的判断。世界观决定方法论，辅导员从什么出发点看待自己的工作，也关系到辅导员工作"怎么办"的问题。

作者简介：朱久宜，湖南中医药大学学生工作部部长，讲师；刘金红，湖南中医药大学人文与管理学院辅导员，助教。

（一）理论基础：辅导员制度是我党高校人才培养的优良传统

党的二十大报告指出，育人的根本在于立德。有学者认为中国的高等学校是服务于立德树人根本任务而建立起来的协同育人、全员育人、集体实践的德育共同体。高校作为人才培养的重要阵地，立德树人也是高等学校的立身之本。辅导员制度是中国共产党高校人才培养的鲜明特色和优良传统，在各个阶段培养社会主义建设者和接班人中发挥着重要作用，为高校人才培养工作，既提供了强有力的队伍支撑，又强化了制度层面的保障。制度，作为上层建筑，从唯物史观的角度来看，必须符合经济基础。在中国共产党的带领下，高校辅导员制度从萌芽阶段到成熟阶段，经历了比较漫长的过程，每个过程都和当时的经济基础息息相关。根据学者史仁民的归纳，可以将辅导员制度的发展归纳为萌芽初创期（1924—1951 年）、曲折发展期（1952—1977 年）、恢复发展期（1978—1999 年）、发展巩固期（2000—2011 年）、专业成熟期（2012 年至今）。基于此，当前辅导员制度的发展凸显了我党高校人才培养的优良传统，更是辅导员地位提升的重要保障。

事物的永恒变化要求我们用发展的眼光看待问题。中国共产党的人才培养目标也随着经济和政治的变化而变化，辅导员的职责任务也随之变化。社会主义进入新时代，党的教育目标是培养担当民族复兴大任的时代新人。辅导员制度的历史是随着党的百年教育目标变迁而不断丰富和发展，成为我党高校人才培养的优良传统。

（二）时代使命：新时代辅导员承担着“为党育人、为国育才”的重任

新时代，世界正面临着百年未有之大变局，国内改革发展稳定的任务更为繁重，世界各国利益摩擦和矛盾冲突加剧。党的二十大报告强调：“全面建设社会主义现代化国家、全面推进中华民族伟大复兴，关键在党。”我们党历来重视思想政治教育，党的领导是我国高等教育最鲜明的特征，也是落实好立德树人的根本保证。新时代辅导员的职责，绝不仅限于处理好大学生日常事务，更重要的是做好思想政治教育工作。从宏观层面来看，辅导员所有的工作就围绕一个目标，即为党育人、为国育才，也就是培育时代新人。时代新人在每个历史阶段的表达方式或许不一，但普遍性寓于特殊性之中，

都有共同点，即培养社会主义事业的接班人。新时代，要求接班人全面发展、德才兼备和又红又专，并且要做到能力上“合格”、政治上“可靠”，强化了政治属性，实现能力和品格的统筹兼顾。“合格建设者”就是国家栋梁之材，强调才干和能力，“可靠接班人”就是我党事业的继承者，重视思想和品德，二者相辅相成，缺一不可。从微观层面来看，辅导员的日常工作要立足于平时，围绕学生、服务学生、关照学生，把握学生成长成才的规律，全面提高学生文化素养、道德品质、政治觉悟和思想水平。

时代赋予了高校辅导员为党育人、为国育才的重任，辅导员的作用发挥成了关键所在。一要立足职能维度，全面认识“辅”的深刻内涵。“辅”和“主”是一对矛盾，主辅二重性，对立又统一。因此，辅导员既要做好党委工作的助手、教师教学的助手、学生学习的助手，充分发挥“辅”的作用，又要做好思想政治工作的主攻手、学生管理的主导者、学生成长的主心骨，发挥“主”的作用。二要在全面认识“辅”的深刻内涵的基础上，立足方法维度，有效掌握“导”的功能。在日常工作中，做到加强“政治引领”、强化“思想引导”、厚植“情感开导”、深化“学习辅导”、夯实“行为教导”、拓展“就业指导”。三要立足身份维度，深刻把握“员”的多重意蕴。新时期要办好人民满意的教育，建设教育强国，辅导员要承担伟大工程的“施工员”、伟大事业的质检员、伟大斗争的战斗员、伟大梦想的服务员的职责，发挥辅导员工作的时代价值。

（三）根本坚持：辅导员工作要坚持“以学生为中心”

马克思主义唯物史观认为人民群众是历史的创造者，要求我们的工作要坚持群众路线，从群众中来，到群众中去。习近平新时代中国特色社会主义思想是马克思主义中国化的最新成果，同样要求坚持以人民为中心，人民对美好生活的向往就是我们党的奋斗目标。辅导员工作是面对学生的工作，要坚持“以学生为中心”的理念，为了一切学生和为了学生的一切。

量变引起质变，要想达到质变，就必须有量的积累。思政工作不是立竿见影的事情，必须要思政工作者日积月累，久久为功、绵绵有力。当前，我们辅导员面对的几乎都是“00 后”的大学生们，他们思想活跃、学习能力强、想法多、喜欢网络、追求个性，对我们辅导员工作来说，就是一个挑战。这都要求辅导员既要有扎实的理论素养，在同学们遇到思想困惑时，及时地给予答疑解惑，坚持育人导向，突出价值引领，主动占领思想政治教育新阵地；也要有解决问题的能力，在学生遇到实际困难时，要有能力帮他们出谋划策，做到解决思想问题和解决实际问题相结合，展现作为辅导员的能力和担当。

“怎么看”就是辅导员的世界观如何建立，是解决辅导员认识认知、分析研判、内外合一的动态过程。辅导员只有充分认识到自身工作的责任、意义和时代价值，建立正确的世界观，让教育者先接受教育，才能做好学生思想政治教育工作。

二、怎么办：辅导员工作的方法论体现

“怎么办”是方法论的问题，方法论就是人们改造世界的理论，它关系到人们如何运用理论解决现实问题，它和世界观是统一的。辅导员的工作要做到坚持理论和实际相统一、坚持历史和现实相统一、坚持守正和创新相统一。

（一）坚持理论和实际相统一

马克思有句名言：“理论只要说服人，就能掌握群众；而理论只要彻底，就能说服人。所谓彻底，就是抓住事物的根本。但人的根本就是人本身。”辅导员在做思想政治工作时，要想达到育人的效果，就必须在理论上做到真实、准确、科学，辅导员唯有将理论讲透、讲得深入人心，才能让学生真正感受到理论的巨大魅力。掌握马克思主义基本理论是基础，坚持理论与实际相统一才是工作有所成效的关键所在。辅导员在面对学生时，单纯的理论宣讲难以教育学生，必须创新方法，把理论讲活。用贴近学生、贴近生活和贴近实际的语言讲理论，引导学生积极主动地思考问题。消除思政教育理论和学生现实的距离感，从而发挥思政教育解决实际困惑的作用，让学生切身感受思政教育的魅力，让思政教育成为学生成长必不可少的营养。可以通过专业实习、公益活动、志愿服务和社会调研等形式，带领学生走出校门、走向社会，用书本上学到的马列原理去解决实践中遇到的现实问题。

（二）坚持历史和现实相统一

根据唯物辩证法的观点，世界是普遍联系且永恒发展的。历史和现实具有相通性。历史是一个事物发展的过程记录，历史的角度是纵向看问题的角度，也就是事物为什么会是现在的状态，它经历了什么样的发展才变成这样，是我们从哪里来的问题。而现实是事物当前所处的环境、状态，现实的角度是横向看问题的角度，也就是事物现在是何种状态、周围事物是何种状态，它们之间有何关系，是我们将到哪里去的问题。辅导员工作，要坚持历史和现实相统一，既要发挥我党一直以来的优良工作传统，也要尊重现实，面对工作中遇到的新挑战和新问题，及时优化战略、调整策略，做到准确识变、科学应变、主动求变，保持战略定力，不畏困难风险，朝着既定的目标努力前行。辅导员要引导学生学习历史，了解中国共产党过去为什么可以成功，为什么“行”，为什么“能”，为什么“好”，更要带领学生认清现实，当我们接下先辈的接力棒时，当新一代大学生成为时代新人时，要考虑现在我们怎么成功，未来怎么继续成功。

（三）坚持守正和创新相统一

习近平总书记曾经在讲话中提到，推进中国式现代化是一个系统工程，需要统筹兼顾、系统谋划、整体推进，正确处理好守正和创新的关系。守正创新体现了鲜明的马克思主义立场观点方法，是“变”和“不变”的问题，是共产党人实现理论发展和实践进步的重要法宝。面对当前百年未有之大变局，辅导员在做大学生思想政治教育工作时，会遇到各种各样的冲击和挑战，也要做到守正创新。守正，是把握方向的问题，牢牢守住根本原则不动摇，才能确保前进方向不偏航。辅导员要坚持用习近平新时代中国特色社会主义思想教育人，用党的理想信念凝聚人，用社会主义核心价值观培育人，用中华民族伟大复兴使命激励人。创新，就是善于顺势而变、随势而动，也是新时代党自我革命的动力源泉，以新的理念解决发展中遇到的新问题。要求辅导员做工作时遵循思想政治工作规律、教书育人规律、学生成长规律，做到因事而化、因时而进、因势而新，培养造就大批堪当时代重任的接班人。

“怎么办”是对辅导员工作方法论层面的思考，不是简单的方法、计划、措施、步骤、方案，它是一种哲学层面上的讨论和对策，严格意义上还是马克思主义哲学在辅导员工作领域中的贯彻。有了明确的方法论，理论才能更好地指引辅导员工作实践。

三、怎么干：辅导员工作的落脚点

“怎么看”和“怎么办”事关辅导员工作的世界观和方法论，更多的是哲学上的思考，理论上的梳理。“怎么干”就是辅导员工作具体落实问题，要坚持目标导向，做到育人与育己相协同；要坚持实践导向，做到理论与实践相协调；要坚持问题导向，做到问题与结果相统一。

（一）坚持目标导向，做到育人与育己相协同

目标就是方向，就是主要矛盾。主要矛盾决定事物的发展方向，抓主要矛盾也就是解决问题的关键。辅导员工作的主要矛盾就是解决“培养什么人、怎样培养人、为谁培养人”的问题，就是要培育政治上可靠、能力上合格的时代新人。因此，辅导员所有的工作都要围绕这个目标，才不会偏离政治方向，思想就不会动摇。学生成长是“育人”，自我发展是“育己”，“育人”和“育己”二者从哲学意蕴上来看，也是辩证统一的。学生成长和自我发展是辅导员工作价值体现，哲学意义上的价值，是由社会价值和自我价值两方面构成，两者相辅相成，辩证统一。辅导员帮助学生成长为德才兼备的时代新人，是辅导员社会价值的体现，而自身思想道德素质的提升，则是辅导员自我价值的体现。因此，辅导员的社会价值和自我价值的辩证统一，是在实现育人和育己的实践中生成的，也就是学生成长和自我发展的统一。

（二）坚持实践导向，做到理论与实践相协调

马克思主义实践论告诉我们，实践决定理论，是理论的导师，是检验理论的唯一标准，要求我们的工作要坚持实践导向，一切从实际出发，实事求是。辅导员工作要经得起检验就必须有实践。科研工作者可以拿论文拿课题来检验工作成果，辅导员的工作如何检验，关键还是在于日常工作和学生培养的成果上。思政育人是要有一个过程的，不可能今天辅导员开展了一次思政育人工作，明天就能在学生中产生变化，必须久久为功、绵绵有力，才能止于

至善，成为“大先生”。辅导员要深入到学生中去，调研学生在日常学习和生活中遇到的“真问题”，辅导员的工作要立足于学生发展的需要和成长中遇到的难题，把工作做在实处。辅导员只有俯下身子，善于发现，全方位地去了解学生，读懂学生，充分了解学生所思所想所求，及时发现一些思想行为上的苗头倾向，及时引领，提前预判，才能在学生遇到问题时及时给予帮助。

（三）坚持问题导向，做到问题与结果相统一

问题是我们在认识世界和改造世界过程中遇到的困难，它既是“堵点”，也是“出发点”，更是“突破口”。认真检视问题，才能把问题找实、把根源挖深，进而明确努力方向和改进措施。结果，就是工作的实际成效，是经得起检验的业绩成果，是“落脚点”。坚持问题与结果相统一，要求辅导员能够认真审视工作中的困难，善于发现工作中哪里存在堵点，需要梳理，哪里做得不够，需要改善。辅导员要在取得实实在在的发展成果和工作业绩中，破解实际工作过程中遇到的难题，赢得学生支持和信任，在切实解决学生一个个矛盾和困难中，做到解决思想问题和解决实际问题相结合，助力学生成长成才。

四、小结

辅导员是高校立德树人的专门力量，辅导员工作是校园治理体系和治理能力现代化建设中的重要一环，事关办学方向和育人导向，责任重大，意义深远。“怎么看”是对辅导员工作世界观层面的思考；“怎么办”是辅导员工作方法论层面的讨论；“怎么干”是在世界观和方法论指导下辅导员工作的具体落实。辅导员不仅要成为学生答疑解惑的“经师”，更要立志成为学生立德修身的“人师”。辅导员作为思政工作队伍的排头兵，政治上要强，在大是大非面前决不犹豫徘徊；情怀要深，时刻心怀祖国和学生；思维要新，学会用哲学的观点看待问题、解决问题；视野要广，做到潜心问道和关注社会的统一；自律要严，加强言为士则、行为世范的自觉；人格要正，用自己的人格魅力感染学生，赢得学生。

参考文献:

[1]任少波，楼艳.论高校德育共同体的三重意蕴[J].高等教育研究，2018，39(8)：86-90.

[2] 史仁民，吕进，史东梁.中国共产党领导下的高校辅导员制度的百年探索——基于历史制度主义的分析[J].高教探索，2022(6)：47-54.

[3] 陈宝生.陈宝生部长在全国高校辅导员优秀骨干培训班上的讲话[EB/OL].(2020-03-21)[2024-06-08].https：//study. enaea.edu.cn/courseInfoRedirect.do?action=newCourseInfo&courseId=282009.

[4]王彬.新时代辅导员意涵的三重逻辑和价值意蕴[J].长治学院学报，2023，40(1)：83-89.

[5] 赵秀娟，张明志.论高校辅导员职业价值的逻辑意蕴与实践观照[J].思想教育研究，2023(3)：133-138.

增强高校辅导员与学生谈心谈话的针对性和实效性研究

赵思路

一、高校辅导员与学生谈心谈话的重要意义

（一）思想政治教育的助推剂

辅导员是思想政治教育的引领者，引领学生在大学期间树立正确的世界观、人生观、价值观，正确认识中国发展大势，把学生培养成为又红又专、德才兼备、全面发展的中国特色社会主义合格建设者和可靠接班人。在教育引领过程中，采用谈心谈话这一重要手段，能一边把握学生思想动态，一边进行引导教育，大力提升了思想政治教育的针对性和实效性。谈心谈话通过你一言我一语式的有效互动，让思想政治教育更具亲和力，使得思政教育“灌输”少一些，“疏导”多一些，助推思政教育入耳、入脑、入心。

（二）师生关系升温的催化剂

辅导员与学生谈心谈话构建了师生平等对话的平台。在谈心过程中，辅导员以朋友的身份去与学生交谈，通过换位思考，了解学生所想，倾听学生心声，拉近了彼此的“心理距离”，促进了师生感情交流。学生更容易接受老师的教育，也更愿意信任老师，师生关系进一步加强。辅导员在大学生成长成才中扮演着“人生导师”和“知心朋友”的双重角色，而结合学生实际，广泛开展谈心谈话，能够使得师生关系正向发展，有助于往后工作开展。

作者简介：赵思路，湖南中医药大学湘杏学院辅导员，讲师。

（三）校园和谐稳定的调和剂

辅导员作为校园里学生工作的一线工作者，是发现学生冲突的“侦察员”，处理学生矛盾的“排头兵”。谈心谈话有助于针对性地做好学生思想工作，既能抑制苗头性问题的发展，又能及时调和学生矛盾。辅导员经常性地与学生进行日常谈心谈话能发现学生群体中存在的隐性问题，从而可以及时引导，积极沟通，避免问题出现或加重。如果问题出现，辅导员首先做的也是谈心谈话，了解情况，处理问题。一次有效的谈心谈话，能成功化解矛盾。总而言之，辅导员与学生谈心谈话对于维护校园稳定有着重大意义。

二、增强高校辅导员与学生谈心谈话的针对性和实效性的方法

（一）增强高校辅导员与学生谈心谈话针对性的方法

1. 面对不同的谈话对象，制定“一人一方”个人档案

由于每一位学生的家庭背景、生活环境不同，他们的生活习惯，思维方式也有差异。“新时期，‘95 后’与‘00 后’是大学生的主体，具有个性化的价值追求、自主化的学习方式、网络化的娱乐生活、理性化的处世哲学、务实化的人生理想等特点，也正处于价值观形成的关键阶段，尤其需要辅导员开展针对性的教育引导。”具有针对性的谈心谈话以学生差异为前提，既要考虑不同学生由于空间因素带来的思维方式差异，还要考虑到新时期下，学生个性鲜明、自主意识强、兴趣爱好广泛、思想多元等特点。面对不同的学生，制定“一人一方”个人成长档案，内容主要包括：大学生基本情况，包括学生个人基本信息、兴趣爱好、理想目标、成功和失败经历、大学目标和希望等；大学生成长成才跟踪情况，包括跟踪大学生成长过程中的心理健康普查、学业进退、活动参与、奖惩、谈心教育等。如此做来，学生的情况一目了然，从而增强了谈心谈话的针对性。

2. 摸清大学生成长规律，分门别类下处方

每个群体既有个性发展特点，也有共性发展规律，个性之中有共性，共性寓于个性之中。大学生成长规律是特指大学生这一群体在长期的、动态的过程中表现出来的共性特征。2017 年 9 月教育部《普通高等学校辅导员队伍

建设规定》指出："掌握学生思想行为特点及思想政治状况，有针对性地帮助学生处理好思想认识、价值取向、学习生活、择业交友等方面的具体问题。"增强谈心谈话的针对性可以从解决具体几类问题入手。通过谈心谈话，首先了解到大学生成长过程中呈现出来的共性问题，然后把这些问题按照不同的分类方式进行分类，例如：按照不同类型，从学习成绩、心理测评、家庭经济困难程度等方面做好群体特征的分类分级，再根据不同类别的成长发展规律，进行针对性教育。这样一来提高了谈话质量，也提高了谈话效率，增强了对于不同情景下对不同学生的谈心谈话研究。就谈心谈话形式来说，原则上，谈心谈话以"一对一"谈话为主；而对于普遍存在的问题，进行"一对多"谈心谈话，形成群体效应，使个体行为思想发生改变；严重的问题，则可以进行"多对一""多对多"谈心谈话。

3. 针对谈话内容的关键问题，药到病除给良方

谈心谈话要谈到心窝里，知学生之所想，急学生之所急。面对学生的关键问题，辅导员要从学生角度出发，依据以学生为本的理念，帮助他们解决困难。中央 16 号文件对于加强和改进思想政治教育的基本原则进行了 6 个相结合的规定，其中一个原则是坚持解决思想问题与解决实际问题相结合，因而对于学生的关键问题，既在思想上进行引导教育，又在行动上进行帮扶指导，既讲道理，又办实事，这样方能药到病除，避免泛泛而谈，谈完了事。

（二）增强高校辅导员与学生谈心谈话实效性的方法

"实效性"，是指实施的可行性和实施效果的目的性，实施的可行性是方案的创意、设计、理念及其操作的可行性，而实施效果则是目的的到达程度或结果。因而，"谈心谈话的实效性"是指其行为的可行性和其目的的到达程度或结果。要使谈心谈话产生好的实效，需要避免谈心谈话的误区，找到谈心谈话效果不佳的原因，从而保证可行性；并且区分好不同类型的谈心谈话，了解其目的与注意事项。

1. 避误区，找原因，保可行

谈心谈话是思想政治教育的重要手段，然而辅导员因理论指导、经验技巧不足或自身想法、素质差异，常常陷入误区，以致谈心谈话无法达到良好

效果。这些误区有谈话时机滞后，谈话场所固定，谈话方式单一，谈话内容套路，谈话流程欠缺。

谈话时机的选择旨在提前了解学生的基本情况，包括个人基本信息、成长经历、家庭情况等。大多数时候我们与学生谈话是在问题放大了以后，如果能把握好谈话时机，就能把脉好学生的思想状况，及时处理苗头性问题，杜绝事态严重化。

由于辅导员在办公室办公，往往选择办公室作为与学生的谈话场所。但是由于办公室人来人往，不能很好地保护好学生谈话的隐私，因而针对心理咨询类的谈话，宜选择在安静的环境下，这样保密性比较强。

谈话方式单一是指辅导员在谈话时向学生灌输道理较多，而沟通较少，直白地将需要学生领悟的道理讲出来，缺乏谈话的艺术性；另外受日常管理中的惯性思维影响，容易把谈心谈话的沟通交流单一地变成批评教育，使谈话效果大打折扣。

谈话内容套路常常表现在辅导员接近型谈话中，即在主动了解学生情况的谈话中，习惯性用一些话术，比如："最近学习怎么样，生活如何，家庭有什么事没，有哪些困难需要老师帮你"等，而没有深入地去研究不同学生、不同问题、不同情境下的谈心谈话。

谈话流程主要是谈话前、谈话中、谈话后应该做的事情，包括问题出现、问题分析、谈心前准备、氛围营造、谈心记录、效果反馈等六个步骤。在谈话前，辅导员要做的工作是细致的，要准备规划，甄别与判断问题，客观分析原因，提出初步方案以及选择谈话时机与场地等；谈话中，是智慧的，帮助学生分析原因，提出解决方法；谈话后，是内省的，通过学生反馈，自我反思，总结经验与不足，提升谈心谈话实效。由于辅导员自身事务性工作量大，精力有限，加上个人能力、意识的影响，导致有些谈话流程没有做到位或者不够细。

辅导员与学生谈心谈话需要避免以上误区，这不仅需要每位辅导员提高认识，加强学习，倾情付出，也需要高校建立科学合理系统的谈心谈话培训制度，健全谈心谈话工作考核评估，进一步重视谈心谈话的意义和实效性提升。

2. 分类型，明目的，看实效

谈心谈话目的的落实情况和达到的效果是判断谈心谈话实效性的重要依

据。“根据谈话对象的反应，双方沟通的程度，对比谈话目标，对每次谈话做出客观评价。”区分清楚不同类型的谈心谈话，明确其谈话目的，才能更好地客观评价谈心谈话产生的实效。根据目的和对象不同，谈话类型有日常谈话、引导谈话、疏导谈话、提醒谈话、教育谈话。在日常谈话中，谈心谈话的实效要从学生是否愿意配合辅导员回答关于思想认识、价值取向、学习生活、择业交友等具体问题来看；引导谈话，关键在于学生接受、认知并认同所引导的思想，只有这样学生才会不知不觉外化为自己的行动，引导谈话的实效根据行为外化的程度来看；疏导谈话，面向的对象主要是情绪低落的学生，它的效果体现在学生是否从这次谈话中情绪有好的变化，可以从学生给辅导员的反馈中得知；提醒谈话的效果体现主要是看学生有没有及时纠正自身存在的问题；教育谈话，面向的对象是违规违纪学生，它的效果判断是看学生能否深刻反思自己的错误行为，下次不会再次违反规定。通过对违规违纪学生的谈话，同时强化了其他学生遵纪守规的意识。总的来说，最终指向是学生能以习近平新时代中国特色社会主义思想为指导，能用社会主义核心价值观武装自己，会用马克思主义基本原理分析和处理事物，德才兼备，全面发展，成为为社会作贡献、有益于人民的人。

三、增强高校辅导员与学生谈心谈话针对性与实效性的措施

（一）有针对性地做好以交心为前提的谈话准备

有针对性地做好谈话准备，最重要的就是去做交心的准备。“谈心这一教育形式在中国共产党成立之初便形成了，延安时期的毛泽东称其为最细致入微的宣传鼓动形式。”可见，谈话前做好交心的准备，那之后的一切学生工作都好做了。在实践中，提前掌握好学生的兴趣爱好，个人基本信息，成长经历，并从侧面了解学生行为习惯，全方位把握好学生个性特征，是交心的第一步。同时，辅导员自身掌握一些心理学知识，除了看到学生行为层面的表现，也关注学生的认知层面的感受、期待与渴望，这样才能更好地做细做深谈心谈话，做到与学生交心。此外，研究不同类型的成长规律并有针对性地做好群体特征的分类分级，遵循学生成长规律，促进学生成长成才。辅导员以交心为前提，做好谈话准备，这样既具备走近学生的“物质基础”，

又具备走近学生的“超能力”，还具备带学生走向成才的“好本领”。

（二）用谈话技巧引导学生澄清关键问题

学生出现问题情况比较复杂时，辅导员与其谈心谈话需要注意挖掘关键问题。学会几种谈话技巧，则能够巧妙地传递信息，引导学生抓主要矛盾，学生接受起来也更容易。常见的谈话技巧有“糖衣药丸式”谈心法、“开门见山式”谈心法、“类比启发式”谈心法。这三种谈话技巧可以分别运用在这些场景中：在批评学生不足时，我们可以采取“糖衣药丸式”谈心法，先从其闪光点讲起，消除其顾虑和对立，再指出其缺点与不足；对于不愿意配合工作的同学，我们可以采取“开门见山式”谈心法，把谈心内容直接问出来，避免与学生绕圈子；对于教育学生养成好的习惯，则可以采取“类比启发式”谈心法，辅导员用好的故事或案例，把道理讲得深入人心，把问题关键讲得透彻明白。

（三）增强新媒体背景下谈心谈话的实效性

如今，95后、00后学生是互联网时代中的“原著居民”，网络信息的发达加速了信息传播效率。学生可以通过各种社交渠道与这个世界进行交流，他们会在微信、QQ、微博等软件中发表动态，吐露心声。面对这种形势，辅导员运用线上谈话模式去补充线下谈话中出现的譬如时机、场合、方式等不足，同时，信息的便捷使辅导员更容易了解学生的思想动态，方便与学生交流，拉近了与学生的距离。特别是预防危机事件发生时，线上交流起到了快速介入干预的作用。在持续关注学生动态时，线上聊天不受线下场合的局限，能更方便长期关注学生。在面对大批量的学生时，线上谈话，也能更高效地进行问题排查，筛选重点学生。因而，新媒体背景下线上谈话成了线下谈话的有益补充。2020年新冠疫情发生之时，学生停课在家，网络聊天和网络会议发挥了巨大的谈心谈话作用，一方面缓解了学生在家的焦虑，另一方面也能了解学生的身心状况。新媒体背景下，辅导员还可以更加丰富谈话路径，短视频、公众号、直播也能成为谈心谈话的载体，贴近学生生活，创新多种谈心谈话路径，使谈心谈话更加深入人心。

（四）创造具有合适氛围的谈话空间

面对面聊天是谈心谈话的主要形式，与网络聊天相比，它更注重氛围的营造，更能渲染情感以及察觉到学生的情绪变化。因而，我们不局限于选择在办公室进行谈心谈话，还可以选择在操场、食堂、寝室、教室等地。辅导员既可以根据不同类型的谈话目的选择不同的场合，也可以根据不同的场合进行不同类型的谈话。在谈话中，我们也要注意管理自己以及察觉学生的面部表情和肢体语言，比如：与学生保持 1.5 米的距离最利于学生放松及表达；批评教育学生时察觉学生表情变化，去判断学生是否能够接受批评。总之，营造一种恰到好处的谈心谈话氛围，使得谈话内容的输出载体不仅停留在语言上，还表现在肢体动作和氛围营造中，能使谈话效果事半功倍。

（五）持续跟进谈心谈话效果

当代大学生认知体验和行为表现是动态发展的，有时候在谈心谈话时或者之后一两天，学生表现积极一些，过了一段时间，可能又恢复原状。这需要辅导员做好持续关注的准备，做好每次谈心记录，包括学生个人基本情况、谈话背景、谈话目的、谈话地点、谈话方式、谈话内容、谈话效果和后续措施等。如果一次谈话没有解决问题，那么要实施后续的谈话措施，拟定谈话日期与谈话目标。做记录的意义在于客观评价本次谈话效果，有助于辅导员自身总结反思，明白有时的谈话不是一蹴而就，而是需要后续关注，巩固谈心谈话效果。关注的方式例如在某一阶段结束后或两次空当谈话期间，给予学生“感谢你的信任”“我一直在关注你”“你是最优秀的”等表达关注和期待的信号，有助于唤起学生的信心和力量来面对并解决问题，使其产生“尽可能满足教师的期待”的自我要求。

四、结语

谈心谈话是高校辅导员职业技能大赛考核内容之一，是做好学生工作的重要手段。本文分别分析了增强针对性和实效性的方法：增强针对性的方法即从针对不同学生的个性和共性以及学生谈话内容的关键问题三个维度去思考措施；增强实效性的方法即从如何保证谈心谈话方案的可行性以及如何检测其实效性出发，提出避误区、保可行、明目的看实效的论述。最后，本文根据增强针对性的方法提出做好以交心为前提的谈话准备、用谈话技巧引导学生澄清关键问题的两项措施；根据增强实效性的方法，分别从时机与方式、场所和内容以及流程跟进三个方向提出新媒体背景下增强谈心谈话的实效性，创造具有合适氛围的谈话空间，持续跟进谈心谈话效果的三项措施。这五项措施共同促进谈心谈话针对性和实效性的提升，使得思想政治教育变得更具亲和力，师生关系更加融洽，校园生活更加美好。

参考文献：

[1] 冯刚，严帅．新中国成立 70 年来高校思想政治教育的成就、经验与展望［J］．教学与研究，2019（09）：12−24.

[2] 陈帅，叶定剑，张碧菱，等．构建高校辅导员谈心谈话长效机制探析［J］．学校党建与思想教育，2020（12）：56−58.

[3] 李荣华．大学生谈心教育存在的问题及对策［J］．学校党建与思想教育，2015（10）：18−19.

[4] 中华人民共和国教育部．普通高等学校辅导员队伍建设规定［EB/OL］．（2017−09−21）［2024−06−08］.http：//www.moe.gov.cn/srcsite/A02/s5911/moe_621/201709/t20170929_315781.html.

[5] 何泽彬．大学生职业生涯规划教育实效性研究［D］．重庆：西南大学，2010.

[6] 袁源，高敏．基于心理咨询视角的辅导员谈心谈话工作实效提升研究［J］．思想教育研究，2017（04）：123−127.

“三全育人”背景下高校党团班协同育人机制研究

雷秋红

习近平总书记在全国高校思想政治工作会议上指出，要坚持把立德树人作为中心环节，把思想政治工作贯穿教育教学全过程，实现全程育人、全方位育人，努力开创我国高等教育事业发展新局面。因此，高校的党建和思想政治工作必须以培养担当民族复兴大任的时代新人为着眼点，坚持全员育人、全程育人、全方位育人。而这一切的顶层设计都必须落实到最基层的党支部、团支部、班级，只有打通“最后一公里”，才能取得预期效果。然而，党团班的职责既相互独立，又存在交叉和重叠的部分，如何发挥三个组织的系统整合优势，是高校党建和思想政治工作长期探索、想解决而没有解决的问题。本文运用协同理论，构建党团班三个组织的系统协同育人机制，实现党的各项建设在高校思想政治工作的落实。

一、高校党团班协同育人机制的概念内涵

高校党团班协同育人机制通过研究制定各种规章制度，明确党支部、团支部、班级的定位，在班级中形成以党支部为政治核心的团结协作的整体合力，以党建带团建、以团建促班建，推动党团班协同联动机制制度化，切实提升党支部组织力，打造“三全育人”价值链，促进大学生全面发展。

作者简介：雷秋红，湖南中医药大学人文与管理学院党委副书记，讲师。

二、高校党团班协同育人机制的构建运行

（一）明确责任，协同发力，明晰党团班协同育人机制组织构建

高校“党团班”协同育人机制以党的支部建设为核心，以团的支部建设为抓手，以班级管理为基础，最终实现党团班“一体两翼”格局，协同合作，共同育人。党支部担负着联系、组织、团结、教育学生的重要责任和把党的基本路线、方针政策落实到基层的任务；团支部除了协同党支部进行思想政治教育之外，主要针对团员开展团务工作，同时给予班委会工作正确的指导和支持，与班委会协同合作搞好班级建设工作；班委会接受党支部、团支部的指导并主要负责班级的日常建设和管理工作，与党支部、团支部协同配合、通力合作。（见图 1、图 2）

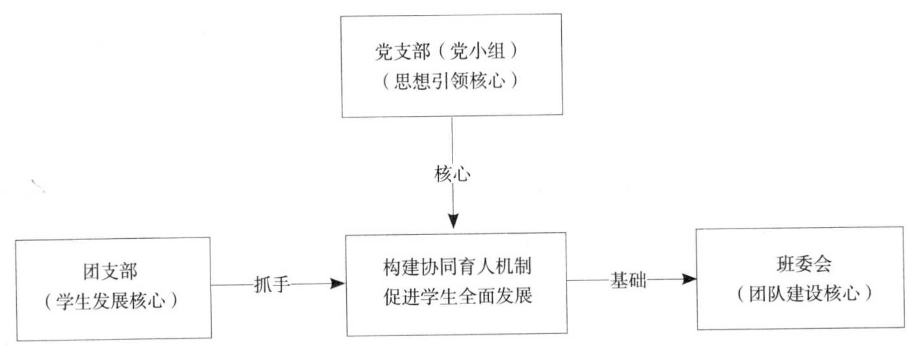

图 1　高校党团班协同育人机制职能分工模型

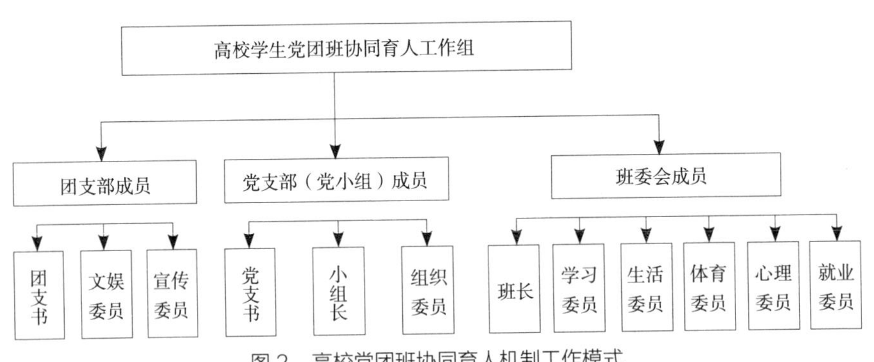

图 2　高校党团班协同育人机制工作模式

（二）规范建设，精细管理，明晰党团班协同育人机制建设制度

一是职责分工制度，明确党支部（党小组）、团支部、班委会的职责，

以及党支部书记和委员、团支部书记和委员、班长和委员的职责；二是民主决策制度，分为民主选举和民主决策两方面；三是培训交流制度，分为“沙龙式”教育（辅导员老师组织团体辅导教育）、“常规式”培训（集中学习交流）；四是工作考评制度，完善党员和干部的监督制度、班委会例会制度等。

（三）凝心聚力，盘活格局，完善党团班协同育人机制运行机制

一是会商机制。每月进行一次党团班定期会商，互相交流信息和工作，对每个月的工作作出总结，并对下个月的工作作出计划。二是联络机制。扎实推进校（院）领导干部深入基层联系学生、校（院）意识形态工作党团班联络点全覆盖、校（院）党团班工作联络机制建立等工作。三是联动机制。完善党员发展服务中心，即在学院党委领导下，以学生党员为主体，协助开展党务工作。同时，充分发挥党支部的政治核心作用，联合团支部做好班级学生的思想政治工作，实现以组织联动、责任联动、载体联动为主要内容的“四级联动”体系建设，着力把党支部、团支部、班集体、寝室四级组织力量拧在一起，不断提升组织力，突出政治功能。

三、高校党团班协同育人机制的实施举措

（一）在思想引领上下功夫，做到“学懂·弄通·做实”

一是成立学生理论宣讲团。宣讲团将采用微辅导、微党课、微报告等方式，采取线上线下联动的形式，结合国际国内形势、国家大政方针，分主题、分阶段、分层次深入各党团班组织进行宣讲，引导广大学生切实把思想和行动统一到党中央的精神上来，把力量凝聚到实现党所确定的各项目标任务上来，弘扬时代主旋律。二是开展党员“政治生日”纪念活动。活动围绕“六个一”，即发送一条“政治生日”祝福短信、送上一张“政治生日”贺卡、赠送一份“政治生日”礼物、重温一次入党誓词并授戴党徽、进行一次专题谈话、举行一 次主题实践活动。开展党员“政治生日”纪念活动，力求使每一位党员记住自己的“政治生日”，铭记作为党员的责任与宗旨，感受党组织的温暖，激发广大学生党员争做合格共产党员的内在动力，进一步凸显了党支部的影响力和凝聚力。

（二）在价值塑造上下功夫，崇尚“责任 • 诚信 • 成才”

一是开展“诵红色家书，育家国情怀”主题党日、团日活动。活动面向学院全体师生党员和新生团支部。其中，全体教师党员以支部为单位组织学习，每个教职工党支部诵读、展演一封红色家书；学生党支部组织集体学习，集体诵读、展演一封红色家书；新生以团支部为单位组织学习，每个团支部诵读展演一封家书。同时，选拔部分教师、学生抄写红色家书用于现场设计与展示。二是开展新生红歌会。在新生军训期间，各党支部、团支部自选一首红歌，通过个人演唱、集体演唱、集体表演、集体演绎等形式对红歌的情感、意境进行剖析展示，向广大师生展现共产党的苦难与辉煌。三是构建三大德育答辩体系。在各班级分阶段举行“三大德育答辩会”，即新生德育答辩会、学生党员干部德育答辩会以及毕业生德育答辩会，在学生中建构大学生核心价值观，大大地提升学生的整体素质。

（三）在专业学习上下功夫，注重“学业 • 实践 • 就业”

成立“专业学习师生联合会”。以校内、校外两个阵地为课内教育与课外教育相结合的活动载体，以专业学习、师生联合、扩大交流、促进教学相长的各专业学习研究社（团队）为基础，为学生专业学习、自身成长提供了一个中心、两座桥梁、三个平台，实现知识、能力培育和价值观 培育相结合，创建“以生为本，合力育人”的良好环境。

（四）在队伍管理上下功夫，确保“善谋 • 善为 • 善成”

开展先进班集体创建、评比。面向全校各班集体，按照组织申报、开展创建、评审监督、成果汇报、颁奖授牌、建设展示六个过程，有计划地开展先进班集体的创建和评比活动，开展“创优”班集体建设答辩会，最后将涌现出的特色班集体建设成果进行集中展示。

（五）在文化育人上下功夫，倡导“精心 · 精准 · 精益”

一是定期开展“书记院长友约”活动。“书记院长友约”是学院书记、院长与青年学生分享成长经历、解决成长困惑、培养人文素养、探讨学习方法的一个创新性文化品牌，由学院书记、院长与学生们进行交流，每期一个交流主题，学生可通过学院微信公众号自愿报名参加。二是开展新生班级风采秀。每个新生班级的班委会带领班级同学一起设计个性鲜明的班服和班徽，征集体现班级整体价值观的班训，并在舞台上通过视频、舞台剧、小品、歌唱、朗诵等丰富多彩的形式，展现班风班貌及班服设计理念，增强班级同学之间的沟通合作能力和班级凝聚力，提高创新意识，激发创造思维，促进各班班级文化建设。三是开展寝室文化设计大赛。寝室成员为寝室设计贴合寝室主题的名称，并对寝室进行精心设计，最后在舞台上从寝室设计、寝室卫生、寝室装饰、寝室准备、寝室安全、寝室特色六个方面对寝室进行全方位介绍、讲解，最后评选出精品寝室并进行集中展示。

多年来，人文与管理学院始终坚持把组织建设与教育引领结合起来，强化各类组织的育人职责，构建“三全育人”工作格局。始终坚持以党员发展服务中心为平台、以党团班协同育人工作小组为抓手，不断探索高校党团班协同育人生态系统运行机制；以主题活动、平台建设为支撑点，持续推进高校党团班协同育人生态系统文化培育机制。从宏观、中观、微观各个层面一体化构建育人工作体系，实现各项育人工作的协同协作、同向同行、互联互通。2018 年人文与管理学院党委入选首批全国党建工作标杆院系，入选湖南省首批党建工作标杆院系，一名教职工党员获 湖南省青年党员示范岗。通过党团班的辐射效应和学生党员的骨干作用，我校大学生的人生理想、政治理想、职业理想、道德理想实现了有机的结合，促进了学生的全面发展，确保了学校长期稳定发展。

新时代高校实践育人协同体系的构建

——基于“中医药继承者”项目的创新探索

焦珞珈　王静　钟婷

进入新时代以来，党和国家一直高度重视高校实践育人工作。《高校思想政治工作质量提升工程实施纲要》提出要构建十大育人体系，形成包含实践育人在内的全员全方位全过程的一体化育人格局。习近平总书记多次在座谈和回信中强调社会实践的价值，勉励大学生以“书本 + 实践”的方式学习，深入基层和群众，这就为高校推动实践育人的思想观念发展和实践路径探索指明方向、提供遵循。

一、新时代构建高校实践育人协同体系的逻辑理路

社会实践作为大学生思想政治教育的重要抓手，是高校全面落实立德树人根本任务，提高人才培养质量的重要载体。大学生参与社会实践不仅可以实现学校教育与社会教育的有效衔接，而且可以促进自身知行合一、全面发展。高校实践育人协同体系构建的质量及效度，将直接决定其实践育人工作的建设水平和人才培养质量。

（一）推动高等教育发展的内在要求

服务社会是高校的重要使命，人才培养是高校的根本目标。作为实践育人开展的关键主体，高校要不断深化对实践育人价值的科学认知，以实践为

作者简介：焦珞珈，湖南中医药大学党委委员、组织人事部部长，教授；王静，湖南中医药大学马克思主义学院硕士研究生；钟婷，湖南中医药大学党政办公室秘书科副科长，讲师。

载体，善用实践教育，优化育人要素，发挥协同作用，通过组织、引导大学生积极参加社会实践，在改造客观世界的过程中同时进行主观世界的改造。从高等教育高质量发展的内在趋势来看，协同体系的建构正是一种实践育人新的理论范式、制度性安排。围绕高素质复合型人才培养目标，构建政府、高校、企业、社区多主体参与的协同育人工作机制，将传统实践育人的开展阵地从“学校课堂”延伸到空间更为广阔、资源更为丰富的“社会课堂”，发挥各育人主体间的“共轭效应”，既让大学生在社会实践中全面提升专业技能与综合素质，又实现高校人才培养模式的多维化。

（二）提升实践育人实效的必然选择

协同理论是系统理论的重要分支，认为千差万别的自然系统或社会系统均存在协同作用，并且协同作用是系统从无序转向有序的内驱力。也就是说，各子系统（或构成要素）间协同作用制约着系统协同作用与功能，子系统（或构成要素）协同得越好，系统的整体性功能就发挥得越充分。教育作为一个开放系统，课程教学、督导管理与社会支持等要素间存在非线性作用，因此系统处于非平衡的动态发展中。高校实践育人协同体系的本质就在于对多元组织主体及育人作用发挥的一种整体性制度设计与推进。在协同体系中，共同的育人目标与明确的角色定位，既避免了个别育人组织的“少作为”和“不作为”，又防止各育人主体因定位模糊、角色混乱而导致育人效果负向牵制甚至抵消的现象。

（三）助力大学生成长成才的重要抓手

马克思认为：“社会生活在本质上是实践的。凡是把理论导致神秘主义的神秘东西，都能在人的实践中以及对这个实践的理解中得到合理的解决。”实践是认识的基础，是检验真理的标准，并且是人的发展的决定性因素。大学生在专业知识学习的基础上，要认同知识价值、实现理论的方法论指向，就必须通过实践。高校实践育人工作是一项全局性、复杂性、整体性工程，是新时代大学生由陈述性知识进阶到程序性知识，实现由知识向能力、素养的转化。知识强调的是人类对客观现实世界认识的结果，能力则是强调探索、改造客观现实世界的身心力量。因此，高校要坚持“受教育、长才干、作贡献”

的宗旨，将社会实践与思想政治教育、专业锻炼、服务社会相结合，引导大学生参与社会实践活动，在深入社会、融入基层、直入群众中肩负起社会责任，在实践中成长成才。

二、当前高校社会实践协同育人的困境剖析

基于时代新人培养的根本要求，各大高校依托课堂教学、第二课堂、实习实训等载体积极开展实践育人工作，通过整合校内外实践资源，丰富实践内容，创新实践形式，拓展实践平台，教育引导学生在亲身参与中增强实践能力，取得了一定成效。但从整体来看，全员全方位全过程的实践育人模式尚未形成，实践育人的常态化、制度化与科学化有待提升，实践育人协同体系构建仍然面临着若干现实困境。

（一）协同育人理念认识不到位

高校协同育人体系应是学校内部系统与外部系统综合作用的有机整体，体现在学校内部各部门之间、学校与政府、教育部门、企事业单位之间的双向联动。实践育人既是一种有效的育人方式，也是一种系统化的育人理念。目前，尽管政府、企业、社会和高校各方主体都充分认可社会实践的重要性，但是多年来育人是高校单方面责任的传统观念仍占有较大市场。具体而言，党和政府对社会实践协同育人高度重视，对理念转变具有指导性意义，但在具体落实、过程监督、效果评价、保障激励等机制上还有待进一步健全和完善。另外，一些社会机构对于接收大学生参与实践态度较为被动，缺乏育人主体的自主性和积极性，无法满足社会实践与专业教育连贯性的要求，不能根据实践主体的专业优势和自身特点进行具体安排和部署，这些归根结底是因为对协同育人理念认知不够全面和深入。

（二）队伍建设和基地建设不充分

专业的实践育人工作队伍是高校确保实践育人实效的有力保障。整体而言，各大高校对成立大学生实践育人工作领导小组已达成共识，并在校内整合了专业教师、思想政治理论课教师、院系管理干部和专职辅导员等群体资源，组建了一支专门的实践育人队伍。但由于成员均兼有其他教学或管理工

作，且并未接受统一、规范的专业教育与培训，造成现有队伍专业性不够、时间和精力投入得不到保证。实践育人基地是具体实施高校实践育人的场所，是大学生社会实践活动开展的空间载体。目前，不少高校对实践育人基地建设在认识上有一定局限性，把实践育人基地简单地等同于实践教学基地，普遍重视各学科专业实习基地、实验室等实践教学基地的建设，但对一些社会性、共享性、开放性的实践育人基地建设仍存在重要性认识不足、支持力度不够和配套资源不到位等现象。

（三）实践育人系统性和实效性不强

随着国家对高校实践育人的高度重视，很多高校已将实践育人及实践育人体系构建纳入人才培养的重要环节。但是，当我们理性审视时不难发现，部分高校对于社会实践育人效果定位不准，仅仅满足于“一时热闹”的即时效果，缺乏“一直蕃昌”的长远规划和系统理念。从高素质复合型人才培养的全局工作来看，部分高校顶层设计不足，对实践教学所占的学分比例、培养方案、教学大纲、教学评估等环节未进行系统性设计与论证。从社会实践活动的开展状况来看，对大学生喜闻乐见的实践形式调研不足，未根据不同学年、不同年级、不同时段进行统筹规划。这些均使得实践育人在高校育人工作中看起来热闹、听起来重视，具体实施过程中却缺乏科学性、计划性和整体性。

三、新时代高校实践育人协同体系构建的基本原则

高校实践育人协同体系是校内外多种因素共同作用的复杂系统，要真正构建“目标共同、机制共建、责任共担”的实践育人体系，就必须形成完善的协同育人机制，使“多元主体从混沌状态向有序状态、从低级有序向高级有序地转移”。

（一）育人性原则

育人性是教育的本质属性，是教育的生命和灵魂。新时代高校构建实践育人协同体系，就是要在全面落实立德树人根本要求的基础上，既进行理论知识的积累和专业技能的丰富，又体现人生价值的塑造和职业能力的培养。

这强调的就是实践在新时代大学生思想政治教育中蕴含的价值与作用。一方面，通过社会实践可以让大学生深刻认识到中国社会经历的历史巨变，在实践中深化对中国共产党的认识、对中国特色社会主义的认同。另一方面，通过将社会实践与思政教育相结合、与专业锻炼相结合、与社会服务相结合，让大学生在实践中提升自我效能感，在服务基层、服务社会中坚定信念、磨砺自我、增长本领，不断增强社会责任感和历史使命感。

（二）协同性原则

社会实践是一个多维度多主体的系统。协同、合作不仅适用于育人资源的开发、育人阵地的建设、育人队伍的培育，更是贯穿于实践育人的全过程。一直以来，影响高校实践育人效果和学生发展的因素不仅仅是高校系统或者学生自身，还有多种综合因素。高校要发挥主体作用，把实践育人体系构建纳入人才培养的顶层设计，以“协同”和“共享”为导向，构建科学合理和充足充分的实践育人保障机制；政府部门要发挥主导作用，依据中央精神和要求制定具体的实践育人政策；企业和社会组织要履行好人才培养的协助之责，为大学生的实践和锻炼充当好“扩容器”。由此可见，实践育人体系的协同性，强调的不仅仅是以高校为实施主体的教学实践活动，更强调的是施展于社会场域的多主体参与的社会实践活动。

（三）开放性原则

实践育人协同体系不仅是一个复杂系统，同时也是一个开放系统，需要系统内部与系统外部资源的有效交流与互动。资源作为一种物质要素，从根本上来说具有有限性与地域性，因此不同系统所拥有的资源类型与共享程度是存在差异的。实践育人协同体系应立足于系统的开放性原则，基于大实践育人观，努力突破资源有限性与地域性的窠臼，打破高校与政府、社会组织、企事业单位等组织主体行政隶属关系不一致的局面，将高校以外的潜在实践资源主动引入系统中，构建更大的共建平台和共享机制，让更多的实践主体受益，让更多的资源、平台和成果实现共享，打造空间范围更大、参与面更广的实践育人共同体，构建共建共享共通的协同育人长效机制，不断推动实践育人协同体系向着纵深化、有序化、更开放、可持续的方向发展。

四、“中医药继承者”实践育人协同体系的构建

高校实践教育内含实现教育根本目标、促进教育对象健康成长、完成个体社会化角色转换的价值意蕴。针对目前实践育人协同体系建设中存在的问题，“中医药继承者”项目坚持寻找专业教学与实践育人的交叉点，将中医药文化融入大学生实践育人体系，让学生在实践中受教育、长才干、作贡献，探索“行—知—行”的知行合一动态养成路径。

（一）打造“政府＋高校＋企业＋社区”四轮驱动模式，建立协同育人长效机制

实践育人是一项复杂的系统工程。“中医药继承者”项目通过建立“四轮驱动”社会实践服务模式，把“政府＋高校＋企业＋社区”的共建共享作为新渠道，打破行政隶属关系不一致的桎梏，将政府、社会、高校、学生有机结合和作用互动，构建互需、互惠、互联的多赢合作，多主体参与的协同育人长效机制，推动各主体间协同配合、优势互补，联合履行社会责任，共同助力实践育人。为实现这一目标，学校建立了以分管校领导任组长的工作小组，加强与政府部门的工作对接，聚合政府对全民健康事业的社会责任，将合作协议从战略上、行动上和机制上落到实处。以中医药文化“进乡村、进社区、进校园”为契机，融合高校、企业和社区资源，搭建学校到城乡社区、城乡社区到学校的联动志愿服务模式，推动中医中药中国行。正是基于契约方式构建的“政府＋高校＋企业＋社区”四轮驱动协同育人体系，各育人主体间的适应性与主动性不断增强，协同体系的包容性和开放性不断生发，长期稳定合作关系得以保障，进一步促进同心圆式的协同育人体系的稳定运行和长远发展。

（二）搭建“健康教育＋健康服务”两翼共振实践项目，完善协同育人内容体系

根据实践内容的不同，有学者将实践育人分为教育型实践、服务型实践、专业型实践、文化型实践、组织型实践以及职业准备型实践等六种不同的类型。“中医药继承者”项目依托“实践＋服务＋育人”三位一体的社会实践理念，构建儿童健康教育与儿童健康服务两翼共振的社会实践内容体系，可

以说兼具教育性、服务性、专业性、文化性、组织性和职业准备的特征。一是通过课程教学的主渠道作用，按照“分类指导、因材施教、提高效果”的指导思想，开设线上线下中医特色健康课程，编写中医启蒙读本，打造中医原创音乐，推广中医传统保健功法四大系列精品课程。二是通过中医药标本制作、野外中草药辨识实践课程，沉浸式体验中医药传统保健知识，感受中医药文化魅力，从小根植“用中医、信中医、爱中医”观念，涵养“学中医、护中医、传中医”情感。三是深化实施“优儿健康驿站”“21天健康养成计划”行为实践项目。通过拓展城镇社区“大手拉小手”“儿童中医药研学”活动，乡村学校“中医药文化图书馆”“中药迷你种植园”建设，开启“以国医开童智”“中医教育从娃娃抓起”的新实践，推动中医药文化的传承与发展。项目通过实施“认知教育—健康体验—行为实践”三维层层递进的特色实践内容，与各异质育人主体相互联系，形成聚合效应，逐步构建“实践依托专业，专业支撑实践，实践反哺专业”的内容体系。每一维度的实践内容既实现对大学生的思想政治教育与专业教育，又强化了实践主体及实践对象的情感体验，更是契合了服务“健康中国”发展战略的现实目标。

（三）建立“普及＋提升＋专业”三级分类培训体系，提升实践主体服务本领

“中医药继承者”项目着眼于中医儿童健康教育与服务项目对实践主体专业知识与专门技能的现实需求，解决医学生服务与实践能力不均衡的问题，鼓励和支持师生利用专业特长开展专业服务，注重把师生的专业特长转化为实践优势，反哺提升其道德素养和专业社会化能力。按照“规范化、制度化、标准化”的工作原则，建立健全由普及培训、提升培训和专业培训相衔接的三级分类培训体系。同时依托学校联系和对接的各级科普教育社会实践基地开展培训，创建“3+3+X”志愿者教育培训体系，依托学校、学科、社区三个阵地，注重入门培训、岗位培训和骨干培训三个环节，在基础培训和专业培训的内容上，延伸开展标本制作、传统保健、推拿手法等若干专业培训，强化志愿者服务的中医药基本技能，提高志愿者综合素质，递进式提升志愿者的实践能力与服务本领。

（四）贯彻“总结＋评议”双维过程考评机制，健全育人实效评价体系

科学合理的考核评价机制对实践育人工作效果具有导向、激励、调整和预测功能。“中医药继承者”项目探索建立了“总结＋评议”的全过程考核机制，有效检验实践育人体系建设的质量和效度。一是对参与社会实践的大学生以个人自评、组员互评、导师复评、服务对象测评相结合的方式进行过程性评价和形成性评价，促进实践主体间互学、互帮、互补、互促，并将考评结果应用至“第二课堂成绩单”社会实践类别的积分认定。二是围绕育人效果与成绩、风险与失误规避等问题对不同协同主体进行评估反馈，依托否定性评价激发各协同主体长善救失，利用肯定性评价不断巩固、拓展和深化协同育人成果。三是通过实践过程中家长及其他社会层面的即时反馈，对项目过程、实践能力、实施成果进行测评考核，推选优秀团队、优秀项目、先进典型，通过杰出学子报告会、志愿服务总结大会等活动，推广优秀经验，提高实践育人实效。

五、结语

社会实践既是渗透在素质教育各个环节中的教育手段、教育方法，本身也是一种重要教育环节、教育步骤。作为新时代的高校，积极构建多主体参与、多内容支撑、多方向发展的实践育人协同体系，不仅是培养高素质人才目标的必然和应然，也是对教育发展规律与学生成长规律的客观回应与现实关切，让学生在德育实践中知行结合、德才并进，持续助力大学生立身、立德、立言、力行，实现知识由“他授”到“自授”、实践由“校园”到“社会”、育人由“内化”到“外延”的转换。

参考文献：

[1] 刘扬，陈城，张绣宇．高校实践育人协同体系的构建——以同济大学为例［J］．高校辅导员学刊，2020，12（1）：52-56.

[2] 丁奕然，倪娟．协同学视域下教育风险治理的“溯源模式”研究[J]．湖北社会科学，2021（5）：145-150.

[3] 马克思，恩格斯．马克思恩格斯选集：第1卷［M］．北京：人民出版社，1995.

[4] 马利霞.新时代高校实践育人体系构建研究[D].吉首：吉首大学，2015.
[5]罗亮.改革开放以来高校实践育人的发展历程与基本经验探析[J].思想理论教育，2019（5）：106-111.
[6] 孔祥年.协同学视域下社会实践育人体系研究[J].学园，2015（36）：6-7.
[7] 单珣，贾寒."三全育人"视域下高校实践育人机制创新研究[J].学校党建与思想教育，2023（14）：81-83.
[8] 谈传生.高校实践育人机制创新研究[J].学校党建与思想教育，2019（24）：61-63.
[9] 张文显.弘扬实践育人理念 构建实践育人格局[J].中国高等教育，2005（Z1）：7-9.
[10] 赵剑民.素质教育视野中的大学生社会实践[J].湖南师范大学教育科学学报，2004（2）：41-45.

（原文刊载于《高教学刊》2024年第10卷第24期，有删改）

基于 CIPP 模型的大学生公益社团实践育人成效评价体系的研究

孟斌

自从党的十九大以来，随着高等教育步入新的历史阶段，高校实践育人工作的重要性不断加强，而学生社团作为高校内必不可少的组成部分，高校学生社团也面临着新的发展使命。如今，随着实践育人在大学生教育中越来越重要，如何系统地、科学地评价实践育人成效已经成为众多学者研究和探索的重要课题。为进一步探索大学生公益社团在实践育人方面的成效以及切实增强实践育人的效果，应制定方法科学有效、指标合理、内容全面的成效评价体系，进一步明确大学生公益社团的定位以及现状，落实大学生公益社团如何发展。因而将 CIPP 模型引入该评价体系，构建基于 CIPP 模型的大学生公益社团实践育人成效体系，实现以评价促认识，以评价促改革，以评价促发展，从而有效地推动高校实践育人的落实与发展，培养新时代人才，服务于建设创新型国家和人力资源强国。

一、CIPP 与大学生公益社团实践育人成效评价的契合性分析

CIPP 模型是一种超越目标模式的新的评价模式，这种模式能提供整体的、全面的信息，以帮助目标的确立、修订、实施以及对实施结果的考核。该模型是由背景、输入、过程、结果这四个步骤构成，将这四个步骤贯穿于公益社团活动中，以及时反映特点、揭示问题，从而进一步实现改进，促进公益

作者简介：孟斌，湖南中医药大学信息科学与工程学院辅导员，助教。

社团在实践育人方面不断发展。

（一）CIPP 评价模式全程性特点、过程性特点和反馈性特点与公益社团实践育人相契合

1.CIPP 评价模式全程性、过程性、反馈性特点

①全程性特点

真正将评估活动贯穿于整个活动过程的每个环节，它与活动中的任何一个步骤都相连接。背景评价对应的是确定活动所需要的需求和确定活动目标环节；输入评价对应的是决定活动战略和设计与计划进行活动所需要的步骤；过程评价对应的是进行活动时的步骤；结果评价对应的是活动结束后所带来的收获和效益等。四个评价贯穿于活动的整个环节，使整个活动都能有序、有效、有收获进行。

②过程性特点

即整个项目实施过程都受到密切监控。因此，可能导致活动项目执行失败的潜在原因和不利因素以及活动目标之间的距离等变得清晰，也能根据活动过程中的上述情况及时、适当地对方法进行战略性调整和改进，让活动更流畅。

③反馈性特点

即 CIPP 模式明确规定，对结果的评估可以在活动之后或活动期间进行，以便反馈的意义能够在正在进行的活动中发挥重要的作用，改进当前的活动。实践表明，一方面，活动实施结果的评价将再次为改进和促进活动过程提供有用的依据和动力，另一方面，将有助于充分发挥学生的学习潜能。

2. 大学公益社团育人的功能定位

①是思想政治教育的重要阵地

大学公益社团是高校社团的一项分支，是学生思想政治教育的重要阵地，它是学校中不同学院不同专业不同年级的学生依据共同的兴趣爱好和追求自发组织建立的组织，其覆盖面广，组成学生多样，数量众多，是传递思想价值的不可或缺的载体，在思想政治教育方面发挥着重要作用。

②是实践育人的重要场所

除了思想教育之外，高校公益社团还是实践育人的重要场所。公益社团顾名思义是以公益性质的活动为主，面向学校、面向社会等，提供公益性帮助，如献血车进校园、爱心进社区等义诊、义务性活动，为学生提供了一个锻炼自我和发挥自我价值的平台。在一系列活动中，学生亲身参与到实践活动中，从而价值观、社会情感认同、团队合作能力以及个人综合素质等方面的能力得到提高，达到实践育人的目的。

3. 两者的契合性

作为一种管理导向的教育评价模型，CIPP 模型强调决策导向、过程导向和改进功能，模型贯穿实践活动全程进行评价，把实践育人开展时间作为轴线，从评定环境、分析资源、监督过程和判断成就四个阶段了解实践育人中出现的问题，并及时反馈给决策者。将 CIPP 评价模型运用于高校公益社团实践育人活动中，贯穿活动全程，具有指导作用，能及时反映活动进行中存在的问题，及时给决策者相应的反馈，并根据此及时进行调整。

（二）CIPP 评价模式灵活性和可操作性强与公益社团实践育人相契合

CIPP 评价模式除了全程性、过程性和反馈性的特点外，其灵活性和可操作性强也是一大突出特点。CIPP 评价模式的灵活性和可操作性在于使用者可根据具体需要自己设定评价指标，对于不同的项目有着不同的评价指标，其目的都是实现以评促改，不断对所指导的项目活动有更加完善的认知，不断对项目活动进行改善，使之最终达到理想结果。因为高校公益类社团活动众多，每个活动都有不同的流程和方式，基于这一特点，CIPP 模式的灵活性和可操作性刚好契合。其能根据不同的活动需要制定不同的评价指标，使各种活动能收获适当的反馈并进行适当调整。

二、基于 CIPP 模型的大学生公益社团实践育人成效评价体系构建

（一）模型建立

“以基于背景评价的社会实践育人环境基础能力为前提，以基于输入评价的社会实践育人资源配置能力为保障，以基于过程评价的社会实践育人过

程行动能力为核心，以基于结果评价的社会实践育人成果绩效能力为关键。”背景评价、输入评价、过程评价、结果评价这四个方面构成了大学生公益社团实践育人成效评价体系的核心和框架。

1. 公益社团实践育人环境基础能力（背景评价）

在开展公益社团实践活动前要对高校内外社会实践环境进行考察，公益社团实践育人环境基础能力是学校对于社团的相关政策和管理规定、校外相关政策和环境等。这充分体现了环境对于实践活动开展至关重要的作用，是公益社团开展实践活动，达到实践育人目的的前提条件。

2. 公益社团实践育人资源配置能力（输入评价）

资源的配置是开展活动的必要保障，其中包括经济资源、人力资源、社会资源等。部分活动的开展需要资金的支持，相关老师指导、相关学生参与等。想要扩大社团影响力要运用好社会资源，构建高校公益类社团与校外的联系，如与相关社区、敬老院等联系进行某些公益活动（义诊等）。因此资源配置能力是公益类社团实践活动顺利进行的必要保证。

3. 公益社团实践育人过程行动能力（过程评价）

实践育人的过程行动能力是指公益类社团开展相关培训、社会公益实践活动，促使参与其中的社员能不断学习、锻炼和思考，进而对社会现象及其规律有较强感知和理解，在不断实践中具备独立分析问题与解决问题的能力，从而能够积极参加或主动投身于各种活动中，实现实践育人的目的。由此可知，过程行动能力是公益类社团实践育人的重要环节与核心。

4. 公益社团实践育人成果绩效能力（结果评价）

成果绩效能力是指公益类社团开展相关活动的效率和效果，包括社团方面的收获和参与活动的学生的收获，即项目成效和育人成效；是社团对当前活动不足和收获的反思与总结的重要依据，对今后的活动有借鉴指导意义；是公益类社团实践育人构成的关键因素。

将 CIPP 评价模式的背景评价、输入评价、过程评价、结果评价细化为实践育人的基础、实践育人的资源、实践育人的过程和实践育人的成效这四个主指标，在四个主指标的基础上延伸出各项分指标，从各方面全程对公益社团实践育人成效体系进行评价，及时反馈相关信息给社团领导者并据此进行及时调整和后续活动的改良，有利于社团的进一步发展和实践育人成效的实现。

表 1　大学生公益社团实践育人评价体系

主指标	分指标	子指标
背景评价（基础）	学校环境	学校社会实践氛围
		学校公益社团活动活跃程度
	社会环境	高校所在地社会实践活动活跃程度
		高校公益社团与社会联系程度
	政策支持	学校政策
		社会政策
	发展需要	社团自身建设
		学生自我发展需求
输入评价（资源）	平台建设	公益社团自身发展社会实践平台
		学生发展社会实践平台
		社会提供的平台
	经费保障	国家对于社会实践的专项经费
		高校下发公益社团的经费
		公益社团自身所拥有的经费
	师资保障	整个社团部门老师数量
		公益社团指导老师数量
过程评价（过程）	活动运行情况	实践活动项目的策划
		实践活动的规范性
	参与实践的学生	参与实践的学生数量
		参与实践的学生的活跃程度
	实践活动反馈与监管	社团部门的监督管理
		学生反馈
		实践相关单位反馈

续表

主指标	分指标	子指标
结果评价（成效）	社会效益	社会影响力
		新闻媒体的报道
	社团效益	社团影响力
		社团满意度
		后续发展
	育人成效	学生参与社会实践的能力
		实践知识的掌握与运用程度
		学生综合素质的提升

（二）模型分析

1. 背景评价的分析

背景评价是活动举办进行所需要的特定的需求和环境，是整个评价体系的基础，也是实践育人评估的基础，能更好地了解发展需求和活动目标。对于公益社团开展公益活动而言，环境基础和自身的发展是至关重要的基本条件，所以选择学校环境、社会环境、政策支持以及发展需要作为背景评价的指标。

（1）“学校环境”包括“学校社会实践氛围”和“学校公益社团活动活跃程度”两个子指标。学校社会实践氛围可以反映学校对于社会实践的重视程度，学校公益社团活动活跃程度可以反映学校社会实践活动的数量，学校社会实践氛围决定了社会实践活动的举办频率和学校支持度。学校环境是决定实践育人活动的重要保障。

（2）“社会环境”包括“高校所在地社会实践活动活跃程度”和“高校公益社团与社会联系程度”两个子指标。高校所在地社会实践活动活跃程度反映了当地社会实践活动的举办数量和频率，以及对社会实践活动的支持程度。高校公益社团与社会联系程度则是决定了公益社团是否能举行例如社区义诊等一系列的校外实践活动，如果与社会的联系不够密切，那这些实践活动将无法进行下去，则不能如期有效达到实践育人的目标，同时也从侧面反映出社会对高校社会实践的推动作用。

（3）“政策支持”包括“学校政策”和“社会政策”两个子指标。政策是公益社团社会实践活动顺利进行的必要保障，只有学校和社会能够出台针对社团、社会实践的相关政策，公益社团才能在这些政策的支持下有序举办社会实践活动，是用来考量政策对实践育人的积极作用。

（4）“发展需要”包括“社团自身建设”和“学生自我发展需求”两个子指标。公益类社团立足于公益，它不仅仅是单纯学习、培养兴趣的社团，更多的是偏向于公益活动和社会实践的社团，唯有公益类社团立足自身的发展需求，不断建设社团，才能更好实现实践育人的目标。不少学生选择加入公益类社团，是因为他们有一颗热爱公益的心，想学习一些相关知识，也想为公益事业作出自己的贡献，因此学生自我发展需求也是重要衡量指标。

2. 输入评价的分析

输入评价是在背景评价的基础上，探寻其所需要的资源和现有资源，为实践活动的进行提供必要的保障。资源的配置情况则是输入评价的主体，其中包括经费配置和师资配置等，所以对公益社团开展实践育人评价的输入评价包括平台建设、经费保障和师资保障三个指标。

（1）“平台建设”是公益社团进行社会实践活动的必要条件，想要进行实践活动就必须需要相应的平台，其中包括“公益社团自身发展社会实践平台”“学校发展社会实践平台”“社会提供的平台”这三个子指标。学校成立社会实践部、各公益类社团等都为社会实践创造平台，不仅是学校的平台建设，更是公益社团内部和社会的平台建设，社会要为社会实践活动创造更多机会，努力支持开展实践活动。公益社团要立足自身特色，积极与社会提供的广大平台联系，筹办更多的社会实践或公益活动，让学生能有更多的平台可参与到社会实践当中来。

（2）“经费保障”是进行社会实践活动的重要基础条件，大多数活动都需要资金的支持才能正常地举办。目前，公益类社团开展社会实践活动的阻碍之一就是资金缺乏，而公益类社团社会实践的资金主要来自社团本身所拥有的资金和学校下发到各公益社团的资金。“国家对于社会实践的专项经费”“高校下发公益社团的经费”“公益社团自身所拥有的经费”是衡量社团经费的关键。

（3）高校公益社团进行社会实践活动少不了老师的指导与帮助，故“师资保障”是公益社团发展的重要保障，其中包括“整个社团部门老师数量”和“公益社团指导老师数量”，是实践育人重要的队伍保障。学校的学生社团联合会设有专门的指导老师，同时学校55个社团都对应有指导老师，他们来自不同的学院不同的部门，保障相应社团活动的顺利进行，为社团活动、社团发展提供了必不可少的指导和监管作用。

3. 过程评价的分析

在实践过程中，通过过程评价及时收集和反馈有关信息，并对后续活动作出及时有效的调整，选择活动运行情况、参与实践的学生和实践活动反馈与监管这三个指标作为公益社团开展实践育人评价的过程评价。

（1）从“实践活动项目的策划”和“实践活动的规范性”两方面进行分析。“实践活动项目的策划”是进行一项活动前的必要程序，只有对实践活动充分进行策划，才能保证活动有目的进行，是衡量一项活动是否有组织有计划有目的举办的重要指标。“实践活动的规范性”是衡量一项实践活动是否规范、是否按要求进行的指标，通过完善实践活动的规范性，使活动能更好实现实践育人的最终目的。

（2）从“参与实践的学生数量”和“参与实践的学生的活跃程度”分析。参与实践的学生数量可以反映实践活动的宣传力度和普及性，同时也可以反映学生自身对于社会实践或公益活动的感兴趣程度和参与性。在参与活动过程中的活跃程度也是不可或缺的指标，可以衡量活动是否有效、有吸引力，同时也可以衡量参与学生的积极性。

（3）“实践活动反馈与监管”是实践过程中必不可少的一环，其中包括“社团部门的监督管理”“学生反馈”“实践相关单位反馈”。学社联对实践活动进行全程监管：活动前社团提交策划案和申请表，活动中派相关人员进行考察，活动后社团提交反馈表，社团部门在实践活动中是监督管理必不可少的角色。参与学生对实践活动进行评价、反馈，提出相应的建议，公益社团据此及时对实践活动进行调整，也为后续的实践活动积累了经验。社区、敬老院等社会实践相关单位对实践活动进行相应的反馈，使社团不断革故鼎新，去其糟粕，取其精华，促进社团建设。只有在实践过程中对社团监管并提出反馈意见，社团才能提供更多更好的实践育人活动，实现实践育人的目标。

4. 结果评价的分析

结果评价从不同的方面对实践的效率和效果进行评估，是评判一项活动是否成功、是否有指导借鉴意义的重要评价依据。根据实践活动进行过程中的不同参与主体，选取社会效益、社团效益和育人成效这三个指标作为公益社团实践育人成效的结果评价。

（1）公益社团实践育人成效在社会层面上的体现则是“社会效益”，其中包括“社会影响力”和“新闻媒体的报道”。新闻媒体的报道从一定程度上反映该公益社团、该实践活动的影响力。同时社会影响力还体现在参与实践的相关单位对该实践活动的反响，如果本次实践活动举办得不错，也达到了社团自身和社区等单位想达到的预期，那这些相关单位便还会提供更多的机会给到公益社团，甚至建立长期合作的关系。

（2）公益社团实践育人成效在社团自身层面上的体现则是“社团效益”，其中包括“社团影响力”“社团满意程度”“后续发展”三个子指标。社会实践活动的顺利进行在一定程度上能打出社团的名号，增强社团自身影响力和知名度。从参与学生、指导老师、社团部门、参与单位、同行等各方面的满意度来反映公益社团实践育人的成效。不同公益社团有自身不同的特色（如实践特色、育人特色、创新特色等）。在一次次实践中把握后续发展方向，沿袭公益社团自身特点，故后续发展也是公益社团实践育人成效的评价指标。

（3）“育人成效”是公益社团实践育人成效在学生自身层面上的体现，其中包括“学生参与社会实践的能力”“实践知识的掌握与运用程度”“学生综合素质的提升”这三个子指标。在实践活动结束后，学生是否在实践活动中锻炼自身实践能力，实践能力是否得到提高，是评价该实践活动是否有成效的重要评价依据。在实践活动中学习到的相关实践知识，如团队合作、如何进行该项实践活动、实践方法等是否能掌握，是否在今后的社会实践活动中能灵活运用，是否能将所学的知识举一反三，这也是评价实践育人成效的另一重要依据。从参与社会实践的学生的社会实践能力、团队协作能力、团队沟通能力、解决问题能力和道德素养提升等多个方面反映学生综合素质能力。综合素质是否得到提升是衡量公益社团实践育人成效最重要的指标。

三、结论

随着实践育人在大学生教育中越来越重要，大学生实践活动的不断深入发展，公益社团在实践育人中也发挥着举足轻重的作用。本文通过构建 CIPP 评价模型，初步探索了学生公益社团在实践育人方面的成效以及如何切实增强实践育人的效果，也初步认定该模型和相关评价指标具有科学性和合理性，对实践活动不同方面的评价要细化相关指标，尽量做到全面细致的评价，使相关指标更加契合所评价的体系。通过该评价体系的反映，进一步改进公益社团的实践活动和优化发展方向，改正相对不足的方面，从而提升公益社团实践育人的能力。

四、对公益社团开展社会实践的建议

公益类社团开展社会实践是一个持续性过程，不仅要面向校内，更要面向校外，加强与社区、敬老院、社会公益组织等的联系，在提高社团影响力的同时也要提高学生运用相关知识解决实际问题的能力、增强社会责任感和提高素养等，促进学生的全面发展。

基于学校公益类社团多年建设发展的经验，公益社团开展社会实践可以从以下几个方面提高实践育人成效。一是加强社团自身建设和学校支持建设，优化各项资源配置。要始终围绕社团活动的使命和目标，做好每项活动的流程规划，使活动有序进行。根据成效及时调整并在活动结束后及时总结经验，为后续社团更好的发展积累经验。二是要立足不同社团各自不同的特点，偏向医学类的公益社团，主要发展方向应是学习医学相关知识（如 CPR、急救知识、血压仪的使用、艾灸等），通过社区医疗服务站或者社会福利院、敬老院等开展社区服务活动。这样使不同的社团能更好地发挥各自的优势，使之更加专业化、精细化。三是各公益社团之间可以加强联系和合作，共同开展活动，不仅能使几个社团间相互合作，加强合作能力，同时能筹办更多的社会实践活动，给学生提供更加广阔的社会实践平台，更好地实现实践育人的成效。

参考文献:

[1] 张金辉，梁博通 . 基于 CIPP 模型的大学生社会实践育人成效评价体系研究［J］. 学校党建与思想教育，2017（16）：56-58.

[2] 李宝玲 . 基于 CIPP 评价理论的大学生“三下乡”社会实践育人成效评价指标体系研究［J］. 高校后勤研究，2021（05）：76-79.

[3] 饶先发，唐业喜，曾良仔，等 . 基于 CIPP 模型重大疫情中高校网络育人效果评价体系研究［J］. 江西理工大学学报，2020，41（06）：58-63.

[4] 陶冰冰 . 高校学生社团提升思想政治教育功能的策略探究［J］. 常州工学院学报，2021，34（03）：85-89.

[5] 王碧，李素矿 . 高校学生社团组织育人探究［J］. 学校党建与思想教育，2020（22）：73-74.

[6] 焦佳 . 高校学生社团建设的现状审视与对策研究［J］. 思想理论教育，2020（05）：107-111.

（原文刊载于《中国成人教育》2023 年第 19 期，有删改）

短视频场域下中医药文化育人的逻辑理路及空间转向

李天天

近年来，随着信息技术的不断迭代升级，短视频行业异军突起，发展如火如荼。据《第 51 次中国互联网络发展状况统计报告》，截至 2022 年 12 月，我国短视频用户规模达 10.12 亿，占网民整体的 94.8%，短视频用户增长率为 8.3%，短视频 APP 逐渐成为全民化应用。

短视频以其精悍短小的内容呈现、沉浸式的观看体验、趣味相投的互动社交迎合了人们的碎片化时间需求，拓展了大众的情感体验，丰富了人们的精神文化世界，逐渐受到年轻一代的青睐，日益成为文化传播的新场域。中医药文化是中医药事业发展的根基和灵魂，中医药高校肩负着传播传统中医药文化、培养中医药人才的重任。《中医药文化传播行动实施方案（2021—2025 年）》指出，深入挖掘中医药文化内涵和时代价值，充分发挥其作为中华文明宝库“钥匙”的传导功能，加大中医药文化保护传承和传播推广力度，推动中医药文化贯穿国民教育，融入生产生活。短视频因其准入门槛低，其语境下表达主体参差不齐，内容覆盖纷繁复杂，传播形式零碎无章，如何在众多大学生青睐的短视频场域发挥中医药文化育人功能，把握话语主导权，扩大网络空间影响力，让更多大学生体味中医药传统文化魅力，实现中医药文化传承，助力健康中国发展战略是新时代中医药高校亟须考究的问题。在此种背景下，本文试图揭示短视频场域下中医药高校文化育人的逻辑理路，探析短视频传播场域中存在的思维表层化、内容泛娱化、形式碎片化、技术

作者简介：李天天，湖南中医药大学信息科学与工程学院辅导员，助教。

过度化等缺陷，提出中医药高校在短视频场域中的文化育人路径，推动传统文化与现代技术深度融合，实现中医药高校文化育人多场域空间转向。

一、短视频：中医药文化传播的新场域

短视频依托移动终端和互联网技术的发展不仅成了各种信息和资源的交互场，也是各种有生力量的集聚地。法国社会学家皮埃尔·布尔迪厄的“场域—惯习”论揭示了场域存在的社会逻辑，他认为场域建立在复杂的关系基础上，场域都有自身存在的逻辑和规则，场域中及场域间存在着激烈的竞争，影响和塑造着持久的可转移的秉性系统。短视频作为流量载体，不仅是信息和文化传播的重要手段，也是各种意识主体竞相争夺的“生产领地”。在短视频场域内，各方生产主体在短视频的运营规则下从制作理念、主题内容、风格形式等方面发力解锁流量密码，争夺短视频用户。短视频凭借其声文图一体化带来的沉浸式体验、用户画像带来的个性化呈现、虚拟互动带来的趣缘性社交成了各类文化交织和传播的新场域，也为中医药高校文化育人提供了全新语境和视角。

（一）沉浸式体验提高中医药文化传播的接纳度

中医药文化博大精深，源远流长，专业化、理论化程度较高，传统的中医药文化传播囿于理性说教，其影响和效果受制于受众的理性思维发展程度。短视频平台的崛起，为中医药文化传播提供了全新思路。短视频集声音、文字、图像、特效等传播要素于一体，快速抓住受众的眼球，给受众以身临其境之感，具象化的形象表达让受众有切身的视觉、听觉体验，易使受众沉浸其中，获得受众的认可和接纳。理论化的中医药知识和文化通过屏幕的声像传递给受众，调动受众的各类感官，使其直观感知中医药文化魅力，更易赢得广大受众的感性认同。

（二）个性化呈现提升中医药文化传播的精准度

信息化时代，文化传播方式和形式多种多样，文化内容更是杂乱无章，要在有限的时间内获取精准的中医药文化内容对信息传播载体和技术也是一种挑战。传统的文化传播以生产者和输出者为本位，受众大多是被动的文化

接收者，传播方式和内容较少考虑受众的喜好和特点，无法满足受众的个性化需求，泛化的文化传播在一定程度上降低了文化内容的吸收性和吸引力。短视频依托算法技术给受众以“用户至上”的沉浸体验，根据受众的观看习惯、历史浏览、社缘关系等精准推送所需内容，为每位用户量身定制信息内容。而且短视频平台的点赞、转发、收藏、评论等功能也为大众提供了传播内容的反馈途径，短视频平台根据用户对这些功能的使用得到用户反馈，适时调整推送策略，满足用户的个性化需求，提升文化内容传播的精准度。

（三）趣缘性社交提振中医药文化传播的共鸣度

自媒体时代，虚拟网络社交逐渐成为潮流，相较于传统的现实社交，虚拟社交关系复杂、形式多变、意志自由的特性更加突出，网络社交主体大多不会碍于现实的社交情境、教条规训，而是以意趣相投为需求要素，建立趣缘性的社交关系。短视频以其沉浸的场景体验、精准的内容投放、真实的意志参与赢得了众多大学生用户的喜爱，用户不仅可以沉浸式观看短视频内容，还可以根据自身经历、喜好等发表见解和评论，对感兴趣的内容进行转发，不同用户就同一兴趣问题展开讨论，不断加深情感共鸣。短视频为中医药高校和受众提供了中医药文化生产、传播、参与平台，受众以中医药文化为凝结点展开制作和讨论，组建趣缘群组，在一次次的点赞、讨论中不断加强对中医药文化的认同，引起内心深处的情感共鸣。

二、短视频助力中医药文化育人的逻辑理路

短视频不同于传统的文化传播媒介，其所具有的辐射群体众多、信息流动快速、空间场域虚拟等特性，使其展现出强大的文化传播能力。与此相应，中医药文化在短视频场域发挥育人价值也有着独特的逻辑理路。

（一）以微观叙事进行中医药文化渗透

短视频平台深受大学生群体喜爱，与其贴近实际生活的传播定位密不可分。从短视频的宣传标语不难发现各大短视频平台均是以大众的实际生活为切入点来吸纳用户，如抖音的“记录美好生活”、微信视频号“记录真实生活”、快手“拥抱每一种生活”，可见其传播内容都与大众的日常生活息息

相关。生活化的场景和细节更能打动人心，引起共鸣，一种文化只有贴近大众，融入真实生活，人们才能切身感知了解其真谛、探索领悟其魅力。将中医药文化的深邃理论与微观化、日常化、内心化的叙事表达相结合是发挥中医药文化育人价值的重要抓手。一方面，生活化和日常化的题材内容便于理解、易抓人心。在短视频空间内，存在着视频内容无限和受众的时间精力有限的矛盾，大学生群体对视频内容可以自由选择，中医药文化内容在短视频场域中只是冰山一角，很容易被大学生用户忽略。中医药文化内容要在短视频场域内脱颖而出得到大学生受众的青睐就要拉近与大学生的距离，以大学生视角用平实生动的语言进行文化阐释和内容建构，吸引大学生目光，获得大学生认可和信任。另一方面，生活化、场景化的叙事有利于实现中医药文化对大学生的无意识渗透，日常生活是人们最为熟悉的领域，也是人们进行实践活动的基本空间。人们在熟悉的场域活动身心最为放松、思想不易禁锢，将中医药文化与大学生的日常生活相结合，凭借短视频声像乐统一的复合呈现形式、深谙人心的沉浸场景体验，给予大学生深刻的感官刺激和真实感的生活经历，有助于中医药文化在大学生用户中无意识渗透，实现中医药文化对大学生群体的隐性规训。

（二）以碎片传播深化中医药文化认知

当代社会竞争日趋激烈，人们的生活节奏逐渐加快，大学生学习生活压力也愈发显现，他们越来越倾向于利用碎片化时间满足精神文化需求。短视频的短小精悍契合了大学生的碎片化时间需求，中医药文化在短视频场域以碎片化形式传播从某种程度上讲就是中医药文化的累积强化，其出现在大学生头脑中的次数越多，在大学生群体中的影响就会越大。大学生利用碎片化时间抓取中医药文化短视频，并不是全盘接收，而是根据自身已有知识结构和经验需求在头脑中有针对性加工，或改变已有观念，或与已有价值观相融合，在一次次改变和融合的过程中不断深化对中医药文化相关知识的认知，并构建新的认知图式。碎片化阅读和体验随着短视频的发展已渐渐成为大学生满足精神文化需求的重要途径，各大短视频内容主体竞相争夺抢占大学生的碎片化时间。在短视频语境下，中医药文化主体强化内容输出，争夺大学生宝贵的碎片化时间，增加内容曝光率，提升与大学生的接触频次，潜移默化大学生对中医药文化的认知，从而建构与中医药文化意蕴价值相一致的认知图式，深化对中医药文化的理解和认同。

（三）以情感唤询引招中医药文化认同

一种文化真正发挥价值和作用体现为对个体行动的感召和指引，要实现中医药文化对大学生的教化，就要将中医药文化的意蕴精髓根植学生思想中，荡涤起大学生内心的波澜，引起内心深处的情感共鸣，并内化于心，才能身体力行将文化理念付诸实践。在短视频空间内，声音、图像、光影等交汇成的虚拟场景编织的文化故事和传递的文化知识直抵用户内心，引起情感共鸣，促进文化理念与自身价值观念的融合与转化，既符合文化传播逻辑，也是利用新兴的短视频技术促进文化传播的应然选择。法国哲学家让·拉特利尔强调："不能低估图像文化，尤其是动态图像文化，由于它们通过图像作用于情感，从而已经并将继续对表述与价值系统施加深远的影响。"大学生不谙世事但思维活跃、情感充沛，短视频场域下，利用虚拟技术打造出的中医药文化视听场景易于激发大学生的情感共鸣，共情的音乐背景、精致的视频图像、动人的故事表达都给人以身临其境之感，短视频极致的特效、转场等制作技术手段将学生带入有意建构的叙事情节中，给学生以沉浸式的文化体验，在场景历经中唤起内心深处对中医药文化的情感认同。

（四）以群趣互动助推中医药文化凝聚

短视频不仅为用户展现了文化娱乐内容，也为用户提供了互动沟通的渠道，其生动形象的场景设计和深谙人心的互动功能深受青年大学生的喜爱，打开了虚拟空间的社交格局。短视频社交不同于真实场景的强社交，其交往对象往往是虚拟空间中的陌生人，他们没有真实的情感联结，也没有现实交流的困扰和羁绊，更多倾向于在虚拟空间中通过共同话题和兴趣指向寻求慰藉和归属，获得自我认同和群体认可。在短视频场域中，拥有同样志趣和价值理念的个体会自发就相同的话题内容进行讨论，在一次次的互动表达中加深纽带联结组成网络趣群，群体间的互助互推进一步凝聚思想共识，加深对兴趣领域的情感认知。在短视频的互动逻辑下，中医药文化融入短视频场域契合大学生在虚拟空间内的互动需求，大学生通过对中医药文化相关内容进行思考、关注、评论、点赞、转发等操作不断集合众多观念和兴趣相同的用户，逐渐形成趣缘圈层，圈层内的人际互动和交流讨论不断深化大学生关于中医药文化领域的认知，思想的碰撞易于扩展大学生的文化视野，实现心灵的共振和情感的共通。

（五）以生产赋权强化中医药文化传播

短视频因其较低的准入门槛赋予了大众文化生产表达权，打破了以往内容输出的中心化格局。在短视频时代，人人都可以通过剪辑制作实现价值观念的传递和输出，这种去中心化的格局也为中医药文化优化传播范式提供了契机。不仅官方媒体或高校可以通过开通官方账号产出中医药文化内容，而且大学生也可以在短视频设计软件中进行中医药文化创作，主动的生产赋权可以调动大学生充分的主观能动性，加持大学生丰富的想象力和创造力产出的中医药文化内容更具个性化和创意化，在实现大学生自我教育的同时释放中医药文化魅力，吸纳更多用户组成趣缘社区，关注中医药事业发展，助推中医药文化传播，强化中医药文化影响力。

三、短视频场域中医药文化育人的现实隐忧

短视频为中医药文化的传承和发展提供了全新的技术支撑，赋予了中医药文化育人的虚拟空间视角，但短视频的思维表层化、泛娱乐主义、碎片化语境、去中心化格局以及算法技术的过度应用给中医药文化育人带来的挑战和现实隐忧也不容忽视。

（一）思维表层化搁浅中医药文化濡染的思想性

中医药文化是中华优秀传统文化的重要组成部分，植根中华大地，源远流长，其历史可以追溯到远古时代，经过上千年的实践与沉淀，文化内涵不断丰富和发展，形成了中华民族独具特色的中医药文化体系。中医药强调的阴阳平衡、大医精诚、悬壶济世、仁心仁术、辨证论治等文化思想内涵深刻，有着严密的逻辑自洽体系和发展脉络。一方面，大学生处于思维方式由感性转变为理性的成长阶段，其思想观念易受周围环境的影响，短视频为了契合

大众的观看需求呈现的文化内容感性直观，光怪陆离的视频内容一味满足大学生的即时感官体验，冲击大学生的脆弱的理性思维，影响其价值判断。在此种传播范式下，大学生对浏览内容进行深入思考不可避免会受到干扰，接收到的文化信息停留在认知表层，就会陷入一知半解的误区。另一方面，短视频创作者碍于短视频流量经济的桎梏，产出的文化内容参差不齐，大多关注用户感官的直接刺激和体验，对很多内容一览而过而抛却价值意义的深度思考，在此场域中，过于生活化、浅显化的视频内容充斥短视频空间，有着严密逻辑和理论体系的中医药文化就易被搁浅至边缘地带而被忽视。

（二）泛娱乐主义消解中医药文化育人的价值性

中医药文化是中医药历史发展的一种烙印，对人的影响不仅在于行为方式的转变，更是融在民族血液里的精神传承。《中医药文化传播行动实施方案（2021—2025 年）》指出，把中医药文化贯穿国民教育始终，使中医药成为群众促进健康的文化自觉。在短视频场域中，为了迎合用户，博取关注，各种内容创作或多或少都裹挟着娱乐元素，似乎只有与娱乐相融才能被大众所期待和关注，从而适应短视频的流量经济生态，这种实践逻辑使得泛娱化在短视频场域甚嚣尘上。短视频衍生的娱乐至上的泛娱乐思潮对中医药文化育人价值的发挥造成了严重冲击。一方面，中医药文化的崇高性和传统性使得其与短视频的娱乐属性格格不入，其意蕴精髓被包裹的娱乐外衣所消解，中医文化故事被非理性重构，文化内容被无差别调侃，其育人价值被短视频涌现的泛娱乐化思潮所淹没。另一方面，非主流文化和不良文化借助短视频的娱乐包装、粉饰进入大学生视野，动摇大学生理想信念，侵蚀包含中医药文化在内的主流文化对大学生的教化作用，影响育人成效。

（三）碎片化语境割裂中医药文化传播的整体性

为了契合用户的碎片化时间消费需求，短视频以短时长呈现传播内容，时长大多限制在几分钟内，而在短短的数分钟内完整传递中医药文化的文化要义和精髓显然会困难重重，不可避免会割裂中医药文化的系统性和整体性，背离中医药文化育人的价值旨归。一方面，在短视频场域中，视频内容短小易俘获人心，为锁定用户，在开头数秒内要穷尽心思吸引用户注意力，短视频创作者倾向于把重心放在特效、声音等手段的运用上，而忽略了主题内容的规范连贯性。以牺牲中医药文化内容的整体性和逻辑性为代价在短视频场域传播中医药文化，虽能瞬时抓住用户的眼球，却有可能造成中医药文化内容失真，引起大学生歧义理解而否认中医药文化育人价值。另一方面，短视频的大量碎片化传播也使得大学生的逻辑思维被分解。在短视频表达语境中，与短视频的浏览习惯相适应，大学生的思维也呈碎片化。短视频内容大多浅显易懂，大学生沉溺于短视频的精短内容而懒于深入思考，久之思维习惯固化，原有的理性思考能力被弱化，对中医药文化的深入系统理解形成障碍，影响中医药文化育人效应的发挥。

（四）去中心格局淹没中医药文化生产的主导性

在信息化时代，计算机技术携其强大的运算能力正在改变传统的文化传播样态。依托信息技术，短视频呈现出“去中心化”的表达格局，每个短视频用户不仅是文化内容的接收主体，也被赋予了内容创作权，成为文化内容的传播主体。散发的、阶段性传播裹挟着表达个体的主体意志，也增加了错误思想和观念传播的风险。在短视频场域中，不仅中医药高校、党和政府等官方主流媒体可以通过中医药文化传播对大学生的思想观念进行引导，其他用户也皆可发声，不仅增加了非主流媒体甚至个别不法分子传播错误中医药文化思想，抨击中医药文化历史价值意义的风险，而且错误观念的激发、多元内容的杂糅也不断式微官方主体的中医药文化生产主导权，影响中医药文化在短视频场域发挥主导性育人功能。

（五）算法技术应用弱化中医药文化浸润的主动性

为了赢得用户驻留时间，增加用户黏性，短视频算法技术在实现信息精准推荐的同时也带来了“信息茧房”效应。算法技术的过度应用窄化了信息传播的范域，加剧了圈层固化。一方面，在算法技术的加持下，用户浏览到的大多是感兴趣的同质内容，不少用户因短视频投其所好的浏览体验沉溺其中越陷越深，无形中构筑了一堵与其他信息隔绝的围墙，中医药文化内容只能被动传播给少数热衷于中医药文化的对象，无法扩散覆盖到所有大学生用户，其他大学生群体丧失了接收相关文化内容的机会，这无疑窄化了中医药文化传播的广阔性，降低了中医药文化浸润的主动性。另一方面，短视频场域的“信息茧房”弱化了中医药文化育人的价值理性。短视频作为商业平台，受制于资本逐利性影响，算法技术重塑了短视频内容的判断标准，以播放量、点赞、转发、评论等为内容评价指标，播放越多获得流量越多，为迎合流量经济，致使不应传播的中医药文化错误内容被推荐出现在大学生视野中，而应该大力传播的主流中医药文化内容和知识却被忽略。

四、短视频场域下中医药文化育人的空间转向

信息化时代，短视频发展的洪流势不可挡，探讨中医药文化在短视频场域规避现实隐忧实现空间转向意义重大，是推进中医药事业发展，扩大育人影响力，实现对大学生思想浸润的关键所在。

（一）内容优化：微观叙事手法与宏大叙事主题相结合

中医药文化具有文化的崇高性，也具有中医药的实践性，如果脱离生活单纯进行文化理论说教，就会使中医药文化显得高深莫测，让人敬而远之。如果一味迎合大学生趣味，对文化理论和意蕴不加阐释，就会使中医药文化落入俗套，陷入生活泥沼。将微观叙事与宏大的文化主题融合于短视频中，协同推进中医药文化深入学生心灵。一方面，创新中医药文化宏大主题的表现形式。利用短视频极致的声像表达技术嵌入中医药文化的宏观主题，结合教育者的切身经历，在小情节中体现中医药文化的价值意蕴，从微观视角切入拉近与大学生的距离，引起学生的浏览兴趣，增进对中医药文化的认同情感。另一方面，在大学生的日常生活中找寻中医药文化元素。文化是抽象化、理论化的概念，将中医药文化的深邃理念融入大学生的生活才能有效激发大学生的情感认同，在其心中生根发芽，影响甚至引领大学生的行为表现。

（二）理性嵌入：娱乐元素融入与大学生理性教育相结合

在短视频场域，各种思潮和文化的交锋日益激烈，中医药文化要取得一席之地就不得不适应短视频的运行生态，平衡好短视频的娱乐性与文化育人的价值性之间的关系。一方面，适度添加娱乐元素增进中医药文化趣味性。中医药文化是我国优秀传统文化的重要组成部分，既要传承也要创新，运用

短视频创新中医药文化的传播表达形式，利用声光像技术适时适度融合娱乐元素，不仅可以增加中医药文化在大学生群体中的传播力，也可以进一步扩展中医药文化的传统魅力。另一方面，培育大学生理性思维把握短视频使用尺度。短视频内容虽精彩纷呈但多元杂糅，要注重对大学生进行理想信念教育，提高其理性思考能力，能够在短视频空间内对鱼龙混杂的内容进行辨别，在感性的娱乐外衣裹挟中识别错误主义和非主流文化陷阱，在短视频中甄别中医药文化的错误观念与内容，能够形成对中医药文化的正确认知。

（三）形式创新：优化图像表达与线下文化生产相结合

短视频为中医药文化育人提供了全新的平台和空间，但囿于时长中医药文化的价值体系难以在短视频空间完整表述，而线下教育结合短视频的图像表达不失为弥合其不足的重要路径。一方面，优化短视频图像叙事，整合中医药文化系列内容。短视频的拍摄手法、镜头语言的运用水平对中医药文化的育人效果也有重要影响，巧妙运用远近、俯仰、虚实的表现手法，增加中医药文化在短视频场域表现的生动性与合理性，并以系列短视频的形式整合中医药文化同系列内容，提升内容的连贯性和整体性，契合大学生逻辑思维发展规律，增进对中医药文化的系统认知和深入理解。另一方面，加强中医药文化研究，完善中医药文化体系。中医药文化体系庞大，内容繁复，加强对中医药文化的整理研究，科学布局中医药文化育人内容，合理安排中医药文化线下课程，提升大学生对中医药文化的正确认知，提高在短视频场域对中医药文化辨析与勘误的能力。

（四）认同唤醒：情感共鸣激发与文化传播主导相结合

实现中医药文化育人价值不是一蹴即至的，而是循序渐进、久久为功的过程。唤起大学生对中医药文化的认同情感，激发情感共鸣是其关键一环，文化内容只有打动大学生内心，引起他们在情感层面的触动，才能凝聚他们对中医药文化的共识，进而外化于行。一方面，发挥短视频技术优势，构建丰富的中医药文化体验式场景，辅以动人的故事情节，进入大学生的精神世界，唤起内心深处的情感共鸣，实现中医药文化入脑入心。另一方面，牢牢把握中医药文化育人主导权，高校以及官方媒体要担当起中医药文化传播和育人的主体责任，在短视频空间内产出符合育人逻辑的中医药文化内容，正向输出符合大学生认知特点和需求的内容体系，可以借助中医药文化短视频大会、集会等形式激发大学生探索中医药文化的热情，以亲历创作者的身份宣扬中医药文化的同时增进共同情感。

（五）技术治理：算法技术优化与净化短视频生态相结合

短视频作为各类文化和信息交汇的平台，有着特有的运行模式和传播逻辑。中医药文化工作者要善用短视频技术，掌握短视频文化传播规律，合理运用算法技术扩大中医药文化影响力。同时，要加强短视频平台治理，净化场域空间，为中医药文化等主流文化和意识形态的传播夯实基础。一方面，借助短视频强化中医药文化在大学生群体中的传播，利用算法技术将正向的中医药文化精准推荐给大学生群体，一些大学生可能不了解甚至对中医药文化不感兴趣，在短视频场域很难浏览到相关内容，算法技术的优化和加持可以突破信息茧房的桎梏，将应被大学生了解的中医药文化内容和信息精准传递，解决中医药文化传播窄化和认知狭隘的问题。另一方面，加强对短视频场域环境的治理，短视频因其较低的准入门槛使得传播内容良莠不齐，要加大对短视频内容的筛选力度，严格限制非法和劣质内容在短视频平台播放，净化短视频生态空间，给予中医药优质文化等正向内容传播流量支持，营造风朗气清的短视频育人环境。

参考文献：

［1］新华社．五部门印发中医药文化传播行动实施方案［EB/OL］．（2021－07－07）［2023－08－14］．https：//www.gov.cn/xinwen/2021－07/07/content_5623102.htm.

［2］皮埃尔·布尔迪厄．实践理论大纲［M］．高振华，李思宇，译．北京：中国人民大学出版社，2017.

［3］让·拉特利尔．科学和技术对文化的挑战［M］．吕乃基，等译．北京：商务印书馆，1997.

［4］马磊，王玮．短视频背景下高校思想政治教育路径探究［J］．现代教育论坛，2021，4（9）：49－50.

中医药特色文化育人之路

王莎莎

中医药文化作为五千多年来赓续传承的中华文明瑰宝，一部中医药文化的发展史就是中华传统文化的历史。历史沿革至今，中医药在“健康中国战略”中贡献出不可磨灭的力量。国家中医药管理局部署推动“十四五”时期中医药文化传承与弘扬工作，为我国医学振兴发展注入文化活力。中医药文化核心价值“仁、和、精、诚”理念在2009年7月国家中医药管理局颁发的《中医医院中医药文化建设指南》中正式被提出。“仁、和、精、诚”，短短四字将医者治病救人的医心、天人合一的医道、臻于至善的医术以及心怀至诚的医德高度凝练起来。在西学东渐背景下，部分国人对中医药文化的不自信，中医药文化该如何进行传承与发展，是亟待解决的时代课题。本文旨在从中医药文化核心价值“仁、和、精、诚”理念入手，结合新时代中医药发展迎来重大历史机遇期的背景，探索中医药特色文化育人之路。

一、医者传承——“仁”

医为寄托性命、济世救人之术。医者，作为救死扶伤的第一线，除了具备仁者兼爱之心，还应修炼医术之仁。“仁术”一词始见于《孟子·梁惠王上》，“无伤也，是乃仁术也”。药王孙思邈先生曾提出从医者的基本准则：“凡大医治病，必当安神定志，无欲无求，先发大慈恻隐之心，誓愿普救含灵之苦。”在健康中国战略、全球人类健康命运共同体的时代背景下，中医药工作者一

作者简介：王莎莎，湖南中医药大学湘杏学院辅导员，助教。

次次交出出色的答卷，彰显了独有的凝聚力和战斗力。

（一）健康中国战略之“仁”

党的十九大提出的“健康中国战略”，目标着眼于提升全民健康水平、增进人民健康福祉，为新时代建设健康中国明确了具体落实方案。基于此战略目标，健康伦理——“以人为本”从中得到充分的体现。《黄帝内经》中养生、健康、疾病、防治等健康理念是早期中医药文化的雏形，体现了人与自然的融合与统一，蕴含了中华民族深邃的哲学思想，与健康中国战略的目标和内容高度契合。

由于医疗水平的不断进步，各类医疗仪器在临床治疗中的应用、医生临床治疗路径不断推广等因素，都在不同程度上影响着医患关系的发展。医院生命伦理文化的建设显得尤为重要，把仁心、仁术嵌入医疗质量实践中去，对于缓解医患关系、营造健康和谐的医疗环境、提高中医药辨证水平和临床思维能力有重要实践意义。

（二）培养中医人才道德之“仁”

如今紧张的医患关系、医院的工作环境，以及个别医师“工匠精神”的缺失等，导致中医人才道德仁心的培养、中医药事业的发展、中医药文化的传承都是亟须解决的时代问题。换而言之，在中医药人才培养中，“以仁为先”的培养路径对于中医药文化传承与发展具有重要意义。

在医学人才体系培养建设中，应当完善好知行合一的道德考核体系。可以采用理论与实践相结合的方法，在理论考核上，充分利用线上线下学习平台进行学习签到，举行职业道德讲座，进行医师职业道德相关测试。在实践考核中，通过建立起患者评价医生平台、群众座谈等方式进行考核。在发展多元化人才德育培育方式中，应将学术与德育讲座同步进行，并通过多平台加强沟通，积极向楷模学习。

二、医道弘扬——“和”

“和”作为中医药价值体系的核心，最早来源于《黄帝内经》。其主要是指阴阳两方面的中和，具体可衍生为人在个体本身、在与社会的联系、在自然整体观上的形神合一、人我合一、天人合一。内经中“法于阴阳，和于术数”调和阴阳的治疗辨证理念，在抗击新冠疫情中得到普遍应用且疗效显著。例如使用频率颇高的“三方三药”，皆来源于中华古典中医药宝库。

（一）中西医之“和”

2022 年 3 月 1 日起《中华人民共和国医师法》施行，“十四五”时期中国将逐步推广中西医结合医疗模式，打造“宜中则中、宜西则西”的新型诊疗模式，厚植优势，同频共振为攻克人类疾病作出贡献。中西医结合并不是“中医 + 西医”的简单拼合，而是坚持中西医并重与优势互补。需要从促进中医药教育改革和中医药特色人才梯队建设、更新人才培育模式、规范人才培育的评价标准、健全人才培育的激励政策等多角度、多渠道来规划和执行工作。中西医结合在目前已经紧跟时代发展脚步，在国内以及国际舞台上崭露头角。例如，中医的针灸推拿学在西医外科得到普遍运用，用来治疗骨骼及软组织的伤害。

（二）中医药与世界之“和”

一株本草绘写精彩，一剂经方贯通古今，一指手法穿梭天下。习近平总书记曾指出，中医药事业的振兴发展迎来天时、地利、人和的决胜时刻，但愿广大中医药传承者均能拧拧螺丝、敲敲脑壳，将中医药文化与时代脚步相结合，激发动力深入发掘文化精华，聚集合力推进中医药在世界舞台上蓬勃发展。就中医药助力构建人类健康命运共同体而言，中医药事业正谋篇新局，整装待发：以健康丝绸之路媒介传播，统筹兼顾“一带一路”建设；以经贸交流为靶向，推动与周边其他国家中医药汇聚合力；以国际组织为平台，为中医药海外发展创造良好环境……

在北京冬季奥运会当中也出现了中医医师的身影，中医药在运动康复方面的专业性得到了各代表团运动选手们的认证及点赞，这又一次让世界了解中医。智能感知、互联网、云存储等新技术，将中医知识以及经验转化为云数据，利用后台大数据，建立中医药的知识信息库。拥有中医药文化演示环境，运动员们在 AI 智能屏幕前跟练太极拳，抽取中医药的盲盒，看人体经络穴位的 3D 演示等，世界各国目光所聚之处即我国中医之美。

（三）新媒体传播技术与教育之“和”

21世纪全球一体化，人类命运共同体深入发展，我国中医药文化传承与发展正迎来历史发展之机遇期，“一带一路”背景下国际化传播与发展正深入进行，现代化新媒体传播技术不断深入创新发展。基于此，简析中医药文化传承发展教育发展路径。

教育是创造未来的根基，中医药文化传承与发展也离不开教育这一路径。在百年发展的蓝图中，中医药教育事业应从国内的科研院校式教育拓展到国际化的传播教育体系，提高中医药文化教育影响力，为祖国医学传承与发展提供有效路径。通过欢迎全球各地区学子来华留学，将中医药文化系统、专业地传播到留学生群体中；把握国际化教育环境，依靠开展学术研讨、文化交流活动等途径，应用APP、中医药文化学习网址、新兴文化传播媒体等传播载体，将中医药文化以多元化方式传入其他国家、地区。

三、医术追求——“精”

孙思邈在一生行医中，凝练出医者应追求的价值理念——“大医精诚”。作为“大医”必备的双向价值核心之一，“精”，意指“精益求精”，乃医术所求，要求医者对于病人细枝微末之事能够诵习古书、弃驳取纯；掌握行医治病的高超技艺；培养唯精唯一的研学精神……

（一）青年中医药人才之“精”

中医药人才特别是青年人才是决定中医药发展未来的主要因素之一，是中医药文化传承发展、走向世界的关键所在。习近平总书记已经数次在表达治国理政策略时引用中医经典理念抓纲举目。如，在习近平总书记的治国理念中出现了刮骨疗毒、化瘀行血、壮筋续骨等具有中医特色的治疗治法。中医药学子在专业学习方面，应重视好中医基础理论，加强学习名医典籍，守住中医药赓续绵延的根脉。

在“十四五”时期，国家将大力支持中医药人才培养和学科建设，加快中医药科技创新体系建设，在中医理论、中药资源、中医药疗效评价等相关领域规划开设多个国家重点实验室。

（二）中医药特色之“精”

诺贝尔生理学或医学奖获得者屠呦呦院士利用现代医学方法进行分析研究，不断探索中医古籍资料，成功钻研出青蒿素在抗疟方面的奇效，彰显出中医药文化瑰宝中的成果转化，激活中医药古代经方中的时代价值。

融合优化中医药文化传承与发展，充分展示中医药在治未病、诊疗重大疾病、疾病预防与康复中的紧要作用；精确谋划中医经典病房的建设；积极从古籍古方探索数千年来中医临床实践经验，以及从名老中医药专家经验方中潜研诸家临床经验，创新思维；提升中药制剂研发能力，积极推广针灸、手法推拿、药膳药浴、王不留行籽耳穴贴等中医特色治疗在实践医疗的积极使用；笃力在基层卫生医疗服务中加入专门中医门诊，并奋力将其所特有的外治法推广运行。进一步发挥中医药整体医学和健康医学优势，由“治已病”向“治未病”转变，将“关口前移”是健康中国战略的重要内容。

（三）中医药诊疗技术之“精”

中医药事业步入现代化轨道是探索新时代背景下中医药文化传承与发展的必经之路。中医临床施治受到其理论体系的影响，与现代西方医学对比，在诊疗操作技术方面，祖国医学缺乏创新诊疗技术。精益求精发展中医药文化，将中医药学与现代科学技术相结合，提炼创新、创精发展路径。

在中医诊疗技术中，随着现代化技术与人工智能在中医诊断中的应用，中医诊断逐渐客观数据化。我们通过使用舌面脉信息采集体质辨识系统、聚类算法和因子分析四诊数据、深度学习算法等信息现代化技术，为提高中医临床诊治水平提供新的发展路径。

四、医德心怀——“诚”

《说文解字》：“诚，信也。”“信，诚也。”朱熹《仁说》：“诚能体而存之，则众善之源，百行之本。”“诚”和“信”字义相同，唐代医学家孙思邈在论述医德的文献《大医精诚》一文中用“诚”字来概括医德，从心（志向）、体（态度）、法（原则）3 个方面论述“诚”的含义和实现途径，要求医者要心怀至诚之心，加强职业道德修养，口令不换、方向不变，此后历代中医药人都把“诚”作为医德的最高追求。把准脉、点准穴、下准药、治准病，真心诚意像对待家人一样面对每一位病患；以诚恳真挚、严谨审慎的态度取得患者的信任，使患者得到心理上的安慰，有利于弥补中医药技术的局限，缓和紧张的医患关系。

“诚”乃我等中医药人的“立世行医”的基本价值准则，古有扁鹊善用四诊，孙思邈致力本草，李时珍总结巨著，华佗剖腹济人，此等杏林大医，都是“医德至诚”的模范！“诚”是对一个业医者自心至行的基本要求，医者时刻“慎独”，要永怀医德之“诚”，不忘医者初心，牢记救人使命。

（一）高校培养教育之“诚”

中医药院校教育是发展我国卫生事业的重要组成部分，医风医德建设是社会主义核心价值观建设的重要实践部分。新时代背景下的中医药教育应跟随时代潮流发展，把医风医德教育融入中医药院校培养人才体系中，对于助力中医药发展事业具有重要意义。

中医药院校应重视医风医德教育，针对医学生专业特点，弘扬医学生核心价值观的主旋律，发挥先进教师、医生、学生代表在医风医德中的示范作用；加强学生人文教育培养，杜绝医学教育“唯技术论”。在人才培养方案上高度重视人文教育：推进思想政治教育课程，医学心理学、医学伦理学、社会医学等医学人文精神课程开设，并贯穿于本科学习的全过程；在教学效果上强调师生互动：人文教育培养的独特性区别于理论教学，强调通过场景化教学模式，深入诠释医学人文理念，塑造具备人文关怀的医德风尚；在实践活动中外化于行：积极开展医学生社会实践服务活动，如“三下乡”、社区卫生服务、义诊志愿服务等，充分利用宣传栏、校园网、公众号等校园媒体平台，宣传医风医德教育。

（二）中医药企业发展之“诚”

几千年来，中医药的传承与发展除了依靠流传于世的古籍古方、行医治病的高超技艺之外，中医药企业的繁荣发展也是不可或缺的一部分。不仅医者需要“慎独”，永怀医者之“诚”，作为医药领域生产、加工、制作等方面的参与者，也需要具备真诚仁德的品性。医药行业与患者生命健康息息相关，任何环节都应严格把控，杜绝纰漏。

中医药老字号品牌之所以经久不衰，其企业文化大多都体现了“诚信”的人文理念，如北京同仁堂、天津达仁堂、长沙九芝堂等。从老字号品牌蕴含的企业初心入手，中医药企业该如何适应中医药文化发展与传承潮流？从中药材生产、制作中看，中药材质量管理部门及相关部门应制定监督管理条例，加强药材生产监管，防范假冒伪劣药材流入市场。企业自身应以高品质生产为目的，不可以次充好。从药品流通销售来看，相关部门应加强药品流通规范化，依靠互联网平台技术，加强对药品流通安全监管，对药品质量扩大抽检范围，对药品价格宏观调控。如此，企业诚信经营方为可行之计。

五、小结

站在历史发展新起点，谋求改革创新新发展，实现从“有”到“优”新突破！在第十四个五年规划中，中医药文化弘扬发展是规划中重要的研究项目，新时代中医药文化振兴发展迎来难得的历史机遇期。笔者从中医药文化核心价值理念“仁、和、精、诚”四个维度分别阐述，探索中医药传承发展的内生动力，使中医药文化从历史发展长河中，汲取文化力量，展现出时代风采与魅力。

参考文献：

[1] 中医药局．中医药局关于印发《中医医院中医药文化建设指南》的通知［J］．海南省人民政府公报，2010（08）：16-20.

[2] 于浩冉，洪烁，武东霞．新时代提升中医药文化自信的路径探析［J］．中国医药导报，2021，18（33）：189-192.

[3] 吴宝安，宗蕾．中医药文化：传承与创新发展并举——“智慧出版与中医药国际化学术研讨会”综述［J］．新阅读，2021（09）：41-43.

[4] 王艳桥，魏兴格，杨静．健康中国战略语境下的公共健康伦理——基于中医药文化和中医生命伦理视角［J］．中国卫生事业管理，2019，36（12）：892-894.

[5] 郭春燕．中医药文化核心价值嵌入中医医院绩效管理的路径探索［J］．江苏卫生事业管理，2022，33（01）：37-39.

[6] 许德清，张曼华．中西医结合的出路，在何方？［J］．中国中西医结合皮肤性

病学杂志，2022，21（01）：85-89.

［7］魏春宇，杨丽娜.参与全球疫情防控：论中医药在构建人类命运共同体中的作用［J］.中医药文化，2021，16（06）：507-513.

［8］宋诗博，安二匣，樊西倩，等.中医四诊合参客观化研究思考［J］.中华中医药杂志，2021，36（11）：6560-6562.

新时代美德教育的困境与重建

李红文

美德是一个人在道德上所具有的优秀品质，表现为一种相对固定的、习惯性的行为倾向和行动模式。美德教育是社会主义核心价值观教育的核心内容，其目的就是要培养每个公民积极的、优秀的、向善的道德品格。大学生的美德教育对于塑造和培养正确的世界观、人生观、价值观具有十分重要的意义，它关涉到我们培养一个什么样的社会主义公民和接班人的问题。然而，当代高校的大学生美德教育无论是在理论上还是在实践层面都存在多重困境，比如理想教育与现实社会的分离、美德教育与知识教育的错位、道德灌输方式与学生主体性的矛盾、世俗生活与崇高美德之间的张力等。要解决这些问题，必须重新建构美德教育的基本理念和实践路径，从根本上优化改进美德教育的基本目标、主要内容和教学方式，着眼于全面提高当代大学生的优秀道德品质，为实现中华民族伟大复兴的中国梦奠定坚实的理想信念和价值基础。

一、美德教育是什么

美德教育何以可能？对这个问题，我们首先需要回答美德教育是什么，它的本质是什么，这是一个基础性的问题，正是这样一个问题困扰着很多的哲学家。在古希腊时期，著名的哲学家苏格拉底率先发起了关于美德本质的争论。他认为从前的哲学家都只是解决自然界的哲学问题，没有思考关于人

作者简介：李红文，湖南中医药大学马克思主义学院副院长，教授。

的问题。通过与不同的人展开激烈的争辩，苏格拉底提出了“美德即知识”“美德可教”“无人自愿作恶”等重要哲学观点。美德不仅在客观上存在，而且可以通过教育来获得，拥有了美德就等于拥有了知识，一个真正有美德的人都不会去作恶，那些作恶的人都不是自愿的，而是缺少美德的知识。苏格拉底的这些观点在当时的社会上引起了很大的争议，有些人根本就不认同他关于“美德即知识”的观点，甚至从根本上否认美德可以通过教育来获得。

那么，美德究竟是什么？美德的英文是 virtue，它在古希腊哲学中是一个功能性的概念，最初含义是指事物所拥有的功能或用处，例如耳朵的功能／美德是听，眼睛的功能／美德是看，笔的功能／美德是写字，书的功能／美德是供人阅读，也就是说一物有一物的功能，一物有一物的美德。如果事物的功能就是美德，那么人的美德是什么？事物的功能是它对人的好处、用处，人是否也存在这种类似的功能呢？很显然，人的存在不是为了实现某种别的事物的功能，而是以其自身为目的。古希腊哲学家亚里士多德认为，人的美德是一种心灵功能的完满实现，这种功能能够使人具备卓越的品质，做任何事情都能在过度与不及之间找到一条中庸之道，例如勇敢就是鲁莽和怯懦之间的中道，节制就是放荡和不敏感之间的中道，友谊是谄媚和愠怒之间的中道。按照儒家的观点，具有美德的人就是道德上的谦谦君子，相反，具有恶德的人就是道德上的无耻小人。在现代伦理学中，美德已经不再是一种功能性的概念了，而是一种内涵具体的伦理概念，专指人在实践行为中所表现出来的优秀道德品质和人格特征。

回到苏格拉底的“美德即知识”的争论，一个人的美德如何能够成为知识，这是哲学史上争论不已的话题。美德如果是知识，它是一种什么类型的知识？对这个问题的回答需要借助于知识论的哲学分析。按照柏拉图的知识论观点，人类的知识可以基本上分为两大类：经验知识和形而上学的知识。前者是通过感官经验所获得的关于经验世界的知识，例如在长期的医疗实践过程中所积累的医学知识，在长期的农业生产活动中所获得的农业知识；后者是通过理性思辨所获得的关于非经验世界的知识，例如哲学家对真、善、美的思索，对于存在、本体、价值的探讨。很显然，柏拉图的这种二分法基于他对世界的理解，他把世界分为看得见的经验世界和看不见的超验世界。20世纪的逻辑实证主义完全拒斥柏拉图式的形而上学，认为形而上学的命题都是不可检验的，因此应该统统从知识的地盘上清理出去。将知识的范围限定在经验知识，并以科学实验的方式来进行证实，这是现代自然科学的知识论谋划。无可否认，知识是关于客观世界的认知表达，而不是客观世界本身。据此，美德属于客观的事物，它是人身上所展现出来的某种存在品质，而不是关于这种品质的知识，所以，很明显美德不是知识，关于美德的认知表达和理论描述才是知识。

如果美德不是知识，那么是否意味着"美德即知识"这提法就没有任何意义了呢？答案是否定的。它实际上在促使我们思考：关于美德我们能够拥有何种知识？这种知识是否可以传授？美德教育是否只是一种纯知识教育？要解决这些问题，需要回归到对道德本质的理解。现代伦理学中有一个根本性的难题，这就是著名的休谟问题，即如何从事实性的陈述（"是"）中推导出应然性的道德判断（"应该"），它所表达的实际上就是现代人所深陷其中的事实与价值的分裂。这种分裂意味着作为客观存在的事实世界与作为主观存在的价值世界之间有一条无法逾越的鸿沟，客观世界所呈现出来的是一副模样，而主观世界所呈现的则是另外一副模样。作为道德性的"应然"，于作为事实性的"实然"中合乎逻辑地推导出来，这是现代伦理学所面临的一种知识论困境。在事实性的自然科学面前，伦理学丧失了作为一门"科学知识"的身份地位。逻辑经验主义认为，道德价值、道德判断只不过是人类心理、情感和意志的表达，无法提供关于客观世界的经验知识，因而都是"非科学"的内容，应该同形而上学一样从科学的地盘上清理出去。这样导致的结果就是各个学科专业加剧分化，人文学科、社会科学与自然科学彼此独立，曾经的"一致性让位于分裂"。

美德很显然是一种道德价值，能够在道德上对社会产生某种利益与好处，属于德行的范畴。这样，美德教育就属于价值观教育，它从根本上来说不是一种知识型教育，这种教育的重点不在于传递关于美德的知识，而在于如何培养人的道德品质。例如，社会主义核心价值观的核心内容实际上就是美德教育，特别是它在个体层面所要求的爱国、敬业、诚信、友善，其实都是现代社会中最重要的美德。很多思想政治工作者、德育工作者没有真正弄明白德育的本质，在实践中产生了很多困惑和误解。他们要么是将它等同于一般的知识型教育来进行灌输，要么是将它当作传统的道德教化来进行说教，失去了它本来的生动内涵与实践价值。这些未经反省的做法，都没有抓住美德教育的真正本质与内核。

二、美德教育为什么

美德教育为了什么？它的目的是什么？这是我们需要思考的第二个逻辑问题。教育的本质是育人，不同类型的教育其育人的功能有很大的区别。作为教育，我们强调的是“德、智、体、美”的全面发展，这意味着一个优秀的人才需要多方面的培养，而不只是某一个方面。很显然，美德教育是道德教育，其目的在于培养一个人的健全人格，帮助学生建立卓越的道德品质，这与培养智力的知识型教育有着很大的不同。道德品质的培养对个人发展来说具有基础性、根本性的作用，这也就是为什么它要排在智力、体育和美育之前的主要原因。美德教育重在教化人心，促人向善；美育重在美化心灵，使人爱美。然而，美德教育在现代大学教育中处于一个相对边缘、被遮蔽的状态，它的真实作用没有真正发挥出来，用哲学家的话说是一种“虚假存在状态”。导致这种结果的原因当然是多方面的，其中一个很重要的原因就在于我们没有真正搞清楚美德教育的本质和目标，更多的是从规范伦理的角度思考问题，而不是从美德伦理的角度思考问题；更多地强调了要求学生“做好事”，而不是重在要求学生“做好人”。

从美德伦理的角度来分析，“做好人”与“做好事”的德育模式存在根本的区别。首先，“做好人”重在培养人的内在道德品质，而“做好事”重在建立人对于外在道德规范的纪律约束意识。道德规范与法律规范一样，都是为了维护现代社会生活的正常秩序，着重在于要求人们做出正确的行动，不关注行动者内在的动机与价值追求，这属于明显的外在论、后果论。它要求我们在社会公共生活中遵守已经制定的“条条框框”和制度规矩，例如在公共场所禁止吸烟、不准随地吐痰、遵守红绿灯交通规则等。片面地强调行动的后果约束、行为约束和规矩意识，这往往忽略了人的内在气质、品格与美德。美德伦理要求人们发自内心地去追求美好的生活，而不是被外在的规则牵着鼻子走。当一个人自觉地追求美德生活，他实际上就是在追求一种合乎自然的生活秩序，具有较高的“合目的性”。例如，一个节制的人就是有美德的，他并非是在父母和他人的强迫下过这种生活，而是一种自我立法、自我约束，发自内心地认为有节制的生活本身就是好的、值得追求的。

其次，“做好事”在道德上体现为一种可公度的规范性要求，而“做好人”则是一种不可公度的美德要求。“好事”之为“好”，必然有其好的标准。规范伦理学正是要提供这样一条关于“好”的标准，例如，功利主义者认为那些能够促进最大多数人的最大福利的事情就是好事情，利己主义者认为那些能够促进自我利益的事情就是好事情，利他主义者认为那些能够促进他人和社会利益的事情才是好事情。这些好事情的标准是可以看得见、摸得着的行为规范，而社会制定出来的规则是普遍化的、可公度的，所有人都应当一视同仁，在其所约束的范围内不允许有例外，例如所有人都应该遵守红绿灯、系安全带的规则。

相反，美德要求人们去“做好人”，如谨守良心、荣誉感、爱国、团结等，这些都是无法公度的心灵内在品质，也不可能给出一个相对确定的外在行为标准。美德的行为标准高于一般性的道德底线标准，一个人只要不伤害他人就是一个道德上及格的人，但还不能算是有美德的人；只有当他乐于助人时，才能说是具有友善的美德。一个人心地善良，在人们的眼中是一个好人，但也可能由于某种意外或差错，出现“好心办坏事”的情况，在这种情况下他虽然没有“做好事”，但仍然称得上是一个“好人”。

最后，做好事着重于对人的道德行为的理性计算，看它是否符合社会制定出来的道德规则，而做好人则着重于对人的道德品格、情感、心理和意志的培养和认同，看它是否符合人们从良心上肯定、赞美的人格形象。做一个好人当然要体现在行为上，没有做好事的具体行动无法证明一个人是好人；但它又不仅仅体现为行为，还包括行动者的主观内心状态，对道德行动的认知、情感与意志，以及对他人与社会的影响力和感染力。做了哪些好事，做了几年好事，这些是直观上可以计算的，在道德教育中我们常常采用这些可量化的方式来评价学生，并作为道德奖章的主要判断依据。如果纯粹追求做好事所获得的奖励，那么它就会演变成追名逐利的行为，类似于功利主义的利益计算，看看从这件好事中能够得到哪些回报与好处，例如想获得三好学生、道德楷模、感动中国人物等荣誉。在康德看来，为了外在的利益而去做好事，不能算是有道德的人，因为它是受到利益欲望的驱使才去做的，而不是发自内心的自愿行为，真正的道德行为应该是建立在自由意志的基础上，由行动者来自我立法、自由完成的。考虑社会环境、舆论媒体的压力，计算个人利益的得失，屈从于外在的规则标准，而不是听从内在良心的呼唤，这种行为只能算是受道德原则支配的欲望而已，而不是内在自我完善的独立追求。

做好事与做好人的区别实际上来自规范伦理学和美德伦理学对道德本质理解的根本差异。一般来说，规范伦理学以道德行动为中心，致力于制定出普遍化的道德原则或规则；而美德伦理学以行动者为中心，致力于探究怎样成为一个有美德的人、怎样过一种幸福的生活。前者强调的是做事，即那些符合普遍道德规则的事；后者强调的是做人，即要做一个道德上优秀的、卓越的、圆满的人。因此，美德教育是一种"树人""育人""成人"的教育，要让一个人身上的那种"成人之美"激发出来、锻造出来，让人性中善良的、美好的道德品质成为每个人日常生活中的主导因素，致力于成为一个"纯粹的人""脱离了低级趣味的人"。

当然，我们在强调做好事与做好人之间的差别的同时，不应该忽略二者之间的联系。一个抽象的"好人"是难以理解的，他必须通过某种行为、语言、情感来表达自己，来向人们展示一个好人的形象。内在的高尚品质离不开外在的行为表现，通过道德行为来证明美德的力量。一个有美德的人，其言行是一致的，他会经常用美德的要求来反省自身的行为；而一个言行不一致，甚至伪善的人，他的行为在表面上看来似乎是符合道德规范的，却因其缺少美德品质而减损了其自身的价值。

三、美德教育如何做

美德教育如何做？它在当代如何复兴？这是美德教育的第三个逻辑问题。不少学者指出，当代社会的道德教育存在很多问题，面临着很多困境，特别是传统美德教育普遍处于衰落的状态。我国高等教育的主要目标是培养社会主义建设者和接班人，而美德教育正是实现这一根本目标的重要组成部分，占据着非常独特的地位，因为它从根本上决定着我们培养什么样的建设者和接班人的问题。这意味着我们要对当代大学生的道德教育体系进行系统性的反思与重建。

首先，新时代的美德教育必须进行价值转换。新时代的美德教育必须着眼于培养社会主义建设者和接班人，弘扬社会主义核心价值观，继承和发扬中华民族的优秀传统美德。传统美德在现代社会如何进行价值转换，这是新时代面临的一个重要道德课题。必须清醒地认识到，传统中的很多道德规范在现代社会已经被证明不再适用，或者被抛弃了，传统社会温情脉脉的人际关系转变为现代社会的契约关系，每个人都在各自的权利和义务范围内工作与生活，寻求个人价值的最大化。“仁、义、礼、智、信”作为儒家的核心价值理念，必须在现代社会中进行价值重塑，注入新的思想内容，转换成符合现代社会生活的实践场景，并为当代人所理解的美德价值，才能焕发出持久的生命力。那种生搬硬套传统，发起狂热的“读经”“诵经”运动，将经典止于言谈，不付诸实际行动，这种方式或许能够提高学生的国学修养，却只能“轰动一时”，不能持存一世。当人们只是将它作为一种诵读的内容，而无内心的敬畏之心、仁爱之情时，它只不过就是一些抽象的概念与符号而已。美德教育不是要回归故纸堆，而是要投身于新时代的伟大事业建设之中。

其次，新时代的美德教育必须营造良好的成长环境。青少年的成长与其环境息息相关，在一个健康的环境中才能培养出健全的道德人格。特别是那些处于成长期、叛逆期的青少年，他们的价值观还未定型，很容易受到社会环境的影响。在他们的思想观念中，很难有国家、集体、家庭等宏大概念，更多的是个性、自我、情感、游戏等生活化概念，个体化的自由生活占据了中心位置，他们喜欢从个人爱好、情感态度来考虑自身行为，只要是自己喜欢的事情就去干，很少考虑行为对自身和他人的影响，甚至根本不考虑整个社会的基本价值规范。当代大学生中有些“游戏一族”“怪诞一族”在游戏中虚度青春、消耗生命，完全沉浸在自己的世界中，没有任何道德品质、美德人格、心灵精神的意识，缺少生命本应具有的理想信念，属于精神上的“缺钙”。因此，为大学生营造一个良好的校园风气和学术氛围，让他们在积极向上的教育环境中茁壮成长，就显得尤为重要。

再次，新时代的美德教育必须以育人为主。美德教育的重点是“育”而不是“教”，它不同于传统的知识型教育，不是要学生记住哪些知识点，理解哪些重点概念，而是要让学生真正认识到道德的作用与价值，认识到做好人是值得的，做一个道德高尚的人是令人赞赏的。很多德育工作者在这方面常常犯错，要么是采取知识型教育的灌输方式，要么是采用政治课的价值灌输方式，完全丧失了道德教育的生动性、活泼性与魅力性。美德教育在本质上是一种道德教化，它需要一种润物细无声的环境育人模式，更需要雷锋、白求恩那样的榜样和模范人物的激励和引领作用，而不是在课堂上有限的时间内讲解有限的道德知识。美德虽然不是一个普遍性的道德要求，但它一定是很有意义和价值的。一定要让大学生明白美德自身的内在价值，明白选择做一个好人、做一个有美德的人是值得的、是可欲的，是构成善好生活的一个重要组成部分，从而让他们自觉地追求和培养个人的优良品德。无论是西方的柏拉图、亚里士多德，还是中国的孔子、孟子，都承认美德内在价值的独立性。柏拉图说，一个正义的人无论是遭遇贫困、疾病还是不幸，最终都将被证明是一件好事，因为这些外在的不幸只会增添他人性的光辉。孔子也由衷地赞叹颜回：“一箪食，一瓢饮，在陋巷，人不堪其忧，回也不改其乐。贤哉回也！”（《论语·雍也篇》）

最后，新时代的美德教育重在培养美德情感。美德教育不是知识教育，而在很大程度上是一种情感教育，也就是要培养每个公民心中的道德感和道德力量，使得人们能够自觉自愿地按照美德的要求来行动。道德感包括内在的良心、诚实、正义感，具有强烈道德感的人更容易在日常生活中做出符合美德要求的事情，更容易找到美德的方向，获得道德正能量和价值感。情感教育在大学教育体系中实际上处于一种严重缺席的遮蔽状态，伦理学研究与教学的主流模式是探究道德原则、规范及其应用，考察道德判断、道德推理和道德论证，这些抽象的道德理论毕竟离鲜活的道德实践还有一定的距离。当今社会普遍存在着道德冷漠、道德滑坡、道德堕落的现象，很多大学生受过高等教育之后演变成精致的利己主义者，人与人之间缺乏最基本的同情之心、关怀之心、敬爱之心，以致我们所赖以生存的道德空气变得如同雾霾一般肮脏，令人窒息。之所以产生这种结果，很大程度上就在于我们在教育中过度地强调了知识理性，而忽略了情感、意志的培养，没有把握美德思维的深刻性，美德情感的强度和美德意志的坚定性和持久性。真正的美德教育是知、情、意的统一，是对道德美德的有限知识，对美德情感的涵育培养，对美德意志的执着追求。

总之，美德是人的一种存在方式，选择成为有美德的人意味着它将参与人的生存论建构，意味着它将在各个方面重塑我们的道德人格和内在心灵。一个真正有美德的人将无惧外在环境的压力与名利的引诱，将始终以美德作为人生的第一价值追求。当代大学生的道德教育需要寻找新的价值引领、目标定位与使命担当，需要在实现中国梦的道路上做出不负新时代的选择，它在根本上需要直指人的心灵与灵魂，让每个青年学子发自内心地产生对美德的价值感、意义感与崇敬感。美德教育不是枯燥无味的道德说教，也不是机械呆板的理论灌输，更不是什么迷惑人心的心灵鸡汤。真正的美德教育应当触及人的灵魂深处，抚慰人的内在心灵世界和精神世界，撕碎那些道德实践中的种种“虚假存在”，重建更具有本体论、生存论意义的现代社会道德秩序。

参考文献：

[1] 苗力田．亚里士多德全集：第8卷［M］．北京：中国人民大学出版社，1994.

[2] 柏拉图．柏拉图全集：第2卷［M］．王晓朝，译．北京：人民出版社，2017.

[3] 万俊人．美德伦理的现代意义［J］．社会科学战线，2008（5）：225-235.

[4] 茱莉·A．罗宾．现代大学形成：知识变革与道德的边缘化［M］．尚九玉，译．贵阳：贵州出版社，2004.

[5] 张鲁宁，杨海燕．美德教育“真实缺失”与“假性存在”的成因分析［J］．思想理论教育，2007（Z1）：89-94.

[6] KANT I. Lectures on Ethics［M］. INFIELD L，Trans. Indianapolis Cambridge：Hackett Publishing Company，1930.

[7] RAWLS J.A Theory of Justice［M］.Cambridge，Mass.：Harvard University Press，1971.

[8] HURSTHOUSE R.On Virtue Ethics［M］.Oxford：Oxford University Press，1999.

［9］夏明月．美德伦理的规范性来源［J］．哲学动态，2014（3）：70-75.
［10］万俊人．美德伦理如何复兴？［J］．求是学刊，2011（1）：44-49.
［11］万俊人．现代性的伦理话语［M］．哈尔滨：黑龙江人民出版社，2002.
［12］柏拉图．理想国［M］．郭斌和，张竹明，译．北京：商务印书馆，1986.
［13］詹世友，汤清岚．美德的内在结构及其塑造途径［J］．道德与文明，2009（3）：15-20.

（原文刊载于《武汉理工大学学报（社会科学版）》2021 年第 34 卷第 04 期，有删改）

中华优秀传统文化融入校园德育工作的路径研究

李玉冰

校园文化是指一个学校在其长期办学历史过程中形成的文化，这种文化不只包含了文化的环境，更包含了学校的精神及制度文化。校园文化包括物质文化、精神文化及丰富的教育资源。

一、校园德育工作与中华优秀传统文化的关系

中国传统文化内涵是指以和为贵、尊重差异、谨慎融洽、民胞物与、天人合一的观念，坚持不懈、自强不息的积极态度与民贵君轻、以人为本的民本理念。对于校园德育工作来说，应积极借鉴传统文化中的精华，为了确保校园德育工作取得成效，把传统文化凝练升华并很好地融入德育教育中就显得尤为重要。其中，笔者认为德育工作和传统文化最好结合的方面有：第一，爱国精神；第二，积极奋斗精神；第三，德行人善的道德观念。

二、中华优秀传统文化融入校园德育工作的原则

在校园中开展德育工作与中华优秀传统文化教育所奉行的根本原则是一致的。学校是整个优秀传统文化宣传的主要阵地，不仅需要对日常的学科知识进行讲解，重要的是培育学生的核心价值观，为学生提供更多的思想道德学习机会。校园文化建设，有利于进一步宣传中华优秀传统文化，为学校的思想建设提供舆论引导环境。在建设校园文化的过程中，体现时代的要求，

作者简介：李玉冰，湖南中医药大学医学院党委副书记，副教授。

传承中华优秀传统文化，还要体现学校特色。中华优秀传统文化融汇了我国几千年文明的智慧，反映了我国的民族精神，这些具有时代特征的文化精神，不仅可以引导健康的社会风尚，还能够将优秀传统文化融入校园文化建设之中，在优秀传统文化基本内涵的基础上，校园主体文化更强调自身的特征，注重个人的品德培育。优秀传统文化为校园主体提供精神支持，为学生的全面发展奠定重要的基础。

（一）政治性原则

开展德育工作时，首先要秉持中国共产主义理念，坚定中国特色社会主义理想，以党的路线、政策、方针及内容为基础，确保德育工作方向正确。政治性原则从根本上体现了德育工作的实质，是中华优秀传统文化能够得到利用的前提。在这一原则中，应使学校学生养成良好的民族自豪感及团结向心力，使学生学会利用中华优秀传统文化实现中华民族伟大复兴的战略目标，坚持走中国特色社会主义道路。

（二）主体性原则

对于学校传授优秀传统文化的教师来说，应明确受教育主体是学生，进而以学生实际情况为基础展开教育工作，提高学生的学习积极性，实现教育教学目标，即为主体性原则内涵。校园德育工作的进程中，不可抱有幻想意识，应明确校内学生对知识的接收是具有选择性的，学生会根据自身的思想意识批判性地对知识加以吸收，进而对中华传统文化知识框架加以完善及重造，最终提高自身的综合素养及道德素质。如果在校学生的主体作用没有得到充分的体现，将会使德育教育工作质量受到影响，导致内化及外化的作用无法得到实现。

（三）浸润性原则

浸润性原则是指在向学生传授中华优秀传统文化过程中，应将该项工作与其他工作相互融合，使教育与科研相结合、教育与管理相结合、教育与教学相结合、教学方法与教学要素相结合，逐步推进德育工作的深化。浸润与渗透意同，浸润时间有长短区别，浸润能力有强弱区别，因此只有让校内德育工作人员多方面多角度贯彻浸润性原则，德育工作才能取得成效。随着我国社会的不断进步，现阶段在校学生的思想意识、精神实质及思维模式也具有了明显的独特性。如果仍然沿用传统的灌输式教育模式，将会导致受教育者出现抵触情绪，所以在组织传统文化背景下的德育工作时需利用浸润性原则，逐步渗透式教育教学。

（四）层次性原则

在学校开展德育工作时需充分掌握受教育者的思想觉悟情况，根据思想觉悟高度将受教育者划分为多种层次，做好因材施教工作，这就是层次性原则的实质内涵。将学生以思想觉悟、入学年份、群众、预备党员、党员等归入不同层类，确立不同层次学生的准则和范围。对不同层次的学生开展不同模式和内容的德育工作。以层次性原则所进行的区分并非毫无变化，而是随着学生身份和思想觉悟的变化而发生变化。在中华优秀传统文化教授时，因材施教的出发点是针对不同学生的不同政治思想水平而确定的，通过这种方式能够使德育工作更加具有针对性，进而提高德育工作整体质量。

三、中华优秀传统文化融入校园德育工作的路径研究

（一）中华优秀传统文化融入校园物质文化建设

校园的文化建设既包含校园物质文化的建设，也包含校园精神文化的建设，我们必须充分认识到只有环境布置并不能激发校园文化的真正作用，因此，不光要重视环境布置，还要重视校园物质文化氛围的营造。单纯的建筑设施不能激发文化的氛围，校园物质文化必须要同时兼备校园的人文精神和文化内涵。中华优秀传统文化可以通过巧妙的方式融入校园物质文化的建设，通过实用和精巧的设计，将中华优秀传统文化融入校园的各个角落，合理规划校园文化，营造人与自然和谐相处的氛围。例如，通过张贴名人名言或者矗立优秀传统文化人物的雕塑，以名人效应发挥优秀传统文化育人的作用，还可以在传统节日或者重要节日，举办优秀传统文化活动比赛，实现优秀传统文化的形象化过程，进一步激发学生的历史使命感。

（二）中华优秀传统文化融入校园精神文化建设

校园精神的建设是一个长期的过程，我们必须要在长期的精神文化积累过程中形成校园文化的特色。让学生一起积极参与，使学生成为学校文化建设的主体，这样才能发挥文化价值的渗透作用。在校园文化建设过程中，一方面，需要深入推动中华优秀传统文化宣传，将这些优秀传统文化和校园精神有机融合，进一步发挥校园文化的引导作用；另一方面，还应对优秀传统文化起源持尊敬态度，结合学生所学专业，通过课程思政在日常教学活动中渗透优秀传统文化。在校园文化建设期间，不但要做好理论建设工作，还需要和实践环节结合，将学生的社会实践活动和优秀传统文化结合，学生可以进一步明白优秀传统文化的内涵，课内课外共同发挥优秀传统文化的凝聚力。通过两个方面的相互配合，中华优秀传统文化在学生的学习生活中进一步沉淀，可以充分提高学生的参与积极性，使校园文化与优秀传统文化相互结合。此外，教师还应充分发挥出自身的育人作用，确保校园文化的认同。

（三）中华优秀传统文化与校园制度文化建设

每个学校都有自己的校园制度，也就是我们常说的校纪校规。校园制度在日常的学习生活中主要是为了建立正常的校园生活秩序而设定的，很大程度上能帮助学生培养良好的行为习惯。制度文化建设的最初目的并不是管理学生，而是通过制度的形式对学生进行鼓励和惩戒，引导学生自觉按照规章制度办事。在现实的生活中，学校不仅要建设校园文化知识，抓好精神文明的建设，更要学生注重制度文化的执行，将校园文化建设和制度管理有效结合，而非片面强调校园制度的约束。在日常的建设过程中，需要体现校园制度的人文性，将校园制度真正内化为学生的学习习惯，用制度发挥育人的功能。校园制度文化能够使学生更加深入地认识优秀传统文化实质内涵。制度文化是优秀文化传播的基础，在制度文化建设时，需要协调与学生之间的关系，发挥学生主体作用，从优秀传统文化入手，获得优秀传统文化的内涵支持，健全校园规章制度，对学生的正确行为进行鼓励，对错误行为进行惩戒，让学生能够正确评价自己和他人的行为。校园制度文化的建设必须强调对学生的人文关怀，获得学生的支持，引导学生形成优良的学习习惯。

（四）中华优秀传统文化元素融入校园实践活动

校园文化建设一个很重要的途径就是校园内丰富的实践活动，这不仅可以帮助学生体验丰富的课余生活，也为学生提供展示自己才能的场所。校园活动也是中华优秀传统文化传播的重要途径，在丰富多彩的校园活动中学生可以进一步感受校园文化的氛围，从而提高自我的参与能力和学习能力。推动中华优秀传统文化和校园活动结合，需要在直观的活动中，挖掘更多中华优秀传统文化的主题，增强学生的民族认同感。积极邀请校外的专家教授为学生开展中华优秀传统文化的讲座，不断拓宽学生的知识面。除此以外，还可以开展知识竞赛或者优秀传统文化比赛，让学生积极准备比赛，丰富自己的文化知识。还能够利用各种文艺活动，让学生以优秀传统文化为主题，参与各种社会公益活动，将学到的优秀传统文化知识，应用到实际的社会活动中，从而真正运用中华优秀传统文化。

四、利用新媒体创新优秀传统文化教育方式

日新月异的新时代，新兴媒体不断涌现，在思想政治教育和德育教育中逐渐占领了很关键的地位。时代发展的要求使得高校不能仅局限于传统的课堂教学模式来传播知识和文化，网络思政在创新教育方式上更为符合当代大学生的需求，也对受教育者综合素质的全面提升更有帮助。高校大学生来自不同省份、不同民族，构建中华民族共同体意识是促进民族团结的根本。加强少数民族学生管理教育，通过多种传播方式，满足学生对中华优秀传统文化的学习需求，使学生在专业学习、社会实践之余对民族文化也有一定了解。主要途径可总结为 3 点：其一，通过学校官微、微博、校报等媒介，借助时事热点和富有趣味的视频、电影等传授中华优秀传统文化；其二，由于大学生思想觉悟有高低之分，要根据不同层次、不同类别的大学生来安排推送和阅读，像《黄帝内经》《论语心得》《老子的智慧》等一些具有深远文化底蕴的文献，加强传统文化的熏陶；其三，利用抖音、优酷、辅导员自媒体等大学生喜闻乐见的平台组织院校大学生观看《建党伟业》《建国大业》《建军大业》《开国大典》《半条被子》等具有红色文化基因的电影或电视剧。总之，我们应当利用一切途径发挥新兴媒体的作用，传承中华优秀传统文化，

构建风清气正的网络环境。

五、创新传统文化融入校园德育工作模式

在相应时代背景下，各个社会的发展状态会通过文化的形式进行体现，对于中华民族来说，在经历长时间的冲刷及沉淀后，积累的优秀文化及历史精华在传扬与发展后形成了中国特色社会主义文化。中华文化就像绵延不断的河流一样，一旦没有认识到或者否定了文化的时代性，就容易裹足不前，故步自封。中华民族文化需要突破时空壁垒，由浅入深地对学生群体产生影响，以当今社会形势及发展要求为基础，与道德价值取向相互结合，为国家发展打下坚实的基础，将当代独特的个性烙印在其中，使学生能够积极主动地参与到优秀传统文化学习工作当中。文化变革历史也是社会文化演变过程，在新文化模式形成过程中，应积极吸收其他民族的优秀文化，以自我文化为中心，使其他民族优秀文化与我国优秀传统文化相互结合，将其作为我国源远流长的文化体系中重要的构成部分，使其具有独特的中国特征。只有将新鲜元素与传统文化相互结合，不断汲取其他民族的优秀文化，融合时代精神文化，才能够时刻掌握时代文化发展脉络，为其他文化提供发展方向。但需要注意的是，文化创新与变革应该是继承而后的发展，在一定量积累基础上才会发生质的改变，所以在推动传统文化发展过程中，应始终秉持继承及遵循的原则，对文化发展进行批判、改造及创新。

六、结语

在校园文化建设中融合中华优秀传统文化能够提高学校德育工作的感染力。在“十四五”战略规划下，百年未有之大变局的今天，我们有责任把伟大的中华文化传承下去，把优秀传统文化真正融入德育工作的方方面面，为国家培养出德才兼备、又红又专的栋梁之材。

参考文献：

［1］董美英，金林祥．中国传统生活德育的五个基本实践理路［J］．现代大学教育，2014（2）：77-84.

［2］ 张芳芳 . 艺术类大学生思想政治教育路径选择——以首批 9 个全国艺术类样板支部为例［J］. 高校辅导员学刊，2020，12（6）：69-73.
［3］ 刘洋 . 中国优秀传统文化融入高校德育方法创新研究［D］. 郑州：华北水利水电大学，2017.
［4］ 姜威 . 德育视角下高校校园安全管理工作方法探究——评《校园安全事件风险分析》［J］. 中国安全生产科学技术，2020，16（10）：189.
［5］ 兰苑 . 新时代中国共产党的传统文化观［N］. 山西党校报，2021-06-25（3）.
［6］ 赵娅倩 . 中华优秀传统文化融入高校立德树人的路径研究［D］. 太原：山西财经大学，2021.
［7］ 汤媛，傅琼 . 礼仪文化在大学生德育中的价值及路径研究［J］. 长沙航空职业技术学院学报，2020，20（4）：1-4，24.
［8］ 严谨，徐臣攀，王文利 . 传统医德思想融入中医院校思政教育的途径探索［J］. 西部学刊，2020（6）：78-81.
［9］兰利元 . 中华优秀传统文化在民族地区中职德育中的渗透［J］. 广西教育，2020（6）：22-23，63.

（原文刊载于《文化创新比较研究》2022 年第 23 期，有删改）

“三全育人”视域下加强高校学风建设的对策探析

黄容　张湘明

中共中央、国务院《关于加强和改进新形势下高校思想政治工作的意见》明确高校要坚持全员全过程全方位育人，把思想价值引领贯穿教育教学全过程和各环节，形成教书育人、科研育人、实践育人、管理育人、服务育人、文化育人、组织育人长效机制。从 2018 年开始，教育部开始遴选第一批“三全育人”综合改革试点高校；到 2021 年，教育部直属、各省市高校均已全面开展“三全育人”综合改革。

学风是高校教学水平一级评价指标，是凝聚在教与学过程中的精神动力、态度作风、方法措施等，它依不同学校的不同特点表现出独有的特色和丰富的内涵，并通过学校全体成员的意志与行动，逐步地形成和固化，成为一种传统和风格。由此可见，学风建设与“三全育人”目标基本一致，建设内容、方式与“三全育人”相辅相成。将学风建设作为“三全育人”的切入点，思考探索全员、全过程、全方位的新时代高校学风建设的良策，将有助于高校大力推进“三全育人”的全面改革，构建高水平人才培养体系，争创双一流，提升办学质量。

一、学风建设面临的困境

当前很多高校都在着力开展学风建设，但形势不容乐观，主要面临以下 4 个方面问题：

作者简介：黄容，湖南中医药大学学生工作部综合科科长，高级政工师；张湘明，湖南中医药大学资产与实验室管理处处长，高级政工师。

（一）学校学风定位不准、不全面

目前，很多高校开展学风建设仅仅局限于学生课程学习风气强化，而对于学校内涵建设融入较少。学生政治思想、创新思维、实践技能、人格塑造等精神动力、综合素质并未完全纳入学风建设，导致学风建设未从根源解决问题，实施效果不理想。这要求高校在今后的学风建设中找准定位，立足学校特色，深挖学校文化内涵，将立德树人根植于心，利用学风建设，培育具有较高的思想政治素养、健全的人格、创新的思维、娴熟的技能、强健的体魄的时代新人。

（二）学生学习行为表现不如人意

一是学习目标不明确。从学习目标一致的高中过渡到大学阶段，很多学生存在对所学专业不了解，不感兴趣，学习动力不足，安于现状，职业发展方向不明确。二是学习态度不端正。受社会上享乐主义、利己主义、功利主义等不良思想影响，越来越多学生学习态度散漫，急功近利。三是过度的手机、网络依赖严重影响着学习的学习行为。95 后、00 后的学生基本都是伴随网络时代成长，从小对电子产品的接触和中学教育阶段的限制，导致他们进入大学后对网络更易成瘾。“开黑”、刷剧、刷短视频、刷淘宝等行为不断挤占学生课余时间，甚至是上课时间、睡觉时间。上课迟到、精神不振、注意力不集中成为许多学生的常态。这大大降低了学生学习效率。

（三）学校师风教风建设薄弱

一是教师职业素养有待提高。有的教师因循守旧，缺乏现代教学思维和观念，教学方式单一，千篇一律，照本宣科，只追求上完课，而忽视课堂教学效果和学生接受能力，教学质量大打折扣。二是教师开展课程思政严重不足。专业课教师往往只注重学生专业知识的讲授，而把课堂纪律、课堂思想道德教育归为辅导员、教学管理者的职责，教育责任感匮乏，只“授业”而不“传道”，只“教书”而不“育人”，缺少对学生的监管、指导和引领，导致课堂吸引力弱，学生应付式上课。

（四）学风建设机制不健全

一是教学管理机制不科学规范。各高校都有相关的教学和督导制度，但是随着时代的变化，学生群体的更新换代，制度却还是一成不变。同时，在制定相关规章制度时，缺乏对教师队伍、学生群体细致深入的调查了解，使制定的文件流于形式，缺乏行之有效的激励制度和科学的教育教学考核评价体系，亟须进一步完善规范教学管理和学生管理机制。二是学生学习反馈机制不畅通。中学阶段，每名学生的各科学习情况均有班主任时时了解，并进行及时督促改进。大学阶段，教务部门只管安排课，教师只管上完课，学生学习状态、学习效果都缺少相应的联动机制及时反馈给辅导员。作为学生学习教育督促者的辅导员，因所带学生人数较多，也无法事无巨细随时随地关注每个学生的学习情况，直到学生挂科、留级甚至退学才予以干涉，显然错过了最佳教育引导时期。三是教育管理服务水平有待提高。学校校园文化环境、基础设施设备、教学设施配套、教育教学服务流程以及相关人员的服务态度水平等都直接影响着学生学习的全身心投入。

二、新时代开展学风建设的对策

综合上面学风建设的种种困境，为促使学生进一步端正学习态度，巩固专业思想，以奋发有为、开拓进取的精神投入学习生活中，高校将从全员参与、全过程指导、全方位培养的角度开展学风建设。

（一）建立全员参与机制，实现学风建设互联互通

一是全力推进课程思政改革。从学校层面制定课程思政实施方案。守好主阵地种好责任田，充分发掘和运用各学科各专业蕴含的思想政治教育资源，强化立德树人职责，鼓励支持教研教改，增强教学的吸引力、说服力、感染力。推进落实课程体系和教育教学创新计划，完善课堂教学管理办法，推进教学督导听课制度，强化教学纪律约束与惩处机制，运用科学思想和知识体系引导学生健康成长、全面发展。

二是建立学风建设督导机制。可以通过严格执行学籍管理规定，以学习秩序整顿、课堂纪律优化、规范晚自习管理为着力点，加强学生自习和学生上课迟到、旷课、玩手机等现象的管理，促进学生良好学习习惯的养成。

三是规范课堂教学过程管理。充分发挥学校教学指导委员会对学校人才培养与教学工作中的指导、审议和监督职责，科学论证教学效果量化指标，

构建任课教师课堂教学评价体系；加大教师参与学风建设的力度，强化教师在教学纪律、课堂考勤、作业批改、答疑辅导等方面的职责；督促教师进行课堂教学改革，增强课堂吸引力，提高课堂学习效率；加快课堂监控的网络化建设，逐步实现辅导员、班主任实时监控学生课堂表现的功能，实现学生信息共享，有理、有据、有针对性地进行过程监控管理，形成教育合力。

四是深入开展师德师风教育活动。通过开展优秀教研室、师德标兵等评比，强化教师育人职责。进一步完善教学监控和评价机制，努力营造“树师德、铸师魂、正师风”的良好氛围，通过校园网“学风建设”专栏展示优秀教师风采，线上线下定期开展“最受学生喜爱的教师”活动，引导广大教师爱岗敬业，严谨治学，增强教师的职业道德观念和育人的使命感，真正成为学生学习的楷模和表率。

（二）制订全过程学习培养计划，针对性开展学风建设

一是在学生中开展目标教育。目标即是动力，组织学生开展“大学生涯”设计活动，同时分阶段分层次制订大学生成长目标，引导学生认识大学学习生活特点，认识所学专业，认识自我长处与不足，在辅导员、班主任指导下规划自我“大学生涯”，并在学习过程中由老师指导进行动态调整。

二是推行学生党团干部“成长计划”。把学习成绩作为重要标准，选拔优秀学生担任学生干部，吸收优秀学生入党，有针对性地加以引导和培养，帮助他们树立学习意识和成才意识。充分发挥他们的表率作用，在学生学习的带动、转化、提升上多做文章，以点带面，优化班风学风，积极推进学风建设在学院、班级、团支部、党支部、宿舍深入开展。

三是选树学风建设优秀典型。发挥班主任在班级学风建设中的指导作用，以评奖评优为契机，在各类评奖评优中要重点考核学生的学习成绩，选树一批“先进班集体”“优秀寝室”“先进个人”；学校、学院相关公众号、易班等媒体平台开设“学风建设”专栏，将国家奖学金获得者、学科竞赛获奖者、创新创业优秀个人、保研学生等风采事迹进行展示，或是开展线下交流会、学术沙龙等，将先进典型的经验传授给更多学生，启发更多学生专业学习、参与科研创新的兴趣，树立正确学习目标，掌握正确的学习方法。

四是启动“朋辈教育项目”。健全完善高年级辅助低年级，优秀学生群体带动后进学生群体的帮扶联动机制，广泛拓宽学生参与群体，通过开展各类学习竞赛、学习经验交流、学习辅导讲座等活动，加强高年级同学对低年级同学的指导，提升“传帮带”效应，延续良好学风；邀请知名校友举办讲座，讲述成长经历，明确学习方向，激励学生努力学习、拼搏向上的热情。

（三）全方位开展学生素质提升教育，促进学风建设

一是加强学生基础文明行为建设。学校学生管理部门可以通过开展文明在寝室、在教室、在食堂、在校园、在网络、在社会等主题教育实践活动，倡导学生在食堂文明就餐，不带食物进教室、进实验室、进图书馆。在课堂推行“手机袋”，引导学生走下网络，走出宿舍，走向操场，促进学生基础文明习惯养成。深化开展“学风示范班、学风标兵班”创建活动，开展学风建设“一班一品”评选活动，营造书香班级，共享读书乐趣，促进良好班风形成。同时加强文明寝室建设，重点针对学生寝室学风、纪律等方面开展专项活动，培树“学风建设荣誉寝室”，引导学生养成良好的日常行为规范，实现学风建设品牌传承。

二是严肃考试纪律，强化诚信教育。完善考试违纪违规制度，规范考试违纪认定程序。开展学期学生考试动员大会，制作学生诚信警示教育案例集，宣讲诚信考试教育观念，进行考试纪律宣传教育，组织学生签订诚信考试承诺书，把考风建设与诚信教育结合起来，端正学风和考风。加大巡考工作力度，鼓励和支持广大师生对考风考纪进行监督与举报。建立失信学生档案，有失信行为的学生实行“失信一票否决制”，取消其评奖、评优、入党、学生干部任职等资格。试行“无人监考”，以考风促学风。

三是培养学生科技创新能力，搭建学科竞赛平台。学校科技部门、学院要把学生科技创新能力培养纳入计划，加强对学生科技竞赛的指导，拓宽学生科技创新渠道，精心培养学生创新精神。定期开展名师论坛、专家讲座，邀请校内外专业认同度高的专家学者举办学术报告。组织系部主任、专家教授等举办有关专业前景、学术前沿等方面的专题报告，增强学生学习本专业的自信心。相关指导部门要加强对学生科技竞赛的立项、训练、比赛、总结

的管理，扎实推进以“二赛一节”（全国全省“挑战杯”赛、学校科技节）为主要内容的校园文化活动。创设“科技创新成果展室”，收集、整理学生科技创新创业成果，分类归档，便于全校师生查阅、参考，共同分享科技创新成果。丰富和完善“精品化设计、项目化管理、课程化实施、竞赛式考核、全员化参与”的大学生素质拓展教育运行机制。打造科技创新及竞赛人才培养“三层平台”（以大学生科技类协会或社团为依托的兴趣培育平台；以校、院实践竞赛为主的普训提升平台；以省级、国家级竞赛为目的的集训拔高平台），全面提高学生参加科技学术竞赛的热情。

四是鼓励学生参与创新创业。完善大学生创业教育机制，聘请校外企业家开设大学生创业教育课程。以学生科技协会为依托，在进一步发挥“大学生创新创业社团”作用的基础上，整合资源，联合企业，在校企合作的平台上，努力办好学校大学生创业基地建设，积极引导和鼓励大学生开展创业立项、创业实践活动，提升学生核心竞争力。

五是深入开展劳动实践教育。挖掘学校和社会资源，拓展一批优秀社会实践教育基地。健全社会实践和志愿服务制度，开展“三下乡”“四进社区”等公益团队活动。积极组织学生参与社会调研和产业化科研项目，完善科教融合、校企联合等协同育人模式。开设“后勤学校”，让学生参与校园环境治理、食堂厨艺体验、校园园艺美化等，在生活中接受锻炼，体验生活，了解党情国情社情民情，用辩证思维去审视现实社会、认识当代中国，在理论与实践结合中坚定“四个自信”。

六是建立学业预警帮扶机制。设立学业预警红线，建立包含学习预警、纪律预警和心理预警在内的学业预警机制，及时提示、告知学生本人及其家长可能产生的不良后果，并有针对性地采取相应的引导、防范措施，帮助学生顺利完成学业。针对预警学生，建立学困生帮扶档案，组织辅导员、班主任定期开展与学业警示学生谈心谈话。建立基于网络的家校沟通联络平台，努力实现“三个 100%”（学业警示学生谈心谈话 100%，警示告知家长 100%，警示退学学生家校沟通 100%）。充分利用易班平台，实现班主任、任课教师信息共享，针对学习困难生，开展基础课程、专业课程辅导、答疑，帮助学困生完成学业。开展学生党员干部“1+1”帮扶活动，确保“学业警示学生”及时得到帮助，形成“同伴互助”的良好氛围。

七是夯实成长辅导。以学院为单位，建立特色成长辅导室，为学生的学习与发展提供专业化指导、咨询和支持，使学生学习动力、学习态度、学习评价、学习管理等方面得到全面加强，促进学生学习能力提升。加强对学生考研工作的有效支持，为学生考硕、考博、考“专业证书”搭建平台，做到“报考前有引导，复试前有指导，调剂前有开导”。鼓励学生参加大学英语四、六级考试，计算机等级考试和与专业相关的技能等级资格证书考试，全面提高学生的综合素质，让学生学有目标，学有动力。

优良的学风是高校教育质量的保障，学风建设是高校高质量发展的必然选择之一。只有在国家整体战略布局下开展学风建设，牢牢把握建设的主导思想，紧跟时代需求，才能培养出具有扎实的专业知识和科学素养，创新意识和实践应用技能，良好的道德品质和人格修养的应用型、复合型的高素质人才。

参考文献：

[1] 刘晓．学院优良学风的建设策略［J］．中外企业家，2013（26）：216-217.

[2]新华社．中共中央 国务院印发《关于加强和改进新形势下高校思想政治工作的意见》［EB/OL］．（2017-02-27）［2024-08-08］.http：//www.gov.cn/xinwen/2017-02/27/content_5182502.htm.

[3] 高艺萌．浅谈团学组织在学风建设中的作用［J］．知识经济，2018（13）：148.

[4] 田光辉．大学生思想政治教育工作机制创新研究——以怀化学院为例［J］．怀化学院学报，2014，33（07）：121-125.

（原文刊载于《科教文汇（中旬刊）》2021 年第 17 期，有删改）

拟态环境下高校网络育人工作模型构建研究

朱洪慧　钟艳　李珊珊

在新时代网络信息技术的推动下，网络拟态环境成为教育工作开展必不可少的“土壤”，成为工作开展必须考量的因素。我们都知道网络拟态环境像一把双刃剑，它既是思想政治教育内容高效快速传播的便捷媒介，也容易让教育工作陷入困境。根据中国互联网络信息中心发布的第44次《中国互联网络发展状况统计报告》，截至2019年6月，网络在中国的普及率高达61.2%，中国网民人数已高达8.54亿，而网民使用手机上网的比例为99.1%。而使用手机的人群中，大学生占比很大，但大学生几乎不可能亲身体验和感知现实社会中所存在的全部事物或现象，信息技术的发展为大学生带来认知便利的同时，由于信息的杂乱也容易产生认知混乱。尤其疫情防控期间，高校开展教育工作依赖网络，师生的各项工作依靠网络开展。在此情况下，由疫情引起的网络舆论问题、心理问题等，都需要及时关注并疏导，网络育人显得尤其重要。因此，作为高校思想政治教育的践行者和实施者，有责任和义务积极地探索出有效的方案予以应对。

一、拟态环境与网络育人关系剖析

拟态环境是沃尔特·李普曼在其《舆论学》书中提出的概念，也是传播学中的一个重要概念。拟态环境就是现实环境与大众媒介中所插入的环境信息，拟态环境并不是现实社会的百分百再现，而是将信息进行筛选和加工之

作者简介：朱洪慧，湖南中医药大学针灸推拿与康复学院学生管理科副科长，讲师；钟艳，湖南中医药大学中医学院党委书记，副教授；李珊珊，湖南农业大学，助教。

后的部分再现的一个环境。实际上，拟态环境是部分选取、缩影、映射客观信息，在传播的过程中夹带着媒体传播人的主观意识、价值判断和价值呈现。随着信息时代的发展，互联网和新媒体技术成了影响高校思想政治教育开展非常重要的因素，而拟态环境是在现实环境的基础上通过网络环境进行体现，是高校开展网络思想政治教育的载体和沃土以及重要环节，二者有着密不可分的关系。网络对信息时代下的大学生有着非常重要的影响，在现实生活中，网络已成为大学生生活中不可或缺的部分，他们的学习、工作、生活几乎离不开互联网，生活中的“低头族”无处不见。网络改变了我们接收信息的方式，更是拓宽了思想传播的渠道，对思政教育产生了重要的影响。因此，拟态环境是网络思政教育的重要组成部分，拟态环境的把握对大学生思想政治教育有着重要的影响。我们都知道网络是一把双刃剑，正确地使用拟态环境能够拓展网络育人的话语空间，同时有效地推进网络育人工作，能够有效地净化拟态环境，引导其健康发展。但是伴随着社会环境的复杂化，以及教育的主客体的发展变化，大学生群体中也涌现出一些不良思想，并广泛传播。因此，推进拟态环境健康发展与做好网络育人工作是相互影响、相互制约的。

二、拟态环境下高校网络育人工作存在的困境

高校网络教育实质就是思想传播。在新媒体的推动下，拟态环境下的高校网络育人存在一定的困境和挑战。经过对高校走访调研，目前高校网络育人工作存在以下困境。

（一）拟态环境下，信息传播与高校大学生信息接收存在不完全对称

在拟态环境下，高校的思想政治教育受到信息环境的影响，就像把一根笔直的筷子放入一杯含有杂质的水中，它不仅会受到光线折射的影响，还会被杂质干扰。当拟态环境与现实世界相符合时，可以准确地构建现实，也有利于大学生舆情的健康发展。然而，不可否认的是，大学生正处于一个各种观点交锋的时期，他们勇于发声但也缺乏全面的思考。特别是在一些恶性事件面前，他们很容易被网络上的不良评论所误导，群体特征使他们更容易形成和声。不良的拟态环境一旦形成，就会迅速蔓延，严重影响学校的和谐与稳定。拟态环境中的碎片信息繁杂，使得大学生未对问题深入思考，只是片

面接受，故在此环境下，信息传播与大学生信息接收的不完全容易影响大学生的认知水平。

（二）拟态环境下，价值导向的不确定性较大地影响网络育人成效

在拟态环境下，思想政治教育的价值取向存在着很大的不确定性。在学习过程中，学生往往会因为方便且亲和而选择更精彩的社交媒体，并自觉接受拟态环境的转变。他们会无意识地把拟态环境中的知识和信息当作真实世界的真实写照，并使拟态环境的价值取向和行为模式作为自身发展的重要参考，这将导致一个错误认知转变的起点。尤其是在互联网进入成千上万的家庭之后，学生在虚拟世界中获得的乐趣和愉悦感很容易成为扭曲价值观的“糖霜”，这使得思想政治教育有效性评估产生不合理、不科学的结果。在拟态环境下开展的价值影响行为以及活动需贴合学生的思想特征，极大地增加了育人难度。因此网络信息的价值不确定性对高校网络育人成效有很大的影响。

（三）拟态环境下，高校师生网络素养有待提升

在信息爆炸的时代，人人都是自媒体，网络内容的更新和传播太快，各种信息鱼龙混杂，主管部门已在不断地出台相关法律法规，普及了“好网民”的网络行为标准，并限制和纠正不良和非法行为。但是，由于中国的互联网用户数量众多，网络平台太多，涉及的领域广泛，法律法规难以渗透到每个细分领域，并且很难完全覆盖网络平台。但是，高校师生，特别是高校学生，作为网络中影响力最大的主力和新生力量，正处于形成网络价值取向的关键时期，容易受到不良因素的影响，网络意识不强，部分师生对于获取网络知识、媒介使用能力以及媒体鉴别和批判能力不高，网络素养还需提升。

（四）拟态环境下，网络育人体系不完善，难以形成育人合力

研究发现，国内大多数高校还没有建立专门的网络教育工作团队，大多数都是由相关部门和下属学生组织以及思想政治辅导员共同组成。组织结构通常为：由宣传部进行组织协调，并以校级相关学生组织为骨干开展一线工作，主要对校园网、微信公众平台、微博、QQ 空间、论坛等平台进行网络舆情监测和引导。根据职业能力要求和标准，专职辅导员还需要进行网络思想政治教育。虽然每个部门或个人各尽其责，但没有建立有效的联系，难以

形成合力，无法体现教育工作团队的实效。思想政治教育不是一种封闭的专业教育，而是一种具有普遍意识的泛学科教育。它与社会背景环境的变化、经济实体的发展、技术手段的革新密切相关。只有将学生日常行为规范、学校管理规定等制度性文件纳入平台管理，作为评价依据，对教学过程、考试成绩、行为评分、社会评价等进行评价，把教师和学生的自我评价等信息作为有效性评价的重要指标，将碎片化的拟态媒体信息充分整合，才能真正形成合力，推动思想政治教育有效性评估的不断优化。

三、拟态环境下高校网络育人工作模型构建

思想需要有载体才能传播，社会的存在与发展都必须向其成员灌输适合于维护其制度的思想。网络育人结合网络新媒体与思想政治，将载体和思想有机结合，为创新和发展网络思想政治教育提供了机遇和挑战。面对拟态环境中高校思政育人存在的一些弊端和问题，思政育人工作者和学术研究者积极地探索解决问题的路径和方法。高校网络育人机制“一二三四”模型如图 1 所示。

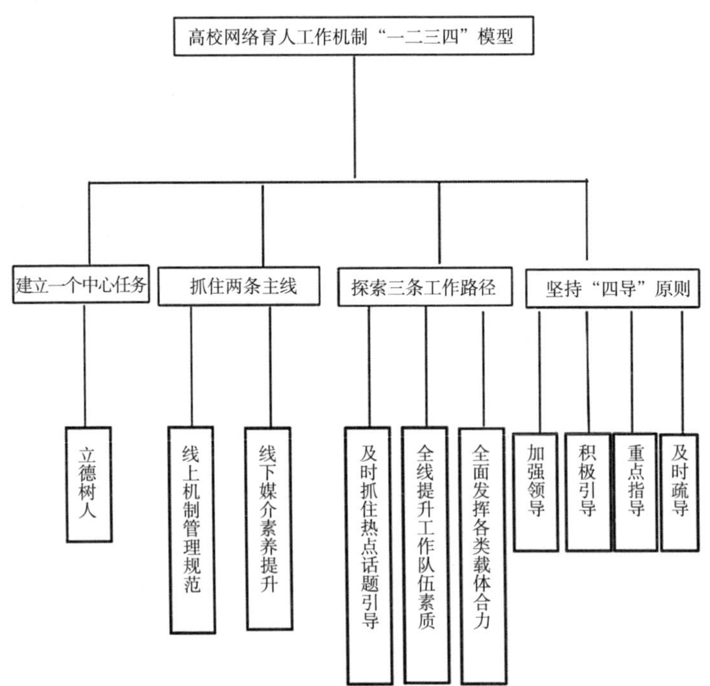

图 1　高校网络育人工作机制“一二三四”模型图

（一）建立一个中心任务

2017 年 2 月中共中央、国务院实施的《关于加强和改进新形势下高校思想政治工作的意见》提出，要坚持全员全过程全方位育人（“三全育人”）。围绕这一要求，网络育人应坚持以学生为主体，坚持把立德树人作为中心任务，积极开展网络思想政治教育。要加强互联网思想政治工作载体建设，运用大学生喜欢的表达方式开展思想政治教育，从而提升网络育人成效。

（二）抓住两条主线

第一，线上机制管理规范。实施网络育人时，要打造制度化、专业化、常态化的网络育人平台，同时要对平台的日常运营进行严格监管。首先，要实行审核责任制、专人负责制，从而形成长期并且稳定的审核机制。其次，要严守具体内容质量关，对发布和推广的内容要严把审核关。最后，要加大营销力度，增强平台认同感。获得更多 的“粉丝”，正是对平台运行实效性的有力说明。在实践过程中，将学生组织、校园活动、教学课堂等渠道充分利用起来横向扩大平台推广宣传，选择有深度、有质量、师生感兴趣的内容纵向提高师生对平台的认同感，才能最大限度扩大网络育人平台的影响力。

第二，线下媒介素养提升。媒介素养即为对于媒体信息的“运用、分析、评判和创作的能力”。在信息时代，接触和了解各种媒介已成为人们社会化生存的必要条件之一。在媒介认识的基础上，发现信息对自己或对社会的意义，从而主动、积极地开发媒介资源进行思想传播。当然在此过程中师生要提高网络素养，要理性地对待不被主流社会所接受的信息，提高负面信息的免疫能力。高校是文化继承和创新的主流场所，高校师生应具备较强的媒介使用能力。提高媒介网络素养不仅能够有效防止在复杂多样、参差不齐的信息世界迷失，而且能够优化拟态环境，净化网络空间，提高大学生适应社会的能力。

（三）探索三条工作路径

点：及时抓住热点话题引导。在网络育人的过程中要注重提升大学生的网络安全意识，提高大学生网络素养和生命意识。在瞬息万变的信息时代要留意重点、热点话题，要敢于亮剑并且主动出击，抢占信息发布先机，增强正能量的渗透力，把握话语主动权，增强网络空间价值引领的实效，从而才能够达到凝聚社会主义核心价值观的共识。

线：全线提升工作队伍素质。培养网络力量，加强监管。高校要将“政治强、业务精、作风硬”作为网络工作队伍建设的统一标准，内培外招是人才招募的不错方式，有助于打造一支有纪律、专业强、职业化高的网络育人工作队伍。同时应该充分利用学生自身的智慧激发学生参与的积极性，鼓励学生加入网络拟态环境的监管队伍中，真正实现“自我管理、自我教育、自我服务、自我监督”的局面。

面：全面发挥各类载体合力。高校在进行网络育人时要充分利用拟态介质的特征，使得教育内容更加多元化，同时沟通表达方式更加生动，富有吸引力。在教育过程中务必要尊重学生主体性，注重学生感受性，进一步提高学生的积极性。丰富信息获取渠道，优化拟态环境，全面发挥各类信息载体的育人合力。

（四）坚持“四导”原则

第一，加强领导。在网络育人过程中要根据高校组织机构构建学校、部处、院系相协调的网络文化建设管理大格局，各级领导应明确在网络文化建设上的职责和任务，在实施过程中加强领导。要以强的责任感、紧迫感，加强领导组织，统筹协调推进，确保网络育人工作取得成效。

第二，积极引导。培养出一批专业性强、素质高的网络育人队伍，通过积极地宣传主旋律最大限度强化师生的主体意识、主流意识；强化网络道德建设，倡导理性、文明上网，同时也应该不断强化高校学生的责任感、边界感和自律性；通过采取线上指导和线下教育相互结合的模式，引导大学生在虚拟和现实世界实现道德品质的无缝链接，帮助青年大学生建立和健全人格品质。在社会上起到积极正面的影响，最大限度发挥育人成效。

第三，重点指导。主要是自媒体时代下任何的突发事件都能迅速引发广泛关注，其中信息传播正面、负面影响都能迅速在学生群体中传开。因此，对网络育人队伍的重点指导尤为必要。对网络管理队伍需定期进行理论、技术上的指导；在突发事件管控上要加强对管理人员的重点指导；在重点的关键时期以及特殊的敏感时期，对网络管理人员要进行专门工作指导。

第四，及时疏导。在面临突发事件时，要做好重点问题的疏导工作。主要是指尊重网络信息传播的规律，要尊重学生成长规律，面对不当的负面言论进行分类整理，做好细化处理工作；对网上不良情绪以及由此引发的心理困惑等进行梳理，理性做好学生疏导工作。

四、结束语

党的十九大提出加强思想道德建设要“高度重视传播手段建设和创新，提高新闻舆论传播力、引导力、影响力、公信力”。本文提出构建拟态环境下高校的网络育人“一二三四”模型，要以立德树人为根本任务，坚定社会主义办学方向，全面部署育人体系。在素养提升方面，建设和完善高校师生网络意识和网络素养课程教育体系；在资源配置方面，响应教育部号召，拓展网络资源和引入、推广优质网络平台；在网络监管方面，制定和出台相关机制，引导与促进广大师生利用网络平台进行良性互动，培育优秀的网络成果；在队伍建设方面，加强网络育人工作队伍的建设，在保证队伍素质的基础上，增强在职、在岗人员的获得感与幸福感。同时，高校网络思政育人工作要以人为本，推进工作要在遵循大学生个性特点、时代特征的基础之上，构建可执行的育人模型和精准化的育人体系，使得学生能够寻找到符合自己成长特点的思想引导，让学生在社会实践以及专业学习等方面接受可操作性强的引导，以及通过风清气正的网络环境助推自己的成长。从而实现思想政治教育不断创新，提升我国高校网络育人工作的实际效果。

参考文献：

[1] 周冠文 . 新媒体环境下的大学生思想政治教育路径探析［J］. 吉林广播电视大学学报，2020（11）：44-45.

[2] 苏醒 . 新时代高校网络育人体系构建研究［J］. 黄山学院学报，2019，21（2）：88-91.

[3] 张鹏远 . 高校网络思想政治教育育人价值的实现途径研究［D］. 哈尔滨：哈尔滨理工大学，2016.

[4] 陈力丹 .“提高新闻舆论传播力、引导力、影响力、公信力”——学习十九大

报告关于新闻舆论工作的论述［J］. 新闻爱好者，2018（3）：10-12.

［5］王雨潇 . 新媒体拟态环境下高校大学生思想政治教育的应对［J］. 法制与社会，2020（12）：189-190.

［6］梁悦 . 新媒体拟态环境下高校思想政治教育的路径探析［J］. 吉林教育，2019（38）：47-48.

［7］傅尤刚，翟琦 . 拟态环境下高校思想政治教育传播效度的审视与思考［J］. 吉林教育，2018（25）：4-6.

（原文刊载于《高教学刊》2022 年第 11 期，有删改）

积极心理学视域下互动体验式实践课堂的设计研究

——以“大学生心理健康教育”课程为例

张玉桃

2018 年 7 月 4 日中共教育部党组发布的《高等学校学生心理健康教育指导纲要》明确提出：心理健康教育是提高大学生心理素质、促进其身心健康和谐发展的教育。要坚持育心与育德相统一，加强人文关怀和心理疏导，规范发展心理健康教育与咨询服务，更好地适应和满足学生心理健康教育服务需求，培育学生自尊自信、理性平和、积极向上的健康心态。

健康的心理素质是大学生成长成才的重要保障。心理健康教育是提高大学生心理健康素质、促进身心和谐、全面发展的有效途径，而大学生心理健康教育课程教学是高校心理育人的主要渠道。

一、大学生心理健康教育中的现状分析

近年来，随着经济发展，健康中国的推进，国家对心理健康的重视，各高校都越来越重视大学生心理健康教育课程的开设与建设。但在实际工作中，仍存在很多普遍的问题亟待解决，具体体现在以下几个方面：

（一）注重知识目标

大学生心理健康教育课程是集知识传授、心理体验与行为训练于一体的公共必修课。该课程在传授心理学基本理论知识的同时，指导和促进个体发展自我意识、完善人际关系、调整不合理认知、应对压力与挫折、调节情绪

作者简介：张玉桃，湖南中医药大学学生工作部心理健康教育中心副主任，副教授。

乃至完善人格等。

然而，目前的大学生心理健康教育课程仍采取比较传统的教学模式。比如：教学目标中注重知识目标，老师向学生传授心理健康基本理论知识而忽视了技能目标、情感态度目标和自我认知目标。部分教师提出大学生心理健康教育课程应注重能力目标，提倡在课堂教学中增加技能训练，帮助学生提高解决问题的能力，但这样容易将能力目标设置得过度泛化，缺乏操作性，进而难以有效评估教学效果。

同时由于大多数采取大班上课，课堂难以满足学生个性化的需求，教师更加难以关注到大多数学生的状态，同时难以充分互动与体验，学生缺乏获得感与体验感。

（二）以教师为主体

在传统教学模式中，注重问题导向，以教师为主体，教师认为需要讲什么才讲什么，而忽视了学生的需求。以教师为主体单向式地向学生传授重要的知识点与理论知识，忽略了学生作为主体的内心需求。

（三）注重教师讲授

传统教学中，教育理念注重知识传授，忽略技能、情感目标。很多学生学了理论之后，仍然不知道如何解决自身遇到的问题，知行脱节。因此，教师要向互动体验式实践教学转化，引导学生在实际的情境互动中，学会与同伴一起探讨问题、寻求解决方式，并在其中培养积极的情感态度，培育积极的心理品质。

（四）注重结果评价

传统教学大多以教师为中心设置课程评价体系，忽视了学生的内心体验和主观认识，现在的大学生心理健康教育课程评价指标体系大多集中反映教师的教与学生的学，却普遍忽视了衡量学生的指标，评价指标比较片面。很多高校生源比较复杂，不同来源的学生，特点不同，表现出来的学习状态差距很大，对学生的评价需要相对客观。课程评价是一个综合的过程，也是一个动态发展的过程，以往的教学评价注重结果，不注重过程，那么评价结果也只能反映部分面貌。大学生心理健康教育并不只是简单的知识学习，而是促进大学生的发展与改变。如果评价方法过于简单，只关注最终的结果，就会忽视大学生发展改变的过程，无法反馈大学生心理健康水平和心理品质的变化，也就失去了评价的意义。

二、积极心理学与大学生心理健康

心理健康教育课程最初定位是以对大学生的心理障碍预防和矫正为主，即以关注人的消极面和负性情绪为主。在大学的心理健康教育工作中，教师主要以“出问题—心理辅导 / 咨询”的工作思路开展教育、教学工作，或多或少存在忽视培养个体积极心理品质的不足。随着社会的发展，生活节奏的加快，随之出现的精神压力与心理问题日益突出，大学生成长过程中出现的心理问题也在不断增加，传统的心理健康教育课程不能满足当代大学生日益增长的心理成长需求。随着学生心理需求的变化，心理健康教育课程的教学理念和教学内容也在跟着变动。

因此，大学生心理健康教育课程逐步发展为以促进大学生心理健康发展为目标，更加关注大学生积极心理品质为出发点。即从着重解决大学生的心理障碍等问题，慢慢发展到更加重视对大学生在成长中所遇到的认知困惑和生活问题处理能力的培养，着重于锻炼大学生日常行为中的一般心理问题的解决能力。

积极心理学是心理学领域的一场革命，也是人类社会发展史中的一个新里程碑，是一门从积极角度研究传统心理学的新兴科学。它采用科学的原则和方法来研究幸福，倡导心理学的积极取向，以研究人类的积极心理品质，关注人类的健康幸福与和谐发展。积极心理学主张研究人类积极的品质，充分挖掘人固有的潜在的具有建设性的力量，促进个人和社会的发展，使人类走向幸福。

三、引入互动体验式实践课堂的必要性与意义

互动体验式教学模式指的是学生的学习建立在体验的基础上，教师为学生提供真实或者模拟的环境，让学生能够更加积极主动地参与课堂教学，表

达内心的真实感受，了解个人内心的真实想法，最终通过反思与总结等方式，真正掌握心理学相关知识并应用于实际生活，形成健全的人格。互动体验式实践课堂，实质上是教与学的交互、反馈和融合的互动过程。互动体验式实践教学以心理学与教育学的理论依据为支撑。

大卫·库伯提出的“体验式学习圈”所阐述的体验与学习发生的过程机制，是互动体验式实践教学的心理学依据。美国教育家杜威提出的“在做中学”教育思想，是互动体验式实践教学的教育学理论基础，其认为知识就是经验，任何教学都应当立足于实际的经验，传统的教学模式忽略了学生的主体地位，而让学生在亲自“做”的过程中对知识产生理解与感悟才是学习的真谛。

（一）引入互动体验式实践课堂的必要性

2017 年 12 月 4 日，《高校思想政治工作质量提升工程实施纲要》提出切实构建“十大”育人体系。其中课程育人和心理育人成为“十大”育人体系的重要组成部分。

习近平总书记在全国教育大会上的重要讲话指出：要努力构建德智体美劳全面培养的教育体系，形成更高水平的人才培养体系。要深化教育体制改革，健全立德树人落实机制，扭转不科学的教育评价导向，坚决克服唯分数、唯升学、唯文凭、唯论文、唯帽子的顽瘴痼疾，从根本上解决教育评价指挥棒问题。

2020 年 10 月 20 日，中共中央、国务院印发《深化新时代教育评价改革总体方案》，总体要求中指出，坚持科学有效，改进结果评价，强化过程评价，探索增值评价，健全综合评价，充分利用信息技术，提高教育评价的科学性、专业性、客观性。

（二）引入互动体验式实践课堂的意义

（1）实现育人价值。互动体验式实践课堂是“课程育人”和“心理育人”的有机结合，实现了“课程育人”“实践育人”“心理育人”三结合。

（2）实现教育目标的转变。即从“基本知识”和“基本技能”二维目标向“知识与技能”“过程与方法”“态度、情感、价值观”三维目标转变。在兼顾“知识与技能”的同时，更注重“过程与方法”，更注重“态度、情感、价值观”

目标。

（3）促进心理健康教育“五位一体”工作格局的形成。高校心理健康教育的总体目标是：教育教学、实践活动、咨询服务、预防干预、平台保障“五位一体”心理健康教育工作格局的基本形成。而互动体验式实践课堂中包含了“教育教学”与“实践活动”，使两者有机结合在一起，有效促进了心理健康教育“五位一体”工作格局的形成。提高大学生心理素质、促进其身心健康和谐发展是心理健康教育的教育目标。

四、互动体验式实践课堂的实施与设计

（一）需求导向，调研分析

改变以往传统教学中以教师为主体，由教师决定给什么教什么，忽视学生内在需求，与学生的内心需求脱节的现状。因此通过课前小调查进行需求调研，分析学生在环境适应、人际交往、家庭关系、学习压力、时间管理等方面的具体情况及急需解决的问题，以及对心理健康教育课程及成长过程需求，期待获得哪些方面的技能或技巧。

（二）设定科学的教学目标

分层设标，根据不同的需求与导向，从宏观、中观、微观三个层面设定情感态度目标、自我认知目标等，改善以往注重知识目标和技能目标的现状。宏观层面需要紧贴大学生心理健康目标，了解和认识身心健康的标准及其重要意义。在中观层面，结合大学生心理健康教育课程的目标，促进个体自觉维护身心和谐发展。微观层面需要考虑到每一堂课教学目标的设计。

在目标设定中需要注意多数与少数，以及共性和个性的问题，多数人的问题需要涉及，少数人的情况同样需要涉及。老师的主导地位和学生主体地位需要有机结合。设定科学的教学目标需要注重以下几点：一是教学目标是明确具体可以量化的，而不是模棱两可、不可量化。二是教学目标是适合学生和适合自己的。三是目标是可操作可执行可监督的。比如自我管理层面，每天作息规律需要明确到每天具体时间段与时长，具体哪个时间段休息，休息时长等。

（三）确定科学的教学内容

以贴近学生、贴近实际的原则科学地确定教学内容，从知识普及、意识教育、自我探索、能力培养四个方面进行规范与确定。根据学生的实际需求，结合当前学生反映的集中问题进行探讨确定，我校最终确定以 8（8 个理论专题）+4（4 个实践主题）的模式开展大学生心理健康教育课程。在理论课程结束后，进行互动体验式实践课堂的开展。

（四）确定科学的教学方法

采用分层、分组、分类教学法，进行互动体验式实践教学。理论教学模块以书本基本知识为主，采用案例、视频、讨论等方式进行课堂专题讲授，让学生了解有关心理学方面的知识；而互动体验式实践教学则采用团体辅导活动、创设情境、角色扮演、小组讨论分享、大课堂分享、影音资料的观看、热点话题讨论等方式进行。在大课堂中采用分小组的方法，确定小组长、小组名称、小组公约，发挥小组的主体作用，能够增进教师对大课堂的管理与驾驭能力；采用一系列的破冰活动，拉近学生间的距离，设定贴近大学生的生活情境，进行头脑风暴，互动体验并实践解决问题，分享感受，并将互动体验过程中习得经验与思维方式运用到生活中，以解决现实中的实际问题，并对过程进行评价。

（五）确定科学的评价方法

通过前测后测及形成性评价在大课堂中的运用，根据个体的特征与优势，从多方面多角度，从积极心理学视角进行过程管理，综合评价学生。如在上课之前了解学生习惯、态度及价值观等，在这门课结束后再进行测试，对比研究分析育人效果。如在人际交往的互动体验实践课后，布置自选作业，与有隔阂的朋友、同学或家人进行一次深入的交流。解决知行脱节的问题，部分同学在以往的处理模式中会选择有隔阂了就不再往来，上了互动体验实践课后能够客观正确地看待人际冲突与隔阂，并能积极主动地处理人际冲突。在对学生心理健康教育课程的评价不完全依托于期末成绩，而是落实到实际生活和学习中，比如拖延症得到改善，熬夜同学每天睡眠时间有所提前，不锻炼的同学走出寝室、走向操场等都是可以评价的指标。

五、结语

相对于传统的心理健康教育教学模式，互动体验式实践课堂能更好地实现心理育人与课程育人的目标，能更好地实现知行合一，学生参与度、获得感、互动面更高，能充分调动学生的学习兴趣，更好地实现教学目标。互动体验式实践课堂有着很多教学优势，同时，也对教师提出了更高的要求，教师要能更好地了解学生的心理需求，科学设置教学目标，科学确定教学内容，采用适合的教学方法并创设互动体验情境等。同时，互动体验式实践课堂对教师的课堂驾驭能力、专业知识、互动能力等都提出了更高的要求。

参考文献：

[1] 谭艳艳．大学生心理健康教育课程教学的困境及对策［J］．西部素质教育，2021，7（5）：93−94.

[2] 蔡彦婕．大学生心理健康教育课程教学模式探究［J］．科学咨询（科技·管理），2021（1）：148.

[3] 高杨，阎婧祎，刘洁．我国高校心理健康教育课程的发展与现状分析［J］．心理素养，2017（8）：109−110.

[4] 李静．体验式教学在高校心理健康教育课程中的实效性探析［J］．湖北开放职业学院学报，2021（5）：139−141.

[5] 罗辑，康华明．积极心理学视阈下的大学生心理健康教育课程教学模式改革探索［J］．遵义师范学院学报，2021（4）：152−155.

[6] 卿再花，曹建平．积极心理学视角下大学生心理健康教育课程教学设计研究［J］．兴义民族师范学院学报，2017（2）：75−78.

[7] 林静，王玲玲．基于互动体验式教学模式的课程教学方案设计［J］．教育教学论坛，2019（11）：199−200.

[8] 邱小艳，宋宏福．大学生心理健康课程体验式教学的实验研究［J］．湖南师范大学教育科学学报，2013（1）：95−98．

（原文刊载于《文化遗产与现代教育》2022年第2期，有删改）

新时代立德树人视域下高校学生资助育人工作创新路径研究

肖丽　肖蓉

《习近平谈治国理政》第四卷收入了《在加快推进教育现代化的新征程中培养担当民族复兴大任的时代新人》重要讲话。习近平总书记指出："我们要从党和国家事业发展全局的高度，全面贯彻党的教育方针，坚持优先发展教育事业，坚守为党育人、为国育才，努力办好人民满意的教育，在加快推进教育现代化的新征程中培养担当民族复兴大任的时代新人。"党的十八大以来，习近平总书记从党和国家事业发展全局的高度，把教育作为国之大计、党之大计，加强党对教育工作的全面领导，围绕"培养什么人、怎样培养人、为谁培养人"这一根本问题，发表了一系列重要论述，作出了推动教育现代化和建设教育强国的重大战略部署。习近平总书记在党的十九大报告中明确指出，"要全面贯彻党的教育方针，落实立德树人根本任务，发展素质教育，推进教育公平"。坚持教育为人民服务、为社会主义现代化建设服务，在新时代推进立德树人工作，就是要坚持和发展中国特色社会主义教育发展道路，坚持以人民为中心，发展素质教育，努力让每个学生都能享有公平而有质量的教育，培养德智体美劳全面发展的社会主义建设者和接班人。习近平总书记明确提出："健全学生资助制度，使绝大多数城乡新增劳动力接受高中阶段教育、更多接受高等教育。""要坚持我国教育现代化的社会主义方向，坚持教育公益性原则，把教育公平作为国家基本教育政策，大力推进教育体

作者简介：肖丽，湖南中医药大学医学院学生科副科长，副教授；肖蓉，南华大学松霖建筑与设计艺术学院，讲师。

制改革创新。”资助育人作为高校思想政治工作的重要组成部分，对推进教育公平具有重要意义。习近平总书记强调:“要坚持把立德树人作为中心环节，把思想政治工作贯穿教育教学全过程，实现全程育人、全方位育人。”习近平总书记关于教育工作重要讲话精神是推动高校学生资助制度创新的根本遵循。2017 年教育部将高校资助育人质量提升体系纳入“十大育人体系”，把资助育人系统工程置于立德树人根本任务进行全面谋划。2018 年教育部办公厅《关于开展“三全育人”综合改革试点工作的通知》提出，要充分发挥高校育人优势，以全面提高人才培养能力为关键，把促进学生成长作为一切工作的出发点，形成全员全过程全方位育人格局。《2021 年学生资助工作要点》明确提出高校要紧紧围绕立德树人根本任务，全面深入推进资助育人系统工程。所有这些都充分体现了党和国家对资助育人工作的高度重视，为高校资助工作高质量发展提供了理论保障，为资助工作实践提供了政策支撑。

当前，我国正处于全面建设社会主义现代化国家，全面建设教育现代化的新时代，大力推进高校资助育人工作，必须牢记习近平总书记关于立德树人重要论述，贯彻落实“三全育人”理念，实现“三全育人”与高校资助育人相结合，这既是推进“三全育人”综合改革的现实需要，也是实现教育公平、推动教育现代化的现实路径。

一、新时代立德树人视域下高校资助育人工作的新定位

习近平总书记强调，“要坚持社会主义办学方向，把立德树人作为教育的根本任务，……推进教育公平”。高校学生资助工作是深化教育改革，落实立德树人根本任务，推进保障教育公平的重要举措。党的十八大以来，以习近平同志为核心的党中央坚持以人民为中心发展教育，并以此作为对我国教育事业规律性认识的深化，高度重视高等教育和青年成长成才。习近平总书记指出：“人民对美好生活的向往，就是我们的奋斗目标。”坚持以人民为中心发展教育，坚持发展成果由人民共享，不断满足人民日益增长的美好生活需要。高校学生资助体系日趋完善，资助力度不断加大，为持续培养具有创新精神的社会主义新型人才注入了强大动力，历史性地解决了教育公平问题，资助育人取得重大成果，人民群众能够平等享有接受高等教育的机会。

高校资助育人工作在做好基本保障工作的同时，要更好地推进享有公平而有质量的高等教育，明确立德树人视域下高校资助育人工作的新定位。

（一）学生资助制度从“粗放”向“精准”转变，资助成效日益彰显

新中国成立以来，我国学生资助制度大致经历了形成期、改革期、调整期、成熟期等发展阶段。习近平总书记指出：“新的征程上，我们必须紧紧依靠人民创造历史，坚持全心全意为人民服务的根本宗旨……维护社会公平正义，着力解决发展不平衡不充分问题和人民群众急难愁盼问题，推动人的全面发展、全体人民共同富裕取得更为明显的实质性进展！”从新中国成立之初实行人民助学金和学杂费减免的单一资助模式，发展到今天所实施的国家奖助学金、助学贷款、学费减免、补偿代偿、勤工助学以及绿色通道等多元混合的资助体系，学生资助实现了从“粗放”到“精准”的历史性转变，有效阻断了贫困代际传递，更好地维护了社会公平正义。党的十八大以来，各级党委和政府高度重视学生资助管理工作，资助政策体系日益完善，为教育事业和青年发展提供了强有力的制度保障，为世界“减贫”事业贡献了“中国智慧”。

（二）学生资助方式从“单一”向“多样”转变，资助力度持续加大

从 1952—1983 年的人民助学金阶段，1983—1986 年的奖学金与人民助学金并存阶段，到 1986—1989 年奖学金与贷学金并存阶段，再到 1989—1999 年“奖、贷、勤、助、减”混合资助初步阶段，高校学生资助制度不断促进进入完善时期。党的十八大以来，我国采取“应助尽助”“应补尽补”资助原则，尤其 2021 年至今，形成国家奖学金、国家助学金、国家助学贷款、服兵役国家教育资助、基层就业学费补偿国家助学贷款代偿、勤工助学和“绿色通道”等多元混合的资助体系，全力保障学生顺利完成学业。各地高校按照党和国家要求，加大经费投入，逐步完善以财政资金为主导、学校资金为辅导、社会资金为补充的投入格局。据《2021 年中国学生资助发展报告》，2021 年，资助普通高等教育学生 3925.77 万人次，资助金额 1450.40 亿元，普通高等教育资助财政资金投入 819.28 亿元，占普通高等教育资助资金总额的 56.49%；2021 年，发放国家助学贷款共计 430.86 亿元，比上年增加 52.74 亿元，增幅 13.95%，占资助金额总额的 16.15%，占普通高等教育资助总额

的 29.71%。可见，资金投入不断增加，学生资助力度持续加大。

（三）学生资助理念从“保障型”向“发展型”转变，促进学生全面发展

紧紧围绕立德树人根本任务，不断丰富学生资助内涵，走出了一条中国特色学生资助之路。从资助理念上，实现了由“保障型” 向“发展型” 的重大转变，并以社会主义核心价值观为引领，重点培育受助学生的综合素养，力促学生全面发展。从政策功能上，形成了“助困”（解决经济问题，如：国家助学金、国家助学贷款等）、“奖优”（奖励学业优秀学生，如：国家奖学金、国家励志奖学金、学业奖学金和校内奖学金等）和“引导”（帮助学生就业，如：基层就业、应征入伍、师范生免费教育等）相结合的政策体系。从资助标准上，对孤残、烈士子女等特殊群体均按最高标准进行资助，对其他家庭经济条件不太好的学生，则按照家庭经济状况给予相应资助。从引导性政策措施看，师范生公费教育政策引导数十万名优秀师范生投身农村基础教育，优化了农村师资结构，提高了农村教师素质；补偿代偿政策引导大批大学生到基层就业，改善了基层人才队伍的素质结构。

二、新时代“三全育人”理念下高校资助育人工作面临的新机遇

习近平总书记指出：“要健全全员育人、全过程育人、全方位育人的体制机制，不断培养一代又一代社会主义建设者和接班人。这是教育工作的根本任务，也是教育现代化的方向目标。” 新时代推动学生资助育人工作高质量发展，巩固拓展脱贫攻坚成果，推进教育公平，必须深刻认识并紧紧把握高校资助育人工作面临的新机遇。从《中国学生资助发展报告》公布的数据看，学生资助金额和资助人数逐年增加，工作重点由对学生的经济帮助逐步升华为在经济资助推动下的精神帮扶。通过建立健全“三全育人”体制机制，在宣讲、落实资助政策，实施具体资助举措过程中，实现教育人、培养人的目标，推进资助工作与实践育人、文化育人、管理育人、服务育人和心理育人相结合，高校资助育人工作面临新机遇。

（一）“三全育人”有利于推动教学与“大思政”紧密结合，构建全员共同参与的资助育人责任体系

加强和改进高校工作必须贯彻“三全育人”理念，在理念和方法上体现“大思政”的特征，资助育人要在推进“大思政”发挥更大更多作用。高校辅导员主要负责管理学生的具体性工作，其中就包括资助管理。根据《普通高等学校辅导员队伍建设规定》有关内容，辅导员肩负的主要工作涉及校园文化建设和学生思想政治工作的各方面和全过程，目前大多数高校辅导员具体事务性工作多，学生资助管理只是其工作内容之一。虽然辅导员在工作中都会积极落实党和国家的资助政策，会耐心、细致地处理资助事务，但要将资助与育人有效结合，实现“三全育人”，单纯依靠辅导员的力量远远不够。在实践中，学生资助工作与“三全育人”，教学过程与思想政治工作呈现“两张皮”的现象，导致两者有效协同不够紧密，在一定程度上影响了受助学生获得全方位教育和全面发展的机会。高校学生资助工作要围绕立德树人根本任务，通过组织开展资助工作，发挥其思想政治教育功能，促进大学生健康成长成才。高校全体教职员工人人皆有育人职责、人人皆要育人，要通过贯彻“三全育人”理念，充分发挥高校教职员工的育人作用，凝聚各个工作岗位的育人力量，构建全员共同参与的资助育人责任体系。

（二）“三全育人”有利于加强细致的人文关怀，形成资助育人的整体协同效应

高校全过程资助育人彰显了整体性和协同性。全过程资助育人就是将学生资助工作贯穿高校办学治校、教育教学和学生成长成才的全过程，体现在高校资助育人工作的维度上。换言之，就是把资助育人的具体内容融入资助工作开展的全过程。在过去工作中由于单纯地把学生资助工作看成只是辅导员的工作，许多辅导员都陷于冗杂繁忙的具体工作之中，将之作为一项流程来完成。目前高校对受助学生资格认定是“个人→班级→学院→学校”的传统单一评定流程，主要依据是学生本人提交的相关证明，班级采取“应收尽收”原则，由班级民主评议推选后再层层上报。但是这种操作存在“地域差异”和“统一标准”之间的矛盾，比如我国东部、中部、西部存在经济发展不平

衡不充分，对资助标准把握不一样的问题；另一方面这单一资助流程路径主要以经济帮助为主，忽略了对受助学生思想、心理、技能、素养、视野等精神层面的教育和辅导。因此，在全过程资助育人中进行春风化雨般教育引导，加强精神方面的激励，加强资助主体与受助学生之间面对面的交流，强化对受助学生的人文关怀，有利于促进学生个性化成长和全面发展。

（三）“三全育人”有利于发挥育人场域融合互补优势，拓展资助育人深度

高校学生资助工作要融入学校工作的各方面，通过设计载体、搭建平台，让校内外都成为育人的重要阵地，使学校日常运转的各项工作都具有育人功能，达到全方位资助育人。从具体实践层面上看，高校资助政策执行主要集中在每学年第一个学期的9—11月，这期间家庭经济困难学生认定、奖助学金、退役士兵教育资助以及社会类奖助学金等均要求在固定时间内完成，而到年底12月份，学生又忙于准备期末考试，整个学期难以抽出时间开展专门育人教育。到第二个学期，虽然资助业务工作相对减少，主体性资助育人工作提上日程，但高校资助工作者与育人工作者各司其职，身兼数职，不能完全剥离出彼此的工作和职责，这就导致资助业务与育人教育不能及时有效结合，忽视了学生精神上的需求。贯彻“三全育人”有利于厘清经济资助与精神帮扶的关系，适时激发学生对国家、社会的责任感和使命感，破除对经济资助心安理得、安于现状的行为。目前，很多高校为引导学生通过辛勤劳动换取相应的劳动报酬，相继推出勤工助学岗位，通过激发学生的内生动力，锤炼学生的意志品质，大力加强励志教育，提升高校资助育人成效，坚定理想信念，自觉强化诚信意识和感恩意识，确保学生顺利完成学业，实现学生全面发展。高校内的一些准社会实践活动，既可以培养学生的动手能力，又可以提高学生走入社会后的适应能力。

高校学生资助工作具有育人的属性与功能，必须贯彻“三全育人”理念，要围绕立德树人根本任务，组织开展资助工作，发挥其思想政治教育功能，促进大学生健康成长成才。

三、新时代推进高校资助育人工作实现立德树人的基本路径

习近平总书记强调：“要全面落实立德树人根本任务，推进育人方式、办学模式、管理体制、保障机制改革，建立促进学生身心健康、全面发展的长效机制。”高校“三全育人”综合改革的主要任务就是发挥学校教职员工的育人作用，凝聚各工作岗位的育人元素，构建全员全过程全方位共同参与的责任体系。高校要坚持把促进学生成长成才作为学生资助工作的出发点和落脚点，把资助育人列入学校的重要议事日程，提高全体教职员工和学生对学生资助工作的认识，使其成为大家共同关心全力推进的大事。对高校中层干部、专职教员和辅导员要进行专门培训，并组织相互间的交流，提高大家对学生资助工作重要性的认识，使他们熟悉学生资助工作的流程，关心资助的对象，营造人人关心学生资助工作的校园氛围，推进教育领域治理体系和治理能力现代化。

（一）育人主体——构建“四位一体”的全员协同机制

大力营造人人关心学生资助工作的校园文化氛围，奠定“三全育人”的坚实基础，通过广大教职员工和学生的传播，外溢到社会各界。“人人育人、时时育人、处处育人”是贯彻“三全育人”理念的必然要求，使其成为学校和社会的共识，从而有利于凝聚学校、家庭、社会、学生四个层面的教育合力，“四位一体”同频共振发挥资助育人协同效应。高校是培养人才的摇篮，要充分发挥党政领导干部、 思政理论课教师、辅导员、班主任、一线专任教师、各职能部门在育人方面的功能作用，共同培养符合新时代需求的建设者，做好新时代育人工作的高校答卷，开创高校大思政新格局。具体来说，学校、家庭、社会、学生“四位一体”，共同发力，在资助育人上发挥各自的独特作用。

一是学校引领思想，润德育人。学生的成长发展始终与高校的责任担当紧密相连，高校的主要任务是培养社会主义建设者和接班人，为党和国家做好思想政治工作。在给予学生经济资助的同时，做好学生的思想政治工作，充分发挥润德润心润人的作用，引导教职员工从全方位全过程开展资助育人工作，时刻密切关注关爱学生，有重点有特点有计划地针对不同状况的学生，

在理想信念、社会公德、职业道德、个人品德、劳模精神、劳动精神、工匠精神、奉献社会精神、心理健康等方面加强思想政治工作。实施“有智慧有温度有内涵”的关爱工程，为高校大学生成长创造良好的生活和学习环境，最大限度地帮助学生实现人生价值，成就梦想。

二是家庭教育引导，情感育人。家庭教育对于人的全面发展起着非常重要的作用，家庭是孩子认识世界获取知识的第一所学校。家庭给予个体成长的基础性教育，是人接受教育的基石，做好家庭教育对于学生的个体发展具有重要的意义。习近平总书记在全国教育大会上指出：“家庭是人生的第一所学校，家长是孩子的第一任老师，要给孩子讲好‘人生第一课’，帮助扣好人生第一粒扣子。”家庭教育在学生成长成才中具有重要作用，父母的思想观念将影响和伴随人的一生发展。大学时期是高校学生世界观、人生观、价值观形成的关键期，家长要将爱国敬业、刚健有为、自强不息等积极、乐观的观念通过家庭日常的以身作则、言传身教春风化雨般渗透进学生的心灵，实现他律和自律紧密结合，潜移默化他们成长道路上的自觉。因此，学校和家长之间要充分利用现代通信网络加强沟通，强化家长在高校学子成长中的作用。

三是社会关心支持，协同育人。育人事业不是学校单方面就能独立完成的，需要全社会齐心协力共担责任。社会的关心支持主要体现在两个方面：一是学生从小成长的社区和乡村；二是学生将要走入的现实社会。对于前者，高校应加强与社区和乡村的联系，使之成为学生在高校成长的有力后援。对于后者，要遵循习近平总书记在全国高校思想政治工作会议上强调的：“社会是个大课堂。青年要成长为国家栋梁之材，既要读万卷书，又要行万里路。”社会实践、社会活动以及校内各类学生社团活动是学生的第二课堂，对拓展学生眼界和能力、充实学生社会体验和丰富学生生活十分有益。把社会当作学生成长实践的第二课堂，能弥补校园实践的不足，引导学生在实践中增长见识、磨砺意志、锤炼品质、提升能力。从校方来说，统筹利用好社会各类资源营造良好的育人环境，特别是开拓红色教育资源、学科专业培训资源和劳动教育资源，为强化实践育人创造有利条件，更好地教育引导高校学生听党话、跟党走，培养学生的社会责任感、使命感，形成全社会关心关爱青少年群体教育的支持性平台，让受助学生厚植爱国主义情怀，激发进取向上、服务社会的力量。

四是学生自立自强，内化自育。自古以来，“吾日三省吾身”，强调人成长过程中的内化自育和自立自强。新时代的高校要主动融合“助学·筑梦·铸人”的资助工作理念，通过“帮困”与“壮志”、“赋能”相结合的方式，激发受助学生的最大潜能与内在动力，培养他们努力向上、奋发进取、对美好未来无限憧憬、知难而进、顽强拼搏的精神。这种自立自强精神，是受助学生正确认识自我、发展自我、不断完善自身、实现自我教育升华的精神支撑。高校培养具有顽强、拼搏、责任、担当等品质的学生，他们将会以“青春之我、奋斗之我”回报党和国家的期望，实现个人理想与人生价值。

（二）育人途径——建立健全符合新时代人才培养要求的资助机制

一个良好的资助育人机制，必须做好“精”“助”“育”三个方面的基础工作。习近平总书记指出：“要更加聚焦人民群众普遍关心关注的民生问题，采取更有针对性的措施，一件一件抓落实，一年接着一年干，让人民群众获得感、幸福感、安全感更加充实、更有保障、更可持续。”如此方能有的放矢，精准帮扶，授人以渔，做到育人有道。

一是“精”以帮扶，明确受助对象，建立精准“帮扶”机制。目前，高等教育已由精英型转化为大众化。“不能让一个学生因为生活困难上不起学”是党和国家的郑重承诺，高校在受助学生认定上要把好关、守好位、尽好责。目前甄别学生家庭经济状况的重要依据是学生认定申请表，高校学生来自全国各地，要建立健全多渠道、多方式、多层次的帮扶机制。在认定方面，从大一入校起建立学生成长辅导档案，大二开始推动建立学生家庭经济情况信息化平台，对学生的成长环境特征与资助需求展开评估研判，每年年初将上一学年的家庭赡养情况、主要成员情况以及学生入校来受资助、生源地贷款、生活开销、同学评价等情况纳入认定系统规范管理，实现家庭经济受助学生分档分类分级管理的动态调整，不定时更新“一人一档”，并实施“一人一策”。在此基础上，积极与当地媒体和社区、乡村合作，开展学生家庭经济情况“云”家访，深入了解学生家庭，精准掌握学生成长与生活的环境，拓宽学生成长发展的培养途径，落实对学生的关心关怀关爱，实现“一对一”精细化管理。

二是“助”以关爱，落实资助主体责任，强化责任担当。教育是一种公共物品，高校作为这种公共物品的提供者，高校党政领导干部、职能部门和学生资助管理中心，以及学生所在院（系）、辅导员、班主任要通力合作、协同管理，共同创造良好的学习育人环境，执行好学生资助政策，科学制定学生资助认定方案与标准。一是要进一步加强国家财政拨款、学校投入专项经费、社会助学体系捐赠资金的统筹管理。2021 年 10 月财政部办公厅、教育部办公厅、人力资源社会保障部办公厅、人民银行办公厅四部门联合下发的《关于进一步规范和加强学生资助管理工作的通知》，明确指出要加强资助资金预算编制、备案、分配、拨付、使用、发放等管理。二是鼓励全体教职工通过多种形式、多种渠道加大对家庭经济暂时不好学生和有留守经历学生的支持与关爱，“要做好高校毕业生、农民工、退役军人等重点群体就业工作”。在学习、生活、就业上实施“三个优先”，即优先辅导、优先资助、优先安排。三是高校充分发挥自身优势，大力拓宽企业、校友、爱心人士、社会团体等开展对学生的捐资助学渠道，做好帮扶效益的加法。

三是“育”以才智，培养学生成才，打造大思政新格局。育人是高校工作的职责，是为党和国家培养人才厚植成长沃土。学生从入学到毕业离校的每一个时期每一个成长阶段都会有不同经历与特点，需要高校紧紧把握新时代学生的成长成才规律，调动一切育人资源，凝聚育人合力，为受助学生提供磨炼自我、展现自我、提升自我的平台，从生理、心理开展育人工作。以“育人作为学生资助工作的灵魂”为工作理念，建立健全“帮困 · 壮志 · 赋能”的三维立体育人模式，构建将单一的经济助学转化为精神培育的长效机制，帮助学生在点滴浸润中培根铸魂，形成“育青年 · 促青年 · 润青年”温馨氛围的“全员育人”大思政实践育人新格局。在这种格局下，对于制度的执行都要以帮扶学生为中心。学生的变化和成长是鲜活的、随机的，应该采取灵活的、实事求是的态度，使那些需要帮助的学生得以壮志、得以赋能。一是注重帮扶。采取多形式，有计划有侧重有针对性地宣传国家资助政策，加强对“奖助贷勤补免”和绿色通道的系列精准措施，帮助受助学生健康快乐地成长成才，获得源源不断的正能量。二是坚持壮志。将资助与大学生心理健康教育工作紧密结合，从大一新生至学生毕业的每一个阶段都要建立学生成长辅导档案，不断完善学校思政理论课教师、心理咨询师、班主任、辅导员、专任教师以及班级心理委员的心理救助体系，把“诚信、励志、奋发、反哺社会”教育融入整个教育教学实践活动之中。三是精心赋能。习近平总书记指出：“在激烈的国际竞争中，惟创新者进，惟创新者强，惟创新者胜。”从某种意义上来说未来人才的竞争新优势将集中体现在创新能力上，高校是培养和造就人才的重要场所，要通过勤工助学、社会实践等活动全面锤炼学生的意志品质，帮助学生坚定理想信念，让其在实践中树立直面困难的勇气和突破难关的创新精神，积极指导学生参加“互联网+”大学生创新创业大赛、大学生创新创业训练计划申报，全面培养学生的创新创造能力，最大限度地激发学生创新精神，助力乡村振兴，为实现中华民族伟大复兴中国梦贡献青春力量。

（三）育人目标——实现德智体美劳“五育并举”的全面覆盖

习近平总书记指出：“要努力构建德智体美劳全面培养的教育体系，形成更高水平的人才培养体系。”未来社会所需的人才，是具备良好的适应能力、鲜明的个性特征，以及综合素质高的全面发展型人才。习近平总书记强调：“要坚持社会主义办学方向，把立德树人作为教育的根本任务，发挥教育在培育和践行社会主义核心价值观中的重要作用，深化学校思想政治理论课改革创新，加强和改进学校体育美育，广泛开展劳动教育，发展素质教育，推进教育公平，促进学生德智体美劳全面发展，培养学生爱国情怀、社会责任感、创新精神、实践能力。”高校坚持以立德树人为导向，围绕立德立志、增智健体、成才用才推进改革创新，牢牢把握德育为先、智育为重、体育为基、美育为要、劳育为本的育人方向，逐步推动智育独秀向“五育并举”的观念转换，努力培养立大志、明大德、成大才、担大任的时代新人。

一是德育为先，培育积极求进的“向上”青年。育人的根本在于立德。习近平总书记指出，“德育既是学生入学的第一课，也是学生离校前的最后一课，必须贯穿学生学习始终，贯穿学校工作各方面各环节”。一个人即使能力再强，如果没有德行，也难以得到社会的认可，更有可能对社会造成危害。

德行不是由知识的多寡决定的，渊博的知识也不会自发形成德行，需要一个长期内化和修养的过程。对潜在德行的开发和知识的内化是德行形成的唯一路径，高校是以人为本，以文化素质和思想品德为切入点，目的是培养政治素质高，理想人格健全，有高远志向、勇于奋斗的精神和积极乐观人生态度的大学生。具体实践中，高校人才培养要在加强品德修养上下功夫，培养学生形成良好品德；在厚植爱国主义情怀上下功夫，深入开展爱国主义教育、理想信念教育、集体主义教育等，帮助学生从内心深处厚植对党的信赖、对中国特色社会主义的信心、对马克思主义的信仰；在培养奋斗精神上下功夫，通过“三下乡”、党日活动、团学活动、研学活动等，教育引导学生历练敢于担当、不懈奋斗、吃苦耐劳的精神；在增长知识见识上下功夫，“要用好学校思政课这个渠道，推动党的历史更好进教材、进课堂、进头脑，发挥好党史立德树人的重要作用”。通过思政理论教学课堂、第二课堂、学习英雄榜样等形式，大力进行社会主义核心价值观教育，使之成长为热爱中国共产党、热爱社会主义、热爱祖国的中国特色社会主义建设者和接班人。引导学生不断追求更高的人生奋斗目标，并在追求实现理想的过程中帮助塑造高尚人格，锤炼道德品格，努力培养出信仰坚定、自信自强、认知自我、实践自觉的“向上”好青年。

二是智育为重，培育技能过硬的“担当”青年。智育教育是高等教育的重要内容。习近平总书记强调，“要教育引导学生珍惜学习时光，心无旁骛求知问学，既要重视知识的宽度，也要重视学习的深度，在学习中增长知识，丰富学识，通晓天下道理”。智育于个人，于社会都具有基础性意义。智力培养的关键在于全面培养和发展学生的智力才能，使之产生终身受益的智慧，实现学生学业有帮助，毕业有去处，目的是培养具有实践能力和创新精神的当今社会所需人才。换言之，就是培养能够为未来发展积蓄力量，能胜任未来工作的“担当者”。习近平总书记在不同场合对青年的期望和寄语——“有理想、有本领、有担当”。这是对新时代青年学生勇立潮头、奋发有为的智育要求。高校要指导和促进学生掌握知识、发展智能、培养综合能力和创新思维，并使之形成技能，这是智育教育的根本使命，也是实现学生走向社会走向自立自强之路的具体路径。

三是体育为基，培育身强体健的“健康”青年。体育教育是德智体美劳全面发展中的重要环节。体育在实际教育实践中一直以来被忽略和不受重视。习近平总书记在全国教育大会上特别强调：“要树立健康第一的教育理念，开齐开足体育课，帮助学生在体育锻炼中享受乐趣、增强体质、健全人格、锤炼意志。”习近平总书记关于要“树立健康第一”的教育理念对体育教育具有重要的指导意义。事实证明，一个人的身体素质状况往往决定其成就的大小、发展的好坏，甚至事业的成败。体育是关乎学生全面发展、健康成长成才的根本，通过体育锻炼意志，提高学生的心理素质，培养其形成健全人格，才能推动文化知识学习与体质协调发展。身体素质的发展对改善人的体质和健康都有着重要意义，同时有利于促进德育、智育、美育、劳育的发展。

四是美育为要，培育善于发现美的“向美”青年。2019 年 3 月教育部发布《关于切实加强新时代高校美育工作的意见》，对高校提出美育工作的重点任务和主要举措，对高校美育教育工作提出了具体要求。美育的本质就是使学生通过事物的外现的状态去体验和感受事物。美育的过程则是表现和升华情感、激发个体的生命活力、发展创造性、开启心智、养育性情的体验过程。大学教育是以人为本，通过美育教育将中华优秀传统文化润物细无声般融入学生学习、生活之中，提高审美素养，唤起情感共鸣，坚定中华优秀传统文化和社会主义先进文化自信，实现学生个人理想信念的提升。在 2018 年全国教育大会上，习近平总书记提出：“坚持以美育人、以文化人，提高学生审美和人文素养。”习近平总书记关于美育的重要论述，为高校美育工作提供了科学的指导思想。借助美育思维实现大学教育跨学科结合，强调把美育融入思想道德教育、文化基础知识教育、社会实践教育等，贯穿各学科体系，帮助学生理解“美”的标准和发现“美” 的能力，实现个人的理解与感性的协调发展。

五是劳育为本，培育热爱劳动的“朴实”青年。习近平总书记强调，“劳动是推动人类社会进步的根本力量”，“一切劳动者，只要肯学肯干肯钻研，练就一身真本领，掌握一手好技术，就能立足岗位成长成才，就都能在劳动中发现广阔的天地，在劳动中体现价值、展现风采、感受快乐”，“教育引导学生崇尚劳动、尊重劳动，……诚实劳动、创造性劳动”。习近平总书记关于劳动教育重要论述给高校指明了劳动教育的方向。经济社会的发展，以及各种挑战和竞争，对新型创新人才提出了更高的要求，事实证明，创新人才的培养就离不开劳动教育。高校要开设“大学生劳动教育”必修课程，开展践行劳模精神教育、工匠精神教育、职业道德教育和思政实践、实践思政的“双向贯通”教育，引导学生树立只有通过诚实劳动才能创造美好生活的意识，为学生搭建劳动教育平台，鼓励学生走出高校“小课堂”，走进社会“大课堂”，充分利用校内的勤工助学、校外社会兼职等实践，让受助学生在劳动实践中增长见识、磨炼意志、锤炼品质、增强体质、健全人格。

落实立德树人根本任务，创新高校资助育人工作，必须全面深入贯彻习近平总书记关于坚守为党育人、为国育才的总体要求。“引导广大青年在思想洗礼、在实践锻造中不断增强做中国人的志气、骨气、底气，让革命薪火代代相传。”坚持深化教育体制改革，健全立德树人落实机制。坚持“五育并举”全面发展理念，构建科学的综合素质评价体系和推进素质教育的长效机制，创新资助模式与育人方式，营造校园内资助育人的文化氛围，打造全员全程全方位“三全育人”资助育人新格局，夯实高质量教育体系根基，充分发挥高质量教育体系在国计民生中的基础性、先导性、全局性作用，形成有利于高质量发展的教育体制机制，实现高质量人才的培养和高等教育高质量发展。

参考文献：

［1］ 习近平 . 习近平谈治国理政：第四卷［M］. 北京：外文出版社，2022.

［2］ 习近平 . 习近平谈治国理政：第三卷［M］. 北京：外文出版社，2020.

［3］ 习近平 . 把思想政治工作贯穿教育教学全过程 开创我国高等教育事业发展新局面［N］. 人民日报，2016-12-09（1）.

［4］ 习近平 . 习近平谈治国理政：第一卷［M］. 北京：外文出版社，2018.

［5］ 全国学生资助管理中心 . 2021 年中国学生资助发展报告［N］. 人民日报，2022-08-28（6）.

［6］ 习近平 . 坚持中国特色社会主义教育发展道路 培养德智体美劳全面发展的社会主义建设者和接班人［N］. 人民日报，2018-09-11（1）.

［7］ 习近平 . 在欧美同学会成立 100 周年庆祝大会上的讲话［N］. 人民日报，

2013-10-22（2）.
［8］习近平．论党的宣传思想工作［M］．北京：中央文献出版社，2020．
［9］习近平．在庆祝“五一”国际劳动节暨表彰全国劳动模范和先进工作者大会上的讲话［M］．北京：人民出版社，2015.

（原文刊载于《湖南社会科学》2022年第5期，有删改）

以"三仁"精神促五项帮扶 筑牢发展型资助育人体系

李湘玉　张湘明

党的十九大报告、人民日报《进一步加强学生资助工作》都要求加强发展型资助育人机制建设。目前，高校正处在由传统的"经济型帮困"逐渐向注重家庭经济困难学生全面发展的"发展型资助"转变的过渡时期，逐步将"授鱼"与"授渔"两种不同的资助方式相互融合，努力增强困难学生的综合能力和素质，为国家和社会培养人格健全的全面型人才。

一、关于发展型资助的研究

对于发展型资助概念界定的研究主要从方法、模式和观念这三个方面出发。李小女、梁艳华认为发展型资助是指通过经济资助、心理辅导、科研指导、社会实践、能力培养等多种途径，帮助家庭经济困难学生在克服自身经济困难的同时，能有效提高综合素质和掌握一定的就业及生存技能，建立健全人格品性，促进家庭经济困难学生全面发展的资助模式。徐斌、高秋燕认为发展型资助育人应该是建立在保障型资助的基础上，根据学生成长成才规律和教育发展规律，助推家庭经济困难学生全面发展，实现立德树人的目标。屈娜认为发展型资助是在资助主体上充分重视资助育人的巨大作用，在资助过程中注重资助个体主观能动性的发挥，注重提升学生的综合素质及能力，从而促进学生的全面成长和发展。

综上所述发展型资助是一种顺应时代要求新兴的资助理念，意指高校学生

作者简介：李湘玉，湖南中医药大学学生工作部学生资助管理中心主任，政工师；张湘明，湖南中医药大学资产与实验室管理处处长，高级政工师。

资助工作的重点从以物质保障为主的“经济救济型资助”转向为以物质保障为基础、满足学生多元化需求、推动学生德智体美劳全面发展为主的新型资助。

二、湖南中医药大学发展型资助体系的建立与研究

中医文化价值观的核心是“仁德、仁术、仁人”。我校依托“医以载道，兼济天下”充分整合利用医学类高校的独特优势和资源，即以心育德与以德养心相结合，把“扶困与实干、扶智与奋斗、扶志与进取、感恩与奉献”协同融合。近年来，学校将“三仁”精神（如图 1 所示）与“筑梦 · 助学 · 铸人”协同构建发展型资助育人体系，把“仁爱”思想融入资助工作的血脉之中，独具优势，特色鲜明。

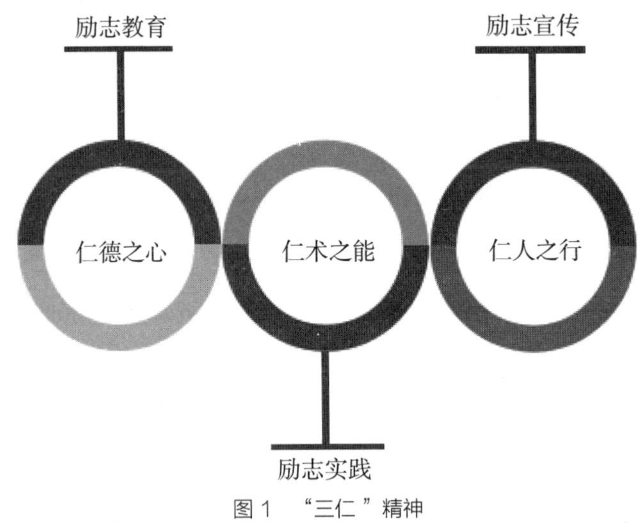

图 1 “三仁”精神

（一）将“仁德、仁术、仁人”精神融入学生德育工作血脉之中

1. 励志教育促“仁德之心”

“仁德”就是培养学生崇高的理想、高尚的道德品质。学校连续 10 余年开展“励志讲堂”，将其作为实施学生励志教育的重要载体，开展评选“十佳励志人物”、搭建“杰出学子报告团”等励志教育和学习沙龙活动，参与人数达 1.3 万人次，学生社会责任感和使命感增加，励志文化日益浓郁，励

志功效日臻成熟。如学生们亲切称作“党员妈妈”的湖南省第十一、十二次党代会代表卢芳国教授担任学校党代表工作室负责人，坚持每周四晚和学生们就学习、生活、就业或情感进行深度交流，一批批学生主动走进这间工作室诉说自己的困扰和诉求。参加考研的一位考生因心理原因休学 2 年，正是在卢老师的帮助与鼓励下报考深圳大学，初试成绩 394 分。正是日积月累的励志教育唤醒了学生内在动力，使学生从“被成长”中产生生命自觉，让学生用自己的力量成长，最终达到成人成才的目的。

2. 励志实践促“仁术之能”

“仁术”就是培养学生掌握扎实的知识、精湛的技能，拥有求真的科学精神和博爱的人文情怀。每年开拓校内三助和校外勤工助学岗位达2000余个，每年用于学生资助的资金均在 2000 万元以上。组建了“学雷锋小组”“栀子花青年志愿者团”等专业励志社团，搭建校级层面的义工服务平台，将服务对象从学校内部延伸到社区、城镇与乡村，在社会产生热烈反响。如 2016 级中医学拔尖人才班学生陈禧音，在 2018 年春节前夕，两次深入株洲茶陵县岩口村开展义诊活动中结识了“怪病”患者谢某某，主动用自己的奖学金帮助其到湖南中医药大学第一附属医院进行诊断治疗。其事迹被《今日女报》专题报道，被省委宣传部《新闻阅评》以《讲述医学女生善行引发广泛思齐效应》为题给予高度评价。

3. 励志宣传促“仁人之行”

“仁人”即人的全面发展，是“仁德”与“仁术”的高度统一。学校创建了资助网站，利用微博、微信等新媒体传播快、影响大、形象生动的特点，制作传播助人为乐、见义勇为、孝老爱亲等贴近大学生特点和需求的新媒体作品，形成学习励志典型的氛围。通过学院成长辅导室谈心谈话和“一对一”帮扶，让学生从认知上正视贫困，保持积极向上的心态。如 2021 年获评第十六届全国大学生年度人物的硕士研究生吕广仁同学，长沙求学 7 年献血 108 次，2019 年成功完成了造血干细胞的捐献。他们用仁人善举完美诠释了当代大学生的初心与担当精神，励志典型教育引领着中医学子践行大爱情怀。

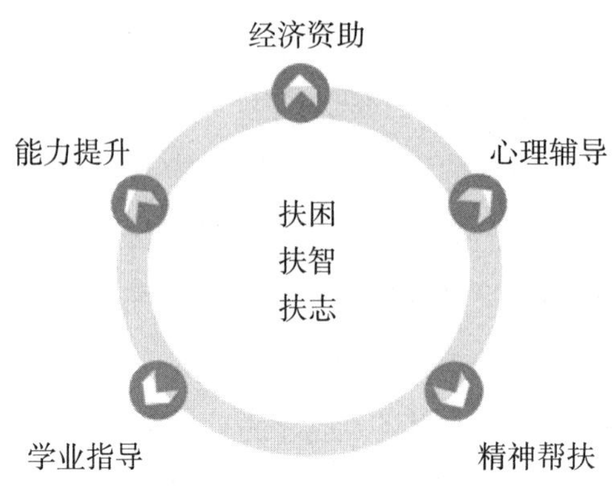

图 2 “五项举措”工作体系

（二）将“扶困、扶智、扶志”融入“五项举措”工作体系之中

1. 经济资助推动

学校坚持多元化资助体系，积极发掘资助潜能，不断扩大资助来源。发挥地缘及专业优势，加强校企合作，争取到校外企业、社会人士 18 个项目（发放金额近 200 万，惠及 500 位学生）对学校困难学生群体资助。发挥资助育人功能，引导学生“饮水思源、感恩母校、反哺社会”。发动教职工参与捐资助学活动，建立相应的奖助学金。引导和鼓励受助学生群体助人自助，通过勤工俭学缓解在校期间生活费压力。如 87 岁的离休教师唐木林捐资 210 万元，在大学设立励志奖学金奖励品学兼优的贫困学子。该基金已达 472 万元，受捐助的第一届获奖学生 2021 年 7 月 10 人毕业全部考上研究生，2022 年第一届和第二届获奖学生共有 19 人毕业，14 人保研，2 人考上研究生，2023 年三届获奖学生共有 27 人毕业，17 人保研。

2. 心理辅导联动

学校处理好广覆盖与精准滴灌的关系，由粗放式管理转变为精细化管理，积极开展家庭经济困难学生心理辅导。构建教育教学、实践活动、咨询服务、预防干预、平台保障相结合的家庭经济困难学生心理健康教育模式，利用互联网开展线上、线下相结合，团体心理辅导和个别心理咨询相结合的帮扶活动，提高学生心理素质，促进学生身心健康成长。学校与省第二人民医院建立了稳定长效的联动机制，设立了“湖南省第二人民医院远程心理咨询服务平台”，并签订校医联动合作协议。如疫情防控期间，学校迅速组成“空中心理室”，专职老师、辅导员等参与的防疫工作“特别关爱小组”，全天候待命，主动了解、接待、解答学校每位学生各种关心问题及疑问。坚持了10余年的暑期家庭经济困难学生“大走访”活动，促进学校与家庭、辅导员与家长的联系，形成学校教育和家庭教育的强大合力。

3. 精神帮扶互动

遵循资助育人思想政治教育基本原则，将防出现“精神贫困”与“扶困与实干、扶智与奋斗、扶志与进取、感恩与奉献”相结合，创新开展“诚信、励志、感恩”主题教育活动，利用各类奖助学金评定契机，通过学校各级颁奖大会、主题班会、座谈会、签订承诺书等活动形式，加强学生诚信教育和感恩教育，铸就受助学生诚实守信的品格和健全的人格。如将自愿为学校第二附属医院捐献遗体用作医学研究，为自己人生的最后再作一点贡献的退休党员孙卫国；“备战有我，冲锋有我”驰援武汉的学校35名第五批国家（湖南）中医医疗队队员在出征仪式上的铿锵誓言；邀请驻村扶贫队长开展线上讲座等身边事例融入日常思政教育，为青年学子励志进取，感恩奉献精神培养注入鲜活动力。通过感恩教育对青年学生实施识恩、知恩、感恩、报恩和施恩的人文教育，建立起资助育人“解困—育人—成才—回馈”的良性发展机制。

4. 学业指导带动

搭建教师与学生之间、学生与学生之间的学业互动平台，及时解决家庭经济困难学生的学业困惑；积极开展启发式教学，为家庭经济困难学生“探究式”学习创造条件；为学习基础薄弱学生提供个性化帮助，确保家庭经济困难学生一个也不掉队。如学校现有来自30个少数民族的学生2258人，在少数民族学生培养工作中建立起以“点对点、点对面、点对心”为工作主线的同伴互助结对机制，尤其是医学院已有近百结对对象，他们一起学习生活、共同成长，增进了少数民族学生的情感认同、文化自信及各族师生交往交流交融。

5. 能力提升驱动

加强发展资助育人探索，将“授人以鱼”拓展为“授人以渔”。举办人文素质讲座，开展社会实践、校园文化活动，提高家庭经济困难学生的综合能力。积极探索社会奖（助）学金项目化管理，将物质帮助和项目资助相结合，将传统的勤工助学升级为高附加值的科研及服务模式。倾斜创新创业政策，积极扶持家庭经济困难学生开展创新创业实践，不断提高学生的社会竞争实力。疫情防控期间鼓励大学生在做好个人防护的同时参加属地疫情防控工作；为数十家社区卫生服务中心输送了近 100 名志愿者协助抗疫，深受社区的高度赞扬。我校杏林烛光支教队 2019 年获得“全国三下乡优秀社会实践团”称号。

（三）将中医精神“医以载道，兼济天下”植入资助育人中

老子《道德经》曰，“道生一，一生二，二生三，三生万物”，“道”作为宇宙万事万物的本源，在中华传统文化中占据了非常重要的地位，同时对中华民族传统医学的影响也颇为深刻。中医讲究“以人为本”，如《素问·宝命全形论》曰：“天覆地载，万物悉备，莫贵于人。人以天地之气生，四时之法成。”儒家认为“道不远人”，“道”必须围绕“人”进行讨论才具有实际意义。医者仁心，最为体现在“人道”上，即《大医精诚》所说“凡大医治病……先发大慈恻隐之心，誓愿普救含灵之苦”。仁心仁道是一个医生必须拥有的基本素质，也体现在医生行医遣方用药的过程中，这种精神如同“文以载道”深深刻在文人心中一样，他们通过文字来体现他们的精神道义，医生则是以仁心仁术治病救人，这就是医以载道，是“人道”实现的一种手段与方法。《孟子》曰：“穷则独善其身，达则兼济天下。”一个人在得志显达的时候，就要想着造福天下百姓。当一个医生治病救人时首先想到的是爱护患者，而不是自身利益的时候，说明“医以载道”这种高尚品格已深刻烙印在心中。要想具备“兼济天下”的条件与能力，需要付出实际行动证明与实践“医以载道”精神，使人道主义精神可以阳光普照，洒满大地。

（四）以“12345”的发展型资助打造“5+5”资助育人模式

我校科学规划资助育人工作，加强领导体制和工作机制建设，认真落实国家资助政策，将“扶困与实干、扶智与奋斗、扶志与进取、感恩与奉献”相结合，引入中医药文化，运用学校 + 学院、团队 + 个人、社会 + 校园等手

段，提出“12345”（如图3所示）的发展型资助机制的学术观点，打造“5+5”资助育人模式（如图4所示），不断开拓创新，将“筑梦·助学·铸人”理念融入学校发展型资助育人工作，打造了“解困—育人—成才—回馈”的良性循环。

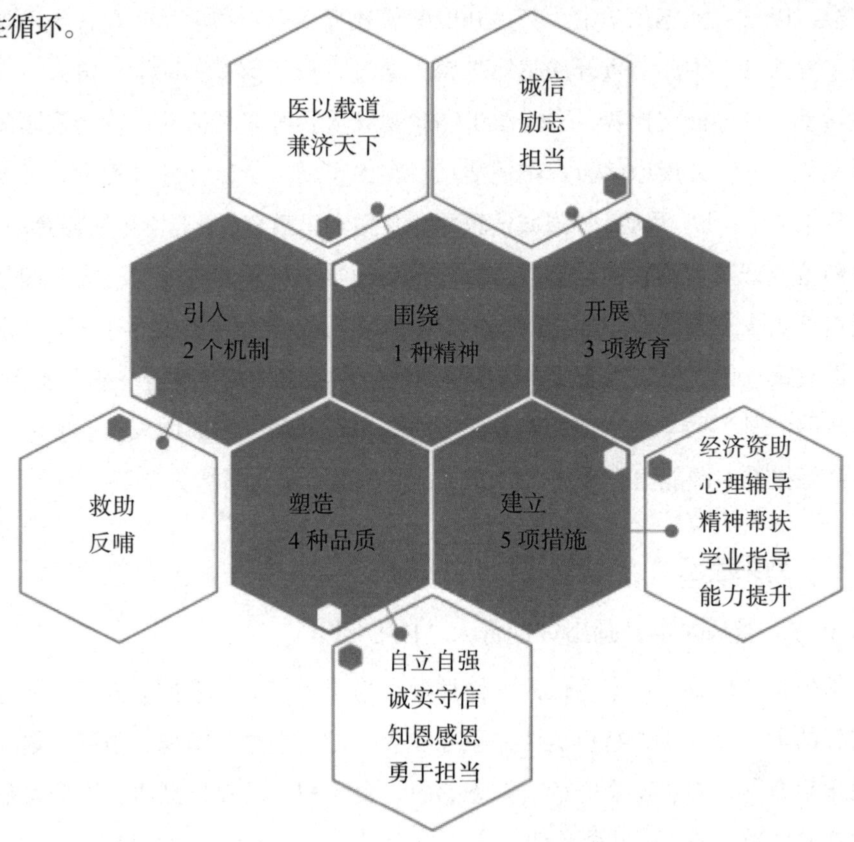

图3 “12345”的发展型资助观点

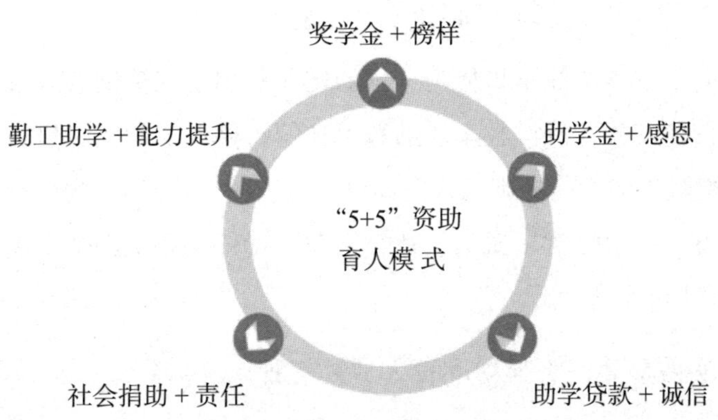

图4 “5+5”资助育人模式

积极开展四大类主题活动。一是开展励志教育主题活动。通过开展励志讲堂，“自强之星”“感动校园人物”评选等活动，重点选树一批自立自强、励志成才的典型，大力弘扬励志成才的正能量；邀请优秀校友回校开展校友分享会，以身边人感化学生。二是开展感恩教育系列主题活动。在各类助学金申请发放环节中，着重开展感恩教育，通过举行“筑梦·助学·铸人”等主题活动，举办征文比赛、主题演讲和微视频大赛等多种活动，营造校园的感恩文化。三是开展诚信教育主题活动。在国家助学贷款办理过程中，开展资助政策“两节课”活动，加强诚信教育和金融常识教育，培养学生法律意识、风险防范意识及契约精神，将诚信教育转变为学生自觉的素养与行为。四是开展培养实践能力活动。通过组织国家奖学金、励志奖学金获奖学生担任“学生资助政策宣传大使”，鼓励并帮助受助学生广泛参加社会调查、志愿服务、科技发明和勤工助学等活动，努力使他们在实践活动中不断增长社会实践经验、锻炼提升实践能力、增强社会责任意识和担当奉献精神。

三、效果启示

（一）强基固本，画出资助育人“同心圆”

学校将“仁德、仁术、仁人”精神融入物质上帮助、精神上教育、能力上培养的学生资助工作特色做法，引导学生崇德、立德、施德、报德，培养受助学生自立自强、诚实守信、知恩感恩、勇于担当的良好品质，充分彰显了“精诚仁爱”的中医文化特质，集中概括了学校人才培养的总目标。

（二）崇德向善，筑牢育心育德“压舱石”

学校在办学过程中注重将传统文化的优秀基因融入资助育人过程中，将大医精诚、仁爱友善、济世救人、勤勉慎独的医德规范和医者研习艺术、行医治病、普救众生的行为准则融入资助育人过程中，构建起“奖学金＋榜样、助学金＋感恩、助学贷款＋诚信、社会捐助＋责任、勤工助学＋能力提升”的“5+5”资助育人模式。

（三）实效显著，彰显协同育人“精气神”

学校没有一名学生因家庭经济困难中断学业。近年来我校涌现出一批勇于担当、甘于奉献的优秀大学生："中国大学生自强之星"崔胜强；被中共桂东县委追授"优秀共产党员"称号的扶贫干部副乡长方璇；长沙求学7年献血108次并捐献造血干细胞的吕广仁；拾金不昧"00后"陈星宇；身残志坚积极乐观的龚厚武；荣获2020年度"中国大学生自强之星"奖学金的张斯皓、周宵；在长春火车站救治突发心脏病旅客中医学专业的郑超；疫情最严重期间学校200余名"最美学生疫情防控志愿者"坚守在自己的家乡参与一线防控任务等。他们为资助育人工作补充正能量。

参考文献：

[1] 李小女，梁艳华.发展型资助理念下的高职院校资助工作探讨[J].市场观察，2016（748）：292-293.

[2] 徐斌，高秋燕.高校发展型资助育人机制研究[J].才智，2020（9）：45-46.

[3] 屈娜.发展型资助视角下高校勤工助学运行机制研究[J].北京教育，2019(11)：27-30.

（原文刊载于《高教学刊》2023年第9卷第15期，有删改）

场域浸润背景下学生社区建设模式创新研究

——基于湖南中医药大学"一站式"学生社区建设的思考

张湘明

育人模式重视不足、育人氛围建设不足、育人元素融入不足及学生思想认识不足等制约因素，直接影响着高校开展学生思想政治教育的顶层设计、环境熏陶、载体支撑和主体自育。为贯彻落实国家"时代新人铸魂工程"，中共中央、国务院《关于进一步加强和改进大学生思想政治教育的意见》指出"要高度重视大学生生活社区、学生公寓等新型大学生组织的思想政治教育工作"。教育部等十部门印发的《全面推进"大思政课"建设的工作方案》中要求高校推进"三全育人"综合改革，持续扩大"一站式"学生社区综合管理模式试点改革。这充分显示学生社区已成为承担和开展高校思想政治教育任务的新场域。按照《高校"一站式"学生社区综合管理模式建设工作指南（2023 年）》要求，学校积极通过实践探索，将传统物理空间的学生社区，逐步建设成为学生党建引领高地、思想政治教育创新产地、服务师生智慧基地、平安校园建设样板阵地、"三全育人"实践园地、育人渠道集聚地，成为推动新时代高校思想政治工作走深走实的重要契机。

一、推进"一站式"学生社区建设的价值意蕴

（一）是落实立德树人根本任务的有效举措

育人之本在于立德铸魂。随着世界正处在大发展大变革大调整的时代，

作者简介：张湘明，湖南中医药大学资产与实验室管理处处长，高级政工师。

各种思想文化交流、交融和交锋更加频繁，对青年学生的影响日益突出。我国发展环境面临深刻复杂变化，高校坚持以“立德”为根本、以“树人”为目标，正确教育引导青年学生透过现象看本质，学生社区育人体系就是在“思政课程”与“课程思政”耦合联动之外的教育时空延展，通过“一站式”学生社区来凝聚全员育人力量，营造下沉式、浸润式的育人场域，将立德树人融入学生成长的各环节，在解决学生思想问题、实际问题中“不断提高学生的思想水平、政治觉悟、道德品质、文化素养”，这是对课堂教育的补充和强化。

（二）是大学治理体系综合改革的重要抓手

学生社区的治理离不开多元主体的有效参与以及各主体之间的“嵌合共治”，在高校“大类培养”“学分制”等教育教学改革和高校后勤社会化改革的逐步推进所带来的“校园人”向“社会人”转变的背景下，延续多年的传统班级建制管理方式受到诸多挑战。将学校的各部门（单位）、各项工作统揽整合，汇集学校领导干部、专任教师、学工队伍、管理服务人员等多方育人力量，将诸多资源育人元素引入学生社区，充分满足学生在成长阶段的不同需求，让“小社区”撬动“大思政”成为新时代高校加强思想政治教育的重要载体。

（三）是深化“三全育人”工作的重要实践

学生社区包含物理空间和情感共同体两个方面，德国社会学家斐迪南·滕尼斯认为“社区是由有共同价值观念的同质人口组成的关系密切、守望相助、富于人情味的社会团体”。学生社区作为广义社区的一种，在打通“三全育人”“最后一公里”背景下被赋予新的使命。学生以宿舍为中心，根据一定的分配规则形成的情感共同体，从新生入学到毕业实习的各个阶段设立与之相适应的实践育人内容，“注重环境浸润熏陶，加强师生心灵沟通”，通过全过程的校园特定空间区域全面了解学生思想动态，在“赋能·互育·共生”于一体的“一站式”学生社区教育场域中满足学生全面发展需要。

二、强化“一站式”学生社区建设的具体做法

（一）找准坐标点，推进顶层设计构建

一是以党建引领为主导带动学生社区各项建设工作。把领会习近平新时代中国特色社会主义思想体现在日常教育管理服务工作中，积极探索学生社区从“以学生为中心”的“传授范式”向“学习范式”转型，打造党建引领“融进去”，社区建设“活起来”的“党建＋育人”一体化链条。二是完善社区组织制度提升治理效能。聘请党员领导干部担任学生社区“名誉楼长”参与社区管理，强化学院党总支书记对社区党建和社区管理育人负责人的“双带头人”作用，建立学生社区党员“积分考核制”，促进学生党建进学生社区的覆盖面和渗透力，并向社区外阵地延伸。三是打造多元的社区文化建设体系。以文化浸润促进学生“学中医爱中医用中医”，根据学校院系专业学科特点特色，结合社区辅导员工作侧重点，打造特色的社区文化品牌，以点带面，推进“中医育人、文化养心”的文化体系建设。拓宽“主渠道”，邀请党代表、“五老”同志、名医专家、优秀校友等为学生上“大思政课”，秉持“医以载道兼济天下”理念为学生启智润心，引导学生在各具特色的活动中感悟中医“仁德、仁术、仁人”的核心文化价值观，形成“一楼栋一品牌、一社区一特色”的工作局面。

（二）强化着力点，完善制度体系构建

一是从场域视角出发完善社区总负责人岗位的职责要求和考核制度。明确“包区、包楼”模式的职责范围，在为学生社区育人队伍拓宽晋升渠道，完善转岗制度，提供一个发展平台的同时，加大岗位交流，保持社区育人队伍的积极性和创造性。二是建立更加符合学生全面发展的有效评价制度。在进行学生社区改革的同时，对原有的管理制度进行完善与重构，支持和保障学生参与社区民主管理，成立包括由党支部、团委、学生代表等组成的学生社区自治委员会，与学生社区管理中心共同负责社区事务管理。考虑实施社区学分或素质拓展分制度，制定《学生社区管理条例》对社区内学生加强管理服务和监督考核。如苏霍姆林斯基所说：“只有能够激发学生去进行自我教育的教育，才是真正的教育。”三是提升学生社区信息化管理服务水平。

针对学生日常所需办理的业务，实现住宿信息、水电费通知、信息发布、网上报修、来访和夜归管理、学生德育信息查询等“一键预约、一窗集成”智慧管理服务，建设“一站式”学生事务中心，设立 24 小时社区服务驿站和心理健康服务热线等，有利于推进学生参与社区建设的深入融合。

（三）营造闪光点，拓宽育人空间构建

一是文化浸润和情感体验是社区育人的重要方式。瑞士心理学家荣格认为“一切文化将最终积淀为人格”，营造良好的文化环境可以使人陶冶情操、涵养美感。拓展学生社区文化系统建设，挖掘中华文化中的育人元素，将“仁义礼智信”、社会主义核心价值观等体现在育人理念与主张中并广泛宣扬。社区内高雅的文化氛围让学生向内铸魂、向外塑形，从而提高其思想道德素质。二是厚植文化土壤是社区文化建设的重要载体。用学生喜闻乐见的形式，如社区沙龙、社区文化节、社区辩论赛等文化形式，唱响新时代的主旋律，达到与时俱进、开拓创新的效果。如实施心理健康教育“3·25”（善爱我）—“5·25”（我爱我）—“12·25”（珍爱我）的全年纵向贯通，激发学生社区活动的影响力，从而培养“社区共同体精神”，形成“大社区、大党建、大德育”的新格局，将成长服务“全方位”地输送到学生群体中。三是教育场域的多元是高校管理模式转型的现实要求。能否全面凝聚多元主体的育人思想共识是“一站式”学生社区建设的核心。社区单一功能向多元综合功能的拓展，考虑学生日常生活、社会交往、团体活动需要的基础上，为学生社区布置如党团活动室、辅导员工作室、心理咨询室等多样化的功能模块，并进行社会空间的有效组合和集成，符合“社会能力的‘第一社会’”、培育“良好习惯的‘第二家庭’”、形塑“健全人格的‘第三课堂’”的特性。

三、实施“一站式”学生社区实践的效果评价

（一）学生的主体地位更加凸显

“一站式”学生社区建设需要明确学生是学校整个培养过程的主体，在“一站式”学生社区管理模式的要求下，需要高校教育工作者从创建“三全育人”环境的广阔视角出发，凸显学生自我教育、自我管理和自我服务的主

体地位，做构建和谐社区的思考者、推动者和实践者，从而实现班团组织协同模式与社区组织自治模式的结合，丰富育人新场域，达到相互补位、交织交融的育人效果。

（二）学校的主体责任更加明确

校党委行政的重视是推动“一站式”学生社区建设成效的关键，只有全体教职员工“理直气壮”地肩负起为党育人、为国育才崇高使命，打破各部门之间的业务壁垒，促进思政教师、学工干部、党团组织、校园文化、健康教育、智慧服务进社区，特别是当下大力推进改革创新高校共青团工作之际，将“一站式”学生社区管理与对学生自治组织设置进行改革，健全更适合新时代管团治团的基本制度，才能形成各为主体又联动育人的教育体系。

（三）场域浸润的功能更加精准

学生社区综合管理须系统谋划化，将不同场域的教育功能、教育资源与作用协同共育、融合联动，这是打通“三全育人”“最后一公里”的关键抓手。“既然人的性格是由环境造成的，那就必须使环境成为合乎人性的环境。”各治理主体各担其责，围绕同一目标，设计不同场域的育人活动，使学校德育的导向作用更加精准；围绕同一主题，组织学生在不同场域开展系列实践活动，使德育过程有层次、有系统、有深度、有实效，保证学生社区良性运转。

四、提升“一站式”学生社区实践经验及反思

（一）服务下沉“一站式”——聚焦实践主体

一是聚焦学生社区不足问题抓整改落实。完善学校顶层设计，建立“思政社区”教育改革试点样板院系，以“身心健康”和“全面发展”推进学生社区一体化目标建设。建立“一站式”学生社区综合管理改革工作领导小组和党委领导、学工牵头、导师入驻、团学联动的学生社区网格化体系，建立学校、院系、学生团体三方的定点联系机制。二是健全“公寓—楼层—宿舍”网格化党建工作体系。以学生共有的居住区为依托，通过社区党支部下沉到学生楼宇楼层一线，分级分类指导，逐步实现现有党团组织在学生社区的全覆盖，把握好意识形态工作的领导权。三是推进校院系领导和专任教师深入

学生社区。推行专兼职辅导员、思政教师队伍、心理教师队伍等优质力量进学生社区制度，通过社区活动、交流座谈等方式，将学生关注的专业学习、自我发展、党团建设、创新创业、职业规划、心理健康等作为常态化工作来开展，做他们思想上的引路人、生活上的贴心人、安全上的守护人。

（二）基础建设“一站式”——技术赋能平台

一是从育人视角出发完善育人基础设施。社区的硬件设备须紧跟时代发展步伐，优化学生社区空间布局和基础生活服务，配套党团理论学习室、成长辅导室、文娱活动室等功能区，打造社区活动广场，引入项目学习、创新创业、志愿服务等实践方式，为学生自主学习、自主管理、自主实践提供场地支撑。按照“一栋一特色”的理念逐步推进学生活动空间功能升级，构建学生社区“家”文化，将学生的社会空间、信息空间、物理空间融合，满足学生多样化的需求和兴趣爱好。二是发挥技术赋能道德评价的正向引领作用。通过建立学生社区公约、学生社区奖惩细则推动学生社区道德建设，运用现代大数据、区块链、人工智能技术赋能学生社区道德评价体系改革。三是优化“一站式”学生社区资源要素供给。将思想政治教育元素融入学生社区的教育和管理之中，将情感元素融入学生社区管理载体中，将品德规范融入学生社区活动载体中，将价值观念融入学生社区文化载体中，充分凝结师生共同体，铸就社区学生共同体，使学生社区成为全方位育人的空间拓展。

（三）实践推进“一站式”——打造精品活动

一是创新学生社区活动形式丰富活动内容。在学生社区举行主题党团日、主题演讲等校园文化活动等，与红色文化、校史文化、社团文化等融合，将党团组织服务带动力量以学生喜闻乐见的方式融入学生社区，使学生由原来学分吸引转变为主动参与。二是开展学生社区志愿服务活动。树典型、立模范，发挥学生党员先锋模范和朋辈影响作用，组织动员学生利用个人优势和专业优势，开展普及化、常态化的劳动实践、志愿服务，在社区活动中对学生进行品德塑造，形成立体化育人格局。三是将无形的文化渗入有形的社区空间。结合院校特色、办学理念，凝练出学生社区特色文化，充分利用学生社区楼宇空间、走廊空间等区域不定期开展文化建设活动，将学校精神、中医药行业精神延伸到学生社区，发挥场域浸润功能促进学生对社区的文化归属，让学生在“沉浸式”教育过程中力促知行合一。

五、结语

“一站式”学生社区建设是顺应新时代人才培养改革的方向，在全国高校推进“一站式”学生社区建设的大背景下，亟须把握学生社区这一多“维”成长新空间，按照“坚持问题导向”“破立并举，推进教育评价关键领域改革取得实质性突破”的要求，通过合理的要素分配来加强党建引领、队伍入驻、学生参与、条件保障，深耕学生社区育人针对性和实效性的有效探索。因“一站式”学生社区综合管理模式改革仍然处在“摸索中前进”的阶段，须主动审视学生社区的治理现状，补齐阻碍学生社区育人功能发挥的“短板”，汇聚协同育人合力，构建协同育人新生态。

参考文献：

［1］中华人民共和国教育部．教育部等十部门关于印发《全面推进“大思政课”建设的工作方案》的通知［EB/OL］.（2022-07-25）［2024-08-08］.http：//m.moe.gov.cn/srcsite/A13/moe_772/202208/t20220818_653672.html.

［2］斐迪南·滕尼斯．共同体与社会：纯粹社会学的基本概念［M］．林荣远，译．北京：商务印书馆，1999.

［3］中华人民共和国教育部．教育部等六部门关于实施基础学科拔尖学生培养计划 2.0 的意见［EB/OL］．（2018-10-08）［2024-08-08］.http：//www.moe.gov.cn/srcsite/A08/s7056/201810/t20181017_351895.html.

［4］王寓凡，杨朝清．空间视域下高校学生社区情感共同体建设［J］．中国青年研究，2019，276（02）：20-26.

［5］苏霍姆林斯基．给教师的建议［M］．杜殿坤，译．北京：教育科学出版社，1984.

［6］王懿．高校“一站式”学生社区建设的价值意蕴、现实问题与实践理路［J］．思想理论教育，2022（2）：107-111.

［7］马克思，恩格斯．马克思恩格斯全集：第 2 卷［M］．北京：人民出版社，1995.

［8］中共中央、国务院．深化新时代教育评价改革总体方案［N］．人民日报，2020-10-14（01）.

实·践·探·索

用好“五心”，筑好“五室”，构建中医药院校大学生思想政治工作新模式

廖菁

一、引言：案例背景

党的十八大以来，以习近平同志为核心的党中央围绕培养什么人、怎样培养人、为谁培养人这一根本问题，对高校加强学校思想政治工作提出了更高要求。中共中央、国务院《关于加强和改进新形势下高校思想政治工作的意见》明确提出，要坚持全员全过程全方位育人，要进一步提高教育主体思想认识、促进教育环节无缝对接、协调教育资源有效整合，满足提高“三全育人”工作质效的迫切要求，要把立德树人作为根本任务，融入思想道德教育、文化知识教育、社会实践教育各环节，把思想政治工作贯穿教育教学全过程，把思想价值引领贯穿教育教学全过程和各环节，形成教书育人、科研育人、实践育人、管理育人、服务育人、文化育人、组织育人长效机制。党的十九大以来，教育部启动了“三全育人”综合改革试点，聚焦实现全员全过程全方位育人，大力推动理论创新和实践探索。湖南中医药大学积极行动，获得了湖南省教育工委设立的高校院系“三全育人”试点项目并顺利结项。2021 年，湖南中医药大学党委在原有的成绩基础上，为了进一步探索“三全育人”新模式，深入实施“时代新人铸魂工程”，在新年第一次学生工作会议上提出实施“五心・五室”育人工程，并设立了学生思想工作实践项目基金，项目分为委托项目、重点项目、一般项目；项目主持人为辅导员、班主任、

作者简介：廖菁，湖南中医药大学党委委员、副校长，教授。

专业课老师，鼓励学生参加项目。委托项目、重点项目的选题必须是以建好“入心·‘拔芽孕穗’价值引领主题室”“爱心·‘春风化雨’资助育人工作室”“专心·‘橘井泉香’学业指导与职业发展室”“细心·‘五心·五法’心理特色工作室”“正心·‘活力杏林’青年特色成长室”等五室之一为切入口，进行研究实施；同时学生工作全年的重点工作也是围绕实施“五心·五室”育人工程展开。通过两年的探索与实施，取得了成功经验和丰硕成果。

二、主要做法

（一）用“入心”厚植情怀，建好以“党代表工作室”为代表的“拔节孕穗”价值引领主题室

“拔节孕穗”价值引领主题室以增强政治意识、培育核心价值观为宗旨，由“党代表工作室”和杏林易班工作站组成，让学生在具象化的物理空间里升华理想信念。学校深挖思政资源，加强阵地建设，不断提升思政教育亲和力，从“大水漫灌”向“精准滴灌”转变，努力把学生思想政治教育工作“做活、扎根、开花”。

杏林易班工作站发挥易班平台优势创新网络育人工作，通过线上线下活动激发学生的兴趣，将价值引领做得有形有料有味，达到入脑入心的效果。目前“杏林·易班”认证人数突破了42258人，共策划主题鲜明、内容丰富的线上线下活动共计200余次，累计参与活动人数达17万余人次。如举办“学习党的二十大，踔厉奋发新征程”主题教育活动，组织学生观看“奋斗青春号”系列课程、“为时代育新人”等多场大思政课，引导青年学生深入学习贯彻党的二十大精神；开展“我要上开学典礼”“军训最美照片”活动，培养爱校荣校意识和艰苦奋斗精神；邀请学校驻村工作队开展“劳模精神”云直播，引导学生树立正确的劳动观和择业观。

“党代表工作室”是学校在学生宿舍园区专辟的思政育人平台，湖南省第十一次党代会代表卢芳国教授为负责人。利用易班网上预约，线下卢教授及团队成员坚持每周四晚就学生的学习、生活、就业或是情感方面和同学们进行深度交流。工作室联合学生工作部承办了“讲党史故事，拾红色记忆”党史学习教育主题宣讲比赛、“党员好故事，支部好案例”展评活动，组织

开展了“铸牢中华民族共同体意识，促进各民族交流交往交融”主题活动等，带领广大学生认真学习党史，引导学生与党中央同向同行、同步同调、同声相应。日积月累的德育教育唤醒了学生内在动力，使学生从“被成长”中产生生命自觉，让学生用自己的力量成长，最终达到成人成才的目的。目前，党代表工作室已累计驻室接访学生 300 余人次，成了服务师生的“直通车”，宣讲团成员在 2022 年湖南省“党的二十大和我的人生路”青春使命教育演讲比赛中获一等奖。

（二）用“爱心”精准服务，建好以“唐木林工作室”为代表的“春风化雨”资助育人服务室

“春风化雨”资助育人服务室以“唐木林工作室”和 2007 年成立的尚善爱心社为依托，以培养自强自立、向善向上优秀大学生为导向，让困难学生在精准滴灌中充盈奋斗力量。服务室将中医精神“医以载道，兼济天下”融入资助工作的血脉之中，把“扶困与实干、扶智与奋斗、扶志与进取”协同融合，运用学校 + 学院、团队 + 个人、社会 + 校园等手段，以“12345”（围绕 1 种精神：医以载道，兼济天下；引入 2 个机制：救助、反哺；开展 3 项教育：诚信、励志、担当；塑造 4 种品质：自立自强、诚实守信、知恩感恩、勇于担当；建立 5 项措施：经济资助、心理辅导、精神帮扶、学业指导、能力提升）的发展型资助，打造“5+5”（奖学金 + 榜样、助学金 + 感恩、助学贷款 + 诚信、社会捐助 + 责任、勤工助学 + 能力提升）的资助育人模式，独具优势，特色鲜明。

唐木林是湖南中医药大学离休教师，获得“庆祝中华人民共和国成立 70 周年”纪念章、湖南省“天天正能量奖”、湖南省第一届“最美资助人”。其工作室由学生工作部负责管理，团队成员有退休老同志、校长、副校长、教授和辅导员，通过开展座谈会、个别谈心谈话、励志教育主题活动、优秀校友分享会、志愿服务、爱心捐赠企业实地走访和勤工助学等活动，不断增长社会实践经验、锻炼提升实践能力、增强社会责任意识和担当奉献精神。

（三）用“专心”涵养学风，建好“橘井泉香”学业指导与职业发展室

“橘井泉香”学业指导与职业发展室以培育新时代具有过硬本领的接班人为目标，让学生在格物致知中领悟知识真谛。以各学院建设的一批特色成长辅导室为阵地，通过“一辅一导”（思想辅导辅导员＋学业指导班主任）两支队伍，重点开展“五项工程”建设，积极发挥全员育人力量，从学业发展、职业规划等方面协同育人。

（四）用“细心”关照身心，建好“五心·五法”心理特色工作室

“五心·五法”心理特色工作室以构建健康良好校园心态为着力点，让学生在深耕细耨中塑造阳光心态。工作室集学校“湖南省高校大学生心理健康教育示范基地”“湖南中医药大学心理咨询技能培训基地”“青春健康教育示范基地”等于一体，面积达 360 ㎡；依托中医药文化资源，结合医药院校专业特色，在学生心育工程中植入仁、义、礼、智、信等中华民族传统美德，将育心育德双融合构建人思政、大德育体系，打造中医育心特色品牌活动。本项目的“五心”是指善心、净心、衡心、信心、动心，“五法”是指正念疗法、芳香疗法、舞动疗法、音乐疗法、八段锦运动疗法。工作室通过制作药膳、香囊及品尝药膳糕点，营造一个更具开放性和接纳性的环境，让心灵回归和谐平静，达到“善心”状态；让学生在同质群体交流与分享的过程中找到更多的力量与支持，让心态趋于平和，达到“净心”状态；在团体活动中让参与者更清晰地认识和理解自己及存在的困惑，达到“衡心”状态；通过同质团体的接触，也能让参与者对自己有更多的信心，达到“信心”状态；团体辅导活动动静结合，兼备运动健心的功能，以此达到“动心”效果。

（五）用“正心”赋能青春，建好“活力杏林”青年特色成长室

成长室由青年研习荟和杏林青年之家组成专属阵地，以助力大学生全面高质量发展为总揽，以“青年人自己的成长阵地”为目标，以“活力青年”“朝气青年”“建功青年”为导向，教育引领我校青年树立远大理想、热爱伟大祖国、担当时代责任、勇于砥砺奋斗、练就过硬本领、锤炼品德修为，助力学生在浩然正气中绽放出彩人生。

青年研习荟2022年初建设，分为“青年文化走廊”“青年阅读室”“青年成长营”三个功能区。“青年文化走廊”展示了我校湖湘·杏林青年马克思主义培养工程开展成效、杏林青年参与乡村振兴社会实践路径，以及我校学生创新创业典型示范案例等，让团员青年以实景参观、定点讲解、参与活动等方式，“走一走，看一看”，使杏林青年学子近距离感受青年责任与担当，搭建投身实践的平台。“青年阅读室”为青年提供了读经典、传精神的独特场区，提供千余本多类别书籍，“读一读，想一想”，体验沉浸式阅读研讨。“青年成长营”可开展远程线上团课、现场青年师生理论授课、小组研讨、青年宣讲会、读书报告会等活动，让团员青年坐得住、听得进，成为青年研学必去“打卡”地。2023年圆满承办湖南省“青马工程”高校班暨省学联主席团述职会议，得到团省委的高度评价。

杏林青年之家主要是打造“温暖杏林”校园文化新视角。采用青年提出问题、青年解答问题、青年归纳问题、教师凝练问题的模式，每周读一篇理论文章、每月开展一次学习研讨、每学期写一篇心得体会，有效防范和化解青年领域政治风险，旗帜鲜明开展舆论的讨论和斗争，使杏林青年之家真正成为融合中医药专业特色的“有温度的家”。

三、重点难点

重点是以“四个坚持”为总揽：一是指始终坚持党建引领，协同共育；党委书记亲自抓，党委会专题研究是工作推进的保证。二是始终坚持“两个至上”，树牢意识；真心关爱学生，一切为了学生是做实工作的前提。三是始终坚持问题导向，精准施策；加强调查研究，深入学生，做到“进教室”“进食堂”“进宿舍”“进社团”，真正发现学生问题的根源是做好工作的根本。四是始终坚持以学生为本，聚焦需求。掌握学生思想动态，了解学生所思所想，尤其是了解学生发展需求，并围绕学生发展需求开展工作是做优工作的关键。

难点是如何做好“四个抓好”：一是指抓好人人育人的“关键队伍”，做到人员无懈怠；二是抓住事事育人的“重点任务”，做到内容无遗漏；三是抓好处处育人的“关键场域”，做到空间无死角；四是抓好时时育人的“重要节点”，做到时间无空档。

四、成效经验与启示

（一）工作成效

近年来我校涌现出一批勇于担当、甘于奉献的优秀大学生典型：施森杰等10余名同学获评湖南省优秀大学生党员；获评2020年度“感动湖南”十佳人物、追授“湖南省优秀共产党员”的桂东县扶贫干部方璇校友；荣获2020年度“中国大学生自强之星”、湖南省第二届“最美大学生”的张斯皓同学；2021年在长春火车站救治突发心脏病旅客的中医学专业郑超同学；长沙市目前累计献血次数最多且成功捐献造血干细胞的大学生、获评2021年第十六届全国大学生年度人物和湖南省首届“最美大学生”的吕广仁同学等。他们所体现的自立自强、诚实守信、勇于担当的优秀品质，充分彰显了“精诚仁爱”的中医文化特质，完美诠释了我校学子的初心与担当。

近三年，学生获国家级、省级学科竞赛奖励300余项、其他竞赛奖励95项。根据2023年发布的《全国医药类本科院校大学生竞赛榜单（2018—2022）》，学校总分位列全国医药类本科院校第五、中医药类院校第三。学校先后获评“湖南省高校党建工作示范高校”、“湖南省高校思想政治教育研究与实践先进单位”、“湖南省高校学生思想政治教育研究与实践先进单位”、“湖南省高校大学生心理健康教育研究先进单位”、“湖南省高校学生资助工作先进单位”、“湖南省本科院校共青团工作优秀单位”、“全国易班建设先进高校”、“全国五四红旗团支部”、全国高校“活力团支部”等多项荣誉称号。2023年，“‘五心’筑‘五室’构建青年大学生五育成长新平台”项目在湖南省第五届改革创新大赛中获二等奖。

（二）经验与启示

1.“五心·五室”育人工程，可复制并值得推广

湖南中医药大学深入开展调查研究，直奔问题去，积极培育一批探索学生成长成才的思政教育研究与实践工程项目，构建了新型长效协同育人机制，形成党政领导、齐抓共管、家校联动局面，“五心·五室”思政育人模式已在学校逐步形成并获得了较好的成效，具有很强的针对性、实效性。

2. 为探索符合新时代中医药院校大学生成长成才模式，亮出了标杆、树立了旗帜

“五心 · 五室”思政育人模式和理念不仅为学生成长成才发展赋能，也为中医药事业的继承与发扬探索了新路径。

基于中医文化传承的大学生思想政治教育研究与实践

李晓红

一、项目实施情况

（一）项目实施背景

习近平总书记指出，“中医药学是中国古代科学的瑰宝，也是打开中华文明宝库的钥匙”。中华优秀传统文化是中医药学发生、发育和发展的动力源泉，中医药文化植根于中华优秀传统文化，是由博大精深的中华优秀传统文化孕育而成的，汲取了儒、道、易、法、兵、农等诸家丰富的思想营养，其哲学思维、诊疗理念、道德伦理及价值取向与中国传统文化一脉相承，但又具有其固有的特质。

中医药文化有关核心价值的体现恰恰与当代大学生思想政治教育有较好的契合点，其所蕴含的中国古代天人文化、人文文化和大一统文化可为中医药院校的思想政治教育提供丰富的教育资源。中医药院校的大学生思想政治教育工作必须立足于中医药学的人文特质，在继承的基础上，结合时代精神，打造富有中医药文化特色的大学生思想政治教育工作体系，为中医药文化传承、弘扬和创新开辟一条新的途径。

在中医药院校立足中医文化教育，将中医文化融入中医药院校大学生思想政治教育，发挥中医传统文化这一“天然载体”优势，充分发掘中医文化的宝贵资源，汲取与利用中医文化的仁术思想、和谐观念和思维方式等对大学生进行思想政治教育，对于中医大学生爱国主义情操的培育、高尚职业道

作者简介：李晓红，湖南中医药大学教辅机构党总支副书记，图书馆副馆长（兼），高级政工师。

德的养成、和谐人际关系的构建、专业思想的巩固创新等方面，具有重要现实意义。这有助于实现思想政治教育新突破，使思想政治教育行之有效，培养出“信中医、爱中医、用中医”的中医专业人才。因此，探讨把中医药文化融入中医药院校大学生思想政治教育有着显著的时代意义和现实意义。

（二）项目立项基础

1. 学院大力支持

中医学院成立于1977年10月，原名基础课部，2004年更名为基础医学院，2011年更名为中医学院。学院下设办公室、科教科、学生管理科和11个教研室、2个研究所、3个教学实验中心（实验室）。中医学院师资力量雄厚，拥有大批国内知名专家教授，硬件设施完善。学院高度关注大学生思政工作，每年从统筹经费里划拨1.5万左右经费；在制度和经费上保证了项目前期工作扎实有效开展。

2. 品牌活动颇多

中医学专业是我校主干专业，学院自2011年组建以来，立足“医乃仁术”“天人合一”等中医文化内核，开展面向中医专业学生的思想政治教育，先后开展方剂知识大赛、中医经典诵读、思辨中医、《黄帝内经》知识大赛、中医基础理论知识大赛、中医经典知识竞赛、中诊大赛等学术活动，于2014年逐渐形成了“春诵、夏行、秋思、冬蕴”的中医文化系列精品活动。2014年4月，《三湘都市报》报道中医学院特色成长辅导室的“中医文化系列活动”。2015年，教育部、国家中医药管理局举办全国《黄帝内经》知识大赛，旨在“传播中医经典、传承中医技艺、挖掘中医人才、弘扬中医文化”，我校参加网络海选答题学生近五千人，组队参加中南、华南赛复赛荣获第一名，参加全国总决赛获三等奖。

3. 人员分工合理

项目负责人李晓红（高级政工师）从事学生工作20多年，2013年—2019年7月一直担任中医学院党委副书记，多次主持和参与省厅级和校级课题，积累了丰富经验，取得了良好成绩，曾荣获湖南省暑期大学生“三下乡”社会实践活动优秀指导者、全国中医药院校优秀学生工作者等称号。项目组其他成员均来自学生工作一线，具有丰富的大学生思想政治教育工作经历，近两年有 2 人获得全国中医药院校优秀辅导员、1 人获得湖南省级辅导员，28 人次获得省校级以上荣誉，这些都为项目的有效实施提供了有力的保障。

（三）项目实施情况

本项目立项以来，我们梳理了中医文化的内核，把中医药优秀传统文化融入学生思想政治教育的全过程。弘扬“大医精诚”的文化传统和核心价值观，在校内重点开展顺应四季的“春诵、夏行、秋思、冬蕴”中医文化系列活动，使学生在参与过程中领略中医药文化魅力。

（1）打造筑“根”工程，增强中国传统文化自信。以中医文化为载体，针对中医药院校大学思想政治教育特性，打造顺应四季的“春诵、夏行、秋思、冬蕴”中医文化系列活动，以文化人，以文育人。

“春诵季”：经典传承，润物有声。重视中医典籍教育，增强中医学生理论自信。开展“中医经典（温病、伤寒、金匮）”活动月，举办“诵经典”等中医经典讲座，开展“国医在我心”中医经典（温病、伤寒、金匮）诵读大赛，展播千古中医故事，制作传统文化墙，提高学生学经典诵经典积极性，传播中国传统文化，塑造中医文化认同感。

“夏行季”：践行实践，笃实好学。突出专业特色，坚持实践育人，积极开展大学生社会实践和志愿服务活动，如暑期“三下乡”社会实践、西部支教、寻访中医系列活动，推动医务志愿服务与中医药科普文化宣传进西部、进乡村、进社区。学生们不仅锻炼了才干，开阔了视野，增强了责任感和使命感，还树立起在实践中求发展，在反思中促成长，扎根基层的价值观。

“秋思季”：学思结合，思辨中医。推动思辨中医系列活动，开展我与中医征文、我与中医演讲比赛，交流思想，逐步塑造中医思维模式。

“冬蕴季”：研精致思，冬蕴秋华。举办传统保健项目、开展中医基础知识大赛（中基、中诊、方剂）、评选“中医药之星”，典型教育，示范引领，增强专业认同感和专业素养。

（2）推进补“钙”工程，传承红色基因。以党建带团建，开展系列革命文化教育。开展“多彩党建，寓学于乐”“青春心向党，建功新时代”等主题党日、团日活动，举办“唱响红色心声”红歌会文艺汇演活动，组织参观任弼时故居，组织《厉害了我的国》观影学习，走访新疆少数民族学生等，加强社会责任意识和民族团结教育。

（3）打造树“魂”工程，发挥中医文化育人独特价值。运用中医文化的“仁术”思想，培养中医大学生的高尚职业道德；借用中医文化独特的思维方式，帮助中医大学生树立稳固的专业思想；汲取中医文化的和谐思想，为构建新型人际关系与和谐校园提供借鉴。

坚持将社会主义核心价值观和中国梦教育融入文化教育，强化中华优秀传统文化、革命文化和社会主义先进文化教育，强化中医药文化教育，精心打造新生入学系列教育、重大主题系列教育、中医文化系列教育、学风考风系列教育、形势与政策系列教育、毕业生离校系列教育等六大系列教育品牌。

二、学校支持情况

（1）领导重视，学院党委和行政积极支持。中医文化传承系列活动每年均纳入学生工作要点，有专门篇幅进行列述，学校（院）分管学生工作领导多次指导本项目建设，亲自参与“春诵、夏行、秋思、冬蕴”四季活动。

（2）予以政策，经费支持。在 2016 年度，学院从前期项目研究到各个子项目活动的开展都给予经费上的支持，按照 1 ： 1 配套经费，给予资助经费 3 万元。此外，学院每年都有用于此项目工作的专项经费。

（3）学院党政领导亲自指导或参与此系列活动，如：《黄帝内经》知识大赛，全国中医临床技能大赛，中基、中诊知识大赛，“三下乡”等活动。

三、项目取得的工作成效与成果

本项目立项以来，在前期工作基础上，按照时间进度安排，分批次、有计划、有针对性地开展各项活动，成效显著，初步形成了“以文化人，以文育人”的宝贵经验和成熟模式。

（一）工作成效

1. 育人目标明确

注重“以文化人，以文育人”，深入开展中华优秀传统文化、革命文化、社会主义先进文化教育，推动中国特色社会主义文化繁荣兴盛，牢牢掌握高校意识形态工作领导权，践行和弘扬社会主义核心价值观。推动大学文化“走出去”与“引进来”相结合，使高校成为文化传承与创新的重要基地、示范区和辐射源。

2. 育人路径清晰

“春诵、夏行、秋思、冬蕴”对应四季，开展经典诵读，中医好故事，中诊、中基、方剂专业知识大赛等品牌活动。注重营造创设优良的育人环境，促进以文化人、以文育人。在学生宿舍区域、教师办公区域设有中医文化墙，学生在学习知识的同时传承中医国粹、传播中医文化。

3. 育人形式多样

重视社会主义核心价值观教育。深化学院课程思政改革，把社会主义核心价值观融入中医专业课程；利用重要节庆日、纪念日和重大活动，广泛开展以爱国主义为核心的民族精神和以改革创新为核心的时代精神宣传教育。如庆祝中华人民共和国成立70周年、纪念五四运动100周年等主题系列活动；结合开学典礼、毕业典礼，开展国旗下宣誓、重温入党誓词等主题教育活动。

开展中华优秀传统文化教育，尤其是中医优秀文化教育。依托“浏阳社港骨伤科医院”“郴州陈氏蜂疗”等中医药文化传承基地，让学生实践中医特色治疗手段；组建“青囊义诊队”，开展中医药文化进社区系列活动；开设“湖湘中医文化”特色课程，引领学生感受“心忧天下，敢为人先”的湖湘文化精神特质。

开展系列革命文化教育。开展“多彩党建，寓学于乐”“青春心向党，建功新时代”等主题党日、团日活动；举办“唱响红色心声”红歌会文艺汇演活动；组织参观任弼时故居。

开展社会主义先进文化教育。严格贯彻落实支部书记上党课制度；组织观看《厉害了我的国》；走访新疆少数民族学生等系列活动。

（二）工作成果

2016、2019 年“中医特色文化育人”项目获校团委创新项目。

2016 年至 2019 年，我院共有 29 人次获得国家级奖励，6 人次获得省级奖励，校级及地市级奖励 650 余人次。（部分情况见表 1—表 3）

表 1　2017 年中医学院省级及以上科技创新比赛获奖部分情况汇总

姓名	比赛名称	获奖作品	所获奖项	团队成员	比赛级别
王怡璇	第五届“远志杯”全国高等中医药院校大学生课外学术科技作品竞赛	智慧中医智能穿戴设备	一等奖	陈孜、张晨阳、王泽亮、钟森杰、解东白、吴肖男	国家级
王怡璇	第十二届“挑战杯”湖南省大学生课外学术科技作品竞赛	智慧中医智能穿戴设备	二等奖	陈孜、张晨阳、王泽亮、钟森杰、解东白、吴肖男	省级
王怡璇	第十五届“挑战杯”全国大学生课外学术科技作品竞赛	智慧中医智能穿戴设备	铜奖	陈孜、张晨阳、王泽亮、钟森杰、解东白、吴肖男	国家级

表 2　2018 年中医学院省级及以上科技创新比赛获奖部分情况汇总

姓名	比赛名称	获奖作品	所获奖项	团队成员	比赛级别
郑铖立	第七届“远志杯”全国高等中医药院校大学生课外学术科技作品竞赛	一种高效的简易型酶标洗板机	科技发明制作二等奖	冯婷、吴肖男、张晨阳、王芳、郑铖立	国家级
郑铖立	第十三届“挑战杯”湖南省大学生课外学术科技作品竞赛	一种高效的简易型酶标洗板机	三等奖	冯婷、吴肖男、张晨阳、王芳、郑铖立	省级
郑铖立	长沙市第十六届大学生科技创新创业大赛	一种高效的简易型酶标洗板机	本科生组优胜奖	冯婷、吴肖男、张晨阳、王芳、郑铖立	省级
王淳	“远志杯”全国高等中医药院校大学生课外学术科技作品竞赛	一种新型合成绿色溶剂应用于中药中有毒物质的快速检测：以蒽醌为例	自然科学类学术论文三等奖	盛瀚萱、刘胸蒂、龚梦佳、陈梓玉、王淳、庞佳音	国家级

表3 2019中医学院创业竞赛获奖部分情况汇总

姓名	比赛名称	获奖作品	所获奖项	团队成员	比赛级别
董昱	2018年“创青春”湖南省大学生创业大赛	青杏中医新媒体中心	银奖	洪译、王怡璇、罗琳	省级
钟慧芳	湖南省大学生创业大赛	心悦之家——社区老年人日间照料中心	铜奖	钟绵森、张丹琦	省级
刘小盟	2018年湖南省知识产权竞赛	—	优胜奖	—	省级
买尔古巴·吐尔逊麦麦提	“建行杯”第四届湖 南省“互联网+”大学生创新创业大赛	智能便携式中医脉诊仪	三等奖	—	省级
廖灿	第六届“远志杯”全国高等中医药院校大学生课外学术科技作品竞赛	小柴胡汤体内抗NTHI诱导的肺部炎症的作用机制研究	二等奖	—	国家级
王勇力	第六届“远志杯”全国高等中医药院校大学生课外学术科技作品竞赛	人参皂苷联合姜黄素抑制人肝癌裸鼠皮下移植瘤生长及机制的研究	三等奖	—	国家级
刘祎	第六届“远志杯”全国高等中医药院校大学生课外学术科技作品竞赛	智能温控艾灸盒	三等奖	—	国家级
周琳	第六届“远志杯”全国高等中医药院校大学生课外学术科技作品竞赛	高龄经产妇人数激增背景下二孩身体健康状况的分析及建议——基于山东省临沂市兰山区调研	一等奖	陈思源	国家级

续表

姓名	比赛名称	获奖作品	所获奖项	团队成员	比赛级别
周琳	第六届“远志杯”全国高等中医药院校大学生课外学术科技作品竞赛	社区护理卫生适宜技术推广、培训现状及影响因素分析	三等奖	—	国家级

辅导员作为大学生思想政治教育的骨干力量，这几年也成果颇丰。项目立项以来有 2 人获评全国中医药院校优秀辅导员，8 人次获省级以上奖励，65 人次获得校级以上荣誉，辅导员的专业化水平不断提升。

四、项目特色与创新

本项目旨在深入挖掘中医文化资源，以中医文化传承四季活动为载体，构建中医特色的一体化“文化育人”体系，开展基于中医文化传承的大学生思想政治教育研究与实践，具有诸多创新与特色，主要表现在：

一是将“医乃仁术”等核心理念与湖湘文化精神融入人才培养过程中，全员发动，凝心聚力，共同构建全过程、全方位的“文化育人”体系，培养具有扎实中医底蕴和人文精神的卓越中医人才。在大学生思想政治教育中融入中医文化，引导广大中医药学子树立高尚的中医药学的伦理品格和职业情操，将文化认同转化为文化自信，创新高等中医药院校大学生思想政治教育途径。

二是以“春诵、夏行、秋思、冬蕴”的中医文化系列活动为载体，实现学生校园文化活动的系统化、主题化、品牌化，建立了校园文化育人长效机制。四季活动顺应四时变化，蕴含“天人合一”的中国哲学文化，凝练了教育内容，挖掘了教育工作重点，突出了重点、难点，为开展中医药院校学生思政工作拓宽了工作思路、具体策略。

三是打通育人“最后一公里”。坚持以实际问题为导向，着力打通学院思想政治工作存在的盲区、断点，将思想政治教育工作与本学院专业特色相结合，实现共建共赢，真正把各项工作的重心和目标放在育人效果上。

五、学生评价及社会反响

（一）学生评价

思想政治教育需在潜移默化中影响和引导学生，该项目的各项活动的开展，对于学生道德思想的提高、三观的正确树立及综合素质的培养皆具有有效的促进作用。本项目举办的各项活动，皆已通过新媒体平台让广大同学知晓，学生评价很高。线上平台留言热烈，线下同学反响积极，无形中增强同学的文化自信，激发同学深入学习的积极性。各项专业比赛、特色活动的举办，增强学生的专业思维，参加校级及以上的比赛更有优势，亦可成为毕业推免的积累。

（二）社会反响

本项目开展的各项活动在社会上引起了广泛关注，得到了积极评价。我院 2017 级学生陈禧音同学慈善善举、社区义诊、送药下乡、山区支教等举动，以榜样的力量引导广大中医药学子树立高尚的中医药学的伦理品格和职业情操，先后被《潇湘晨报》《今日女报》报道。同时，中医学院“中医文化传承”系列活动已成为校园文化品牌活动，进一步扩大了中医文化影响力，引导更多人相信中医、了解中医进而选择中医，推动了中医药事业的发展。

构建多维立体式心理健康服务体系 打造大学生心理健康素质提升计划

谭琥　吴岚

党的十八大报告中明确指出要加强和改进思想政治工作，注重人文关怀和心理疏导，培育自尊自信、理性平和、积极向上的社会心态。思想政治工作，是尊重人、理解人、关心人、提高人的工作，是其他一切工作的“生命线”。在新形势下，人们的发展机会越来越多，工作与生活节奏越来越快，心理压力越来越大，容易产生心理问题，导致情绪波动，影响身心健康。特别是青年一代，他们正处于尚未成熟和缺乏社会人生磨炼的成长阶段，其成长不可避免地会是一个充满各种矛盾和问题的过程。因而在大学生思想政治工作中注重人文关怀与心理疏导，构建并完善大学生心理健康服务体系对帮助和促进大学生健康顺利度过青年时期，实现人的全面发展意义十分重大。

随着中央 16 号文件的出台，各地各高校进一步重视大学生心理健康教育工作，大学生心理健康教育工作呈现良好发展态势，对提升全体大学生心理健康素质起到了重要作用。但是高校心理健康教育工作仍然存在许多亟待解决的问题，如：用思想政治教育工作来取代心理健康教育；把心理健康教育等同于心理咨询或心理治疗；很多学生对心理咨询缺乏了解，对心理咨询存在误区与疑虑；心理健康教育只在出现心理危机事件后，才启动相应的干预方案，在未出现心理危机事件前，几乎不采取相应的措施主动加以预防；

作者简介：谭琥，湖南中医药大学第一附属医院党委书记，副教授；吴岚，湖南中医药大学党委宣传统战部统战科科长，政工师。

甚至误认为高校心理咨询的对象只是存在心理障碍、人格缺陷的异常大学生，与学习成绩优秀生、学生干部、未上门求助者无关；工作重心侧重于教育而忽视学生的发展及心理健康教育工作的服务功能等，致使心理健康教育的对象和范围受很大局限，影响了心理健康教育作用的发挥。

近年来，湖南中医药大学不断更新大学生心理健康的工作理念与方法，淡化“教育”的严肃性、深化“服务”的引导性，淡化“问题”的消极性、深化“发展”的积极性，淡化“干预”的单一性、深化“预防”的多维性，积极探索大学生心理健康教育的新思路，丰富创新高校思想政治教育工作内涵，通过“抓点·牵线·成面·建体·塑形”构建多维立体式大学生心理健康服务体系，打造“大学生心理健康素质提升计划”，试图建立切实有效的心理健康教育长效机制，为提升高校思想政治教育科学化水平做出了有益尝试。

一、抓点，突出工作重点

（一）不断完善大学生心理档案建设与管理工作，加强学生心理健康普查和排查工作

学校重视学生“三正”意识的树立，即“大学生有心理问题很正常，进行心理咨询很正当，发现有心理问题学生及时报告很正确”。针对“七个重要时段”（毕业生离校前、放假前、考试前后、开学前后、新生入学后、重大活动前、季节交替前后）开展定期与不定期相结合的心理排查与普查工作，始终坚持“五个早”（早发现、早研判、早预防、早报告、早控制）的工作原则，对心理问题高危人群进行有效预防和干预。

（二）不断完善大学生心理健康咨询与服务工作体系，积极开展学生心理健康教育、心理问题疏导、心理咨询辅导工作

心理咨询是提升大学生心理健康素质的重要途径。学校努力拓宽咨询方式，通过个别咨询、团体咨询、电话咨询、网络咨询等多种形式，为大学生提供及时、有效、高质的心理咨询与服务。针对“十二类重点关注学生”（家庭经济困难、本人有精神疾病史、直系亲属有精神病史、遭受重大打击、考

试成绩急剧下降、失恋、网络痴迷、言行异常、性格内向、父母离异、家庭重大变故、留守学生），特别是针对新生和毕业生开展心理辅导、咨询与跟踪反馈，帮助他们有效化解心理压力，克服心理障碍。

为了让学生更容易接受心理咨询，拉近心理咨询室与学生的距离，学校将心理咨询室更名为“心理发展服务中心”。积极利用新媒体，通过微博、微信公众服务平台每天定时向全校师生发布免费心理服务信息，有效延伸了工作触角。

二、牵线，落实明确责任

（一）切实加强对大学生心理健康教育工作的领导

危机干预是大学生心理健康素质工程的重点与难点。我校将大学生心理健康教育工作作为全面贯彻党的教育方针、推进素质教育的一项重要任务，作为进一步加强和改进大学生思想政治教育的一项重要内容，作为提高高等教育质量、培养高素质合格人才的一项重要途径，统筹规划大学生心理健康教育工作。学校成立了大学生心理健康教育工作领导小组，实行主管校领导负责、以学生心理健康教育教师为主体的工作体制。建立健全了学校、院系、班级、寝室四级心理健康教育工作网络，明确了工作职责分工，推动了心理健康教育与咨询工作科学、协调发展。坚持“五个一”（一名患者、一名领导、一套班子、一个方案、一抓到底）的工作原则，做到不断档、不脱节、无死角、无盲区。

（二）构建多种形式的大学生心理危机干预立体支持系统

学校重视对心理危机学生的专业评估和技术鉴定，建立了完善的心理危机阻控、监护、救助及跟踪体系，加强对心理危机学生的科学评价与全程干预，有效预防心理危机的发生。

（三）充分发挥学生自我教育、自我管理、自我服务的积极性，开展大学生朋辈心理自助互助计划

学校在校、院学生会组织分别设立心理服务部，在班委会中设立心理委员，在学生宿舍设立寝室信息员，在条件成熟的院系试点开展大学生朋辈心理自助互助计划，并定期接受校院级培训，协助学校、院系及时了解

掌握学生心理健康状况，增强了学生心理健康教育与咨询工作的主动性和实效性。

三、成面，营造工作氛围

（一）充分发挥课堂教学在大学生心理健康素质工程中的重要作用，构建以课堂教育教学为主要内容的心理健康安全预防体系

大学生心理健康素质重在心理知识的普及与积极氛围的营造。我校坚持“重在建设、立足教育”的原则，面向全体学生普及心理健康知识，提高学生心理健康素质。面向全校大一新生开设“大学生心理健康教育”必修课程，确保 2 个学分，36 个学时。针对其他年级开设相应心理学选修课程，定期辅以专题讲座和报告，丰富课堂教学内容，改进教学方法，不断完善我校大学生心理健康教育课程体系。

（二）充分发挥学校广播、报纸、橱窗、网络的作用，大力宣传普及心理健康知识，积极开展心理健康宣教活动

学校努力营造学生心理健康教育的良好氛围，坚持弘扬主旋律，坚持正面宣传教育，净化校园环境，为学生心理健康教育提供了良好宣传舆论环境和文化服务。以“四季养心”特色心理健康服务项目为载体，努力挖掘中医优秀文化，以生命教育、成长教育、价值观教育、人格教育为主题，开展形式多样的校园文化活动，引导学生热爱生命，热爱生活，树立正确的人生观价值观。项目的实施取得了良好的效果并获得了教育部 2012 年高校校园文化建设优秀成果奖。

（三）充分发挥寝室小环境的作用，以“三生教育”为目标，将心理宣教与心灵对话特色品牌引入宿舍楼栋

学校充分发挥学院、寝室等小环境的作用，做到重心下移、关口前移。在每栋宿舍显眼位置设有心理宣传栏，让学生及时掌握心理科普知识，了解各种心理求助途径。各二级学院在宿舍设立特色成长辅导室，为学生提供发展性心理咨询，防止问题积累到一定程度转化为心理障碍。

四、建体，协调各方关系

大学生心理健康素质的养成与提升是学校教书育人、管理育人、服务育人的系统性工程。要全面提升大学生心理健康素质，一要上下共振，努力构建学校、院系、班级、寝室四级心理防护网络；二要左右联动，即积极整合专兼职心理咨询师与任课教师力量，在学科教育中积极渗透心理健康教育；三要内外结合，有效实现家校配合，医校配合，确保学生的生命安全；四要全体同心，严格把好上报关、复学关。

（一）充分发挥高校教师队伍在学生心理健康教育中的积极作用

每一名高校教师都肩负教育引导、管理服务大学生健康成长的重要责任，在教学实践活动中都应自觉体现心理健康教育的原则与规律，为学生健康成长发展提供良好的氛围。学校定期为全体教师员工提供必要的心理健康知识和技能培训辅导，以提高教职员工的心理健康素质以及对学生进行心理健康教育引导的能力和水平。动员和发动广大师生投身大学生心理健康教育与咨询工作当中，以教师辅导、学生互助为主要形式，实施师生心理互助计划工程。将大学生心理健康教育纳入思想政治教育工作的全过程，通过教师教育指导和学生朋辈辅导，实现全员育人、全方位育人、全过程育人。

（二）建立健全学校、家庭、学生心理健康教育支持体系

加强学校与学生家长的联系沟通，及时了解和通报学生思想和心理状况，共同关心学生的成长发展。抓住新学期学生家长送学生来校报到的时机设定“家长开放周”，邀请学生家长来校参加家长座谈会，举办家长课堂讲解心理健康知识，并将其列入迎新工作计划与日程安排中。辅导员及时建立、更新学生家庭信息数据库，定期进行电话、短信家访，有条件的应开通辅导员博客，建立家长联系 QQ 群，作为家校联动的网络平台。

（三）健全从心理健康教育中心到精神卫生专业医疗机构的快速心理危机转介机制

学校与湖南省第二人民医院建立了稳定的联动机制，形成了快速反应渠道，确保出现严重或是复杂精神心理问题的学生能够在第一时间得到转介与

诊治。

（四）严格按照教育部及学校相关规定与程序处理各类心理危机事件，严格把控上报关、复学关

对有自杀意念和行为的学生，学校第一时间启动心理危机干预预案，及时通知家长来校将学生领回家度过危险期；对患重性精神疾病的学生及时上报并通知家长，监督其服药，与学校签订三方安全管理协议。

五、塑形，树立良好形象

（一）不断完善大学生心理咨询工作条件，打造心理发展服务中心窗口形象

在校园用地极其紧张的情况下，学校有效确保了校、院两级机构均具有独立的心理健康教育与咨询场地，总面积超过 800 平方米。校级心理发展服务中心严格按照《湖南省普通高等学校心理咨询室建设标准（试行）》执行，是湖南省目前面积最大的高校心理咨询中心，硬件设施在省内居于领先位置，确保了心理健康教育与咨询工作的顺利开展。

（二）不断加强心理咨询专兼职教师队伍建设，完善心理咨询中心教育内涵

学校严格按 1 ∶ 3000 的比例配备专职教师开展学生心理健康教育与咨询工作，实行专职心理咨询师二级及以上职业资格证书准入制。重视心理健康教育专职教师培训与督导，并定期组织心理健康教育专职教师参加进修深造和社会实践考察活动，并积极发展有志从事学生心理健康教育工作且有一定专业背景的兼职心理咨询与辅导教师，有效实现了专业队伍的可持续性发展。定期对兼职教师进行专业进修与培训，完善兼职教师队伍考核，并将其列入学生管理工作考评体系。

文化育人视域下大学生品格培育的路径研究

——以湖南中医药大学为例

乔清　李珍珍　郭一林　杨炜平

文化是民族生存和发展的重要力量。博大精深、源远流长的中华文明为中华民族的繁荣昌盛奠定了坚实的精神基础。在历史的长河中，中国人民克服重重困难，取得了举世瞩目的伟大成就，也为人类文明的进步作出了不可磨灭的巨大贡献。习近平总书记强调："没有中华文化繁荣兴盛，就没有中华民族伟大复兴。"党的十九届五中全会《建议》提出"传承弘扬中华优秀传统文化"，这是推进社会主义文化强国建设、提高国家文化软实力的重要内容，也是提升新时代大学生文化素养和综合素质的重要途径。中医药文化是中国传统文化核心组成部分之一，是我国的传统国粹，凝聚着深邃的哲学智慧，在守护人民健康方面发挥了极其重要的作用。近年来，随着我国文化软实力建设的不断加强，中医药文化建设作为我国优秀传统文化中的重要组成部分被列入国家发展战略。传承和发展中医药文化，增强当代大学生对这一使命的认知和主动担当，探索并践行中华优秀传统文化的核心价值观，这不仅可以激发中医药类高校培育人才的使命感与内驱力，更是推进社会主义文化强国建设、提高国家文化软实力的重要内容，对人类的健康事业和世界医学的发展具有重要意义，也是新时代大学生培养良好品格、提升文化素养的重要途径。

作者简介：乔清，湖南中医药大学湘杏学院辅导员，讲师；李珍珍，湖南省社会科学界联合会副研究员；郭一林，湖南中医药大学湘杏学院 2021 级中西医结合专业学生；杨炜平，湖南中医药大学湘杏学院 2021 级中西医结合专业学生。

一、立意设计

（一）价值引领

在文化体系中，价值观居于统领和核心地位。大学文化的首要使命在于秉持价值原则，培养具有正确价值取向的高素质人才。本研究以湖南中医药大学为例，致力于通过开展系列活动来营造浓厚的文化氛围和深厚的精神内涵，启发大学生对文化更多思考，对优秀文化更主动学习，“润物细无声”地引导学生认同并接纳中华优秀传统文化之中医药文化的核心价值所倡导的人生观、价值观与道德观，实现大学生精神、心灵、品质的塑造、锤炼与提升。

（二）品格塑造

近代名中医冉雪峰曾撰联“士先器识而后文章，医先品德而后学问”，对青年学生而言，不论未来是否从医，都应先建立好品格，品格比学问更重要。因本项研究的主体为湖南中医药大学学生，其专业背景为中医相关专业，未来职业定位以医者为主，依据古籍中对医者的众多品格研究发现，谦恭、仁爱、廉洁、严谨、担当是五大核心品格：南宋《小儿卫生总微论方·医工论》论及“凡为医者，性存温雅，志必谦恭，动须礼节，举乃和柔，无自妄尊，不可矫饰”；元代《九灵山房集·卷十一》提到“医非仁爱不可托，非廉洁不可信”；明代《医宗必读·行方智圆心小胆大论》指出“望闻问切宜详，补泻寒温宜辨”；清代《医门法律·自序》提到“医之为道大矣，医之为任重矣”。

一方面，返本开新、积极弘扬传统中医药文化中的有益部分有助于开拓医学生思想道德教育的视野。另一方面，深入挖掘中医药文化，通过对著名医家学说、行医经历的了解学习，能够增强医学生对核心品格的认同感，并自觉履践，实现中医药文化核心品格的传承。高校可以通过搭建学生乐于参与的活动矩阵，以之为品格塑造的载体，培养拥有高尚品格和精湛医术的中医药专业人才。

（三）自信激励

中华文明历史悠久、博大精深，其中尽为人知的儒释道三家文化构成中华文明的主体架构，另有墨家、名家、农家、武家、兵家及杂家等，更重要的还有“医家”文化——它渗透在儒释道兵武农各家之中，甚至形成各具特色的中医流派，加上具有基本相同的生命和天人整体观的其他各少数民族医学，可谓蔚为大观。其中，中医药不仅是独立的中华文化形态，而且是具有一定辐射性、渗融性的文化要素。习近平总书记强调，中医药学“凝聚着中国人民和中华民族的博大智慧”。中医药体系中的认知和诊疗模式源于中华文化的世界观、方法论、价值观、修养论和践行论。中华文化借助中医药文化的实践致用性而成为具有“学以致用”“知行合一”特征的实学文化，中华文化本质上就是“中华实学”，可以从这一角度来帮助青年大学生建立文化自信。

（四）能力提升

教育的核心在于通过文化来推动个人成长。大学校园文化在传承知识的同时，对于提升个人综合素质和能力也具有至关重要的作用。特别值得一提的是，校园文化中所蕴含的科学精神和人文精神，以及各类校园文艺、志愿服务、素质拓展和红色旅游研学等活动，为学生提供实践平台，以提升素质、陶冶情操和培养技能。

二、实现路径

通过构建中医药文化育人矩阵，即搭建线上线下多维度育人载体，承载文化知识和信息并成为育人要素的空间构建或理念展示，明确价值取向，凝练湖南中医药大学的办学理念、办学目标、办学特色及办学风貌的独特平台，其功能在于营造独具特色的中医药文化氛围，发挥文化育人的独特魅力。本研究通过以下方面搭建校内 + 校外、线上 + 线下文化育人矩阵，多方位实现以文化人、以文育人。

（一）发挥第二课堂育人功能

在课程教学上借鉴“思政课程”和“课程思政”协同育人机制。在中医药文化育人方面重点加强对学生专业性的培养，逐步形成“教—学—行”一体化，在课堂上充分调动学生积极性，同时在教学方面也逐步提高其趣味性、思考性和实践性，达到文化育人的教学水平。同时，牢牢把握住教师和学生这两个主体，并将构建文化育人中的师生共同体作为一种育人导向，不断提升文化育人的覆盖面、融入度和牵引力。考虑到学生除上课以外与专业课教师交流研讨的机会较少，但确有需求，我们以“湘杏中医研习社”为基础建立第二课堂，秉承“继经典之义，实临床之术”的理念，以小讲课、主题研讨会和志愿服务的形式，激发同学们对专业的热爱，注重中医医案的学习，将书本知识与临床诊疗进行桥梁搭建，夯实专业能力，培养临床思维，将文化育人功能的发挥建立在对专业知识和文化特点的准确把握之上，巩固专业基础，拓展中医文化知识，提高习医积极性，树立中医自信，营造校园良好的中医文化学习氛围。

（二）加强实践活动载体建设

在品格培育过程中，知行合一即以文化育人为“知”，为学生实践提供文化支持；以实训实践为“行”，通过工作实践来检验文化育人的成效。本研究紧紧把握文化建设与社会实践之间的内在联系，以课外活动为载体，利用二十四节气、国医节、端午节等主要节庆日、纪念日为时间节点，围绕办学理念和文化传统，组织策划一系列校园文化活动和红色景区旅游研学活动，从而营造富有哲理和趣味的育人环境，使学生的文化获得感得到切实提高，让学生在不同的文化实践中磨炼品格，增长才干，实现价值。

（三）创新网络文化育人方式

现代社会，信息技术不断革新，数字化进程、网络化普及和智能化应用正在加速推进，西方发达国家借助网络渠道不断向外推行文化霸权主义，企图以文化入侵完成“颜色革命”。创新网络平台建设对于推动教育现代化、抵制西方文化霸权具有重要意义。

学校主动加强文化重塑和质量提升，致力于文化交流网络平台的建设，营造中华优秀传统文化培育的良好氛围，增强网络平台阵地的话语权，提升网络文化内容的供给质量，更好地弘扬中医药文化和践行爱国主义精神；同时，努力发挥中医药专业优势，在传承中华优秀传统文化的同时注重进行创造性转化、创新性发展，发挥育人实效，探索搭建校内校外、线上线下育人平台，推进易班、微信、QQ、社团共建，运用各类网络媒介资源，主动占领网络文化阵地，用大学生喜闻乐见的文化符号和文化元素传播优秀文化，提升新媒体对大学生的吸引力、感染力和影响力。

（四）拓宽育人途径，实现多方共赢

文化育人工作需要集合多方力量，重视社会参与，重视政府、企业、社会资源的支持，与社会和企业在传统文化研究、文艺产品创作等方面开展深度合作，实现校企社三方协同发展。学校也积极联合校友和社会资源，规划建设集“就业创业、实践锻炼、能力提高”于一体的综合性实践平台，依托相关领域优秀企业的实践基地，拓展人才培养合作渠道，通过产教融合促进文化融合，共同担负文化育人的重要职责。

三、育人效果

本研究通过近三年的努力，在校园内外加强文化育人载体建设，从育人的现实需求出发，将文化育人的线下资源、线下平台同线上资源、线上平台贯通运用，形成合力，参与的青年学生反馈受益良多，育人效果明显。

（一）开辟专栏，让文化“入脑”“入心”

中医药所存留的丰富、优秀的中华文化印记，是我们今天讲好中医药故事的重要内容。学院在易班 APP 开设“‘易’起弘扬中华优秀传统文化”栏目，依托线上资源，充分发挥学生主体作用，鼓励原创投稿，由专任老师指导，将二十四节气、中华历史与中医药知识相结合，经过认真筛选和编辑，发布上百篇专栏内容海报、意境古诗词、中医药趣味图文作品，优秀作品有《浅谈中医阳虚体质》《那些年，我们误解的中草药》《但有远志，不在当归》等，帮助同学们更多关注中医药知识与文化，古为今用，不仅促进了中医药文化在大学生中更有效地推广，还引导他们在古籍经典和作品创作中感知品格力量，成长美好品格。

此外，认真组织学生参加全国“讲好中国故事”创意传播大赛中医药主题赛，通过讲述中医药好故事，推动海内外更加了解中医、热爱中医，其中一项视频作品《中医药抗疫之古今》，由新冠疫情联想，讲述历史上中医药的“战疫”故事，意在发扬中医药精神，传承中医药文化；另一项作品《神奇中药——刘寄奴草的故事》为动漫视频，通过中英文双语翻译、动画设计、

故事讲解的方式对刘寄奴草这一中药进行解说，使大众对有趣的故事背后所蕴含的中医药文化产生兴趣，宣扬对中医药的保护、继承和发展，发掘中医药其中的文化价值与内涵，让中医药“瑰宝”释放更加强大的魅力。以上两项作品分别获得全国“讲好中国故事”创意传播大赛中医药主题赛三等奖。

（二）研习实践，促文化“笃行”“笃信”

湘杏中医研习社自2021年5月启动，已开展“如何构建五脏一体思维”“如何学好中医”“历史中的中医”“走进《伤寒论》”“中医里的传统文化及哲学观”“荨麻疹的病因病机及中西医治法”“中医疾病观与整体观”等九个主题的研讨会，邀请拥有丰富临床经验的中医药专业老师现场指导，采取圆桌式共同探讨的方式，为学生夯实理论基础、提升专业素养、守正创新中华优秀传统文化搭建了良好的平台，累计参与学生上百人，覆盖中医、中西医结合、护理、针灸推拿等多个专业；同时联合“微尘”义诊队与周边社区开展健康义诊志愿者活动，为关爱老年人身体健康，弘扬尊老、敬老、爱老、助老的中华优良传统，为辖区老人免费量血压、测血糖，提供推拿、按摩、艾灸等中医养生服务，以实际行动来传承发扬中医药文化。

端午作为中国四大传统节日之一，插艾草、戴香囊等驱邪防疫习俗与中医药理念紧密相关，学校精心策划并开展“浓情端午颂党恩、传承中医祈民安”主题党日活动，以中医药文化和驱邪防疫为理念设计香囊和药方，缝制防疫香囊和艾炷，并将制作好的香囊与艾炷送给橘子洲景区的游客们，将中医药文化以手相传，加深了大学生对中医药和中华优秀传统文化的认同、自信与使命感，培养学生党员谦恭与仁爱的美好品格。

2023年，为迎接第94届“国医文化节”，推动中医药文化与学生思政教育深度融合，号召同学们坚定理想，担负起中医药学子治病救人的神圣使命，继承和弘扬国医文化，学院举办以“橘香留百世，杏林筑岐黄”为主题的国医文化节系列活动。通过活动海报与中医药特色入场券的设计、推送和投放，在各大融媒体平台上扩大宣传，开设“悠悠药草香，巧手制香囊”“艾草相携，平安常伴”“中药飘香满校园”“中药小茶方，守护大健康”“春暖花开季，药膳正当时”“追忆国医初心，锤炼高尚品格”六大专场活动，累计近五百人参与，受到学生们的热情参与和积极反馈，培养中医药学子廉洁、严谨、担当的优良品格。

诚然大医之路漫漫，离不开精诚之心。每一期主题活动都是一次灵魂的洗礼，同学们在参与活动的同时，可以启发思考，成长品格，共同进步，更加自信自豪地向博大精深的中医文化迈出了探索的步伐。

四、经验总结

（一）搭建文化平台，让文化知识“博”起来

通过搭建文化育人矩阵，将“传承弘扬中华优秀传统文化，成长美好品格”的精神融入大学生的校园生活中，发挥中医药专业优势，探索搭建线上线下互动平台，繁荣校园中华优秀传统文化学习氛围，依托线上线下资源，充分发挥学生主体作用，培养学生的文化学习意识，引导学生谨遵“文明、求实、继承、创新”的校训，增加对中医药专业的认识和文化的认同，从中国优秀传统文化中汲取品格力量，肩负起当代医学生的历史担当。

（二）开设文化课堂，让交流学习“活”起来

丰富线下学习与实践形式，提升同学们对学习中华优秀传统文化的兴趣，弘扬中医药深厚文化底蕴，营造良好的优秀传统文化学习氛围。通过培养创新思维、促进文化传承的沟通与交流，将行医治病、普救众生、大医精诚的行为准则融入育人过程中，为弘扬优秀传统文化注入新的活力，彰显新时代医学生的个性与风采。

（三）鼓励文化乐学，让优良品格“多”起来

对于优秀传统文化，最重要的是实践，在实践中提升信心。要使中华优秀传统文化在当今时代发扬光大，重要的是践行民族优秀传统，例如传统美德和优秀的礼仪，不懈的探索精神，大医精诚、人民至上、艰苦奋斗、实事求是、敢为人先、无私无畏的价值追求等。通过设立丰富多彩的文化活动主题与形式，寓学于乐，进一步提高学生自主学习与主动思考的能力，帮助学生正视优秀传统文化的价值，发掘它们蕴含的现代性力量，将优秀文化内化于心、外化于行，逐渐养成“谦恭、仁爱、廉洁、严谨、担当”

的优良品格，成为中华优秀传统文化的笃信者、传承者和躬行者。

参考文献：

[1] 王晓宁. 增强文化自信 发挥大学文化育人功能——"社会主义核心价值观与大学文化建设"理论研讨会综述[J]. 中国高等教育，2016(23)：58-59.

[2] 蔡扬波，徐承英. 新时代大学生家国情怀教育探析[J]. 思想教育研究，2020(01)：125-129.

[3] 张贵礼，程华东. 新时代高校文化育人的逻辑理路和实践进路[J]. 学校党建与思想教育，2023(04)：90-93.

[4] 张成飞. 中华优秀传统文化与高职院校文化育人融合实践路径探索[J]. 教育与职业，2022(12)：108-111.

[5] 胡继冬. 大学生文化获得感的基本内涵、生成逻辑及其提升路径[J]. 学校党建与思想教育，2021(17)：52-55.

[6] 靳书君，李康海. 中华优秀传统文化视域下大学生制度自信的培育[J]. 学校党建与思想教育，2021(16)：14-16.

[7] 赵存东，樊志远，张二星. 文化育人视域下大学生家国情怀培育研究[J]. 教育理论与实践，2022，42(27)：32-34.

（原文刊载于《湖南省社会主义学院学报》2024年第139卷第3期，有删改）

“3+4+3”湖湘·杏林青年马克思主义培养工程育人体系的构建与实践

严璐　马改红

习近平总书记在党的二十大报告中指出：“全党要把青年工作作为战略性工作来抓，用党的科学理论武装青年，用党的初心使命感召青年，做青年朋友的知心人、青年工作的热心人、青年群众的引路人。”

国家新一轮“双一流”建设实施意见特别强调了用习近平新时代中国特色社会主义思想铸魂育人。在此背景下，湖南中医药大学聚焦为党育人主责主业，围绕立德树人的根本任务，紧扣新的形势要求，牢牢把握为党培养中国特色社会主义事业合格建设者和可靠接班人的根本任务，创新性开设了“湖湘·杏林青年马克思主义培养工程”，旨在点亮传统中医药院校团员青年的信仰明灯，努力培养胸中有魂、脚下有根、又红又专、德才兼备的优秀接班人。

围绕习近平总书记“坚持把马克思主义基本原理同中国具体实际相结合、同中华优秀传统文化相结合”的重要思想，2021 年，在学校党委的领导下，共青团湖南中医药大学委员会（以下简称“校团委”）聚焦培养青年大学生政治骨干这一目标，构建“3+4+3”湖湘·杏林青年马克思主义培养工程育人体系，将湖湘传统文化、中医药专业特色和马克思主义教育进行深度融合，有针对性地设计青年马克思主义者培养路径，把理想信念

作者简介：严璐，湖南中医药大学团委宣传组织部主任，政工师；马改红，湖南中医药大学学生工作部副部长，副教授。

教育放在首位，将党的基本理论、基本路线、基本方略贯穿培养各领域和全过程。注重实践，在志愿服务活动中引导青年大学生骨干深入了解世情国情党情，坚定信念、敢于担当，着力打造青年思想引领教育品牌，发展完善党领导下的青年工作阵地。

一、以三大班次为基础，确保青年思想引领的精准性

针对大学生骨干、团干部、各类专项学生等不同青年群体，选拔招收湖湘·杏林青年马克思主义者培养工程先锋班、骨干班和乡村振兴专项班三个培训班的学员进行分类培养。

先锋班针对各级党团组织和学生组织的学生骨干以及在文体科技、创新创业、实践公益等方面有突出成绩的先进青年。骨干班面向各级各类学生组织中的优秀后备干部和各类积极分子。乡村振兴专项班主要面向免费医学生、国家专项、地方专项等学生，有意向考取选调生、毕业后有意扎根基层、服务西部的优秀学生。

待学员结业考核合格后，发放“湖湘·杏林青年马克思主义者培养工程培训班”结业证书，同时纳入各级评优评先重点推荐对象，也在研究生推免、学生综合测评中给予学员有力保障。

二、以四大教育计划为抓手，确保青年思想引领的系统性

（一）实施“固本溯源”理论教育计划

“固本溯源”理论教育是湖湘·杏林青年马克思主义者培养工程体系中至关重要的一环，是青马学员全面发展的基石。组建专业师资团队，优化理论培训内容，以主题讲授的形式，邀请湖南省党代表、大学各级党政干部、思政名师等进行教学；以专题研讨的形式，邀请湖南省芙蓉学者等行业内专家进行针对性的专业辅导；以小组课堂的形式，邀请驻村帮扶干部、团干部、辅导员等，根据学员自身兴趣，结合其研究方向进行“一对一”引导教学。

（二）实施“凝心铸魂”文化育人计划

举办中国青年运动史展，以共青团百年发展历程为主线，全方位展示湖南中医药大学共青团工作成果，由学员宣讲团承担展览讲解工作。

演好“故事”颂文化。作为省级示范项目，由学员作为主要人员举办的“青春之歌百校百场庆百年”红色剧目展演之“百年风华当燃青春”文艺汇演，演出内容丰富、精彩纷呈，生动展示了湖南中医药大学青年团员朝气蓬勃的精神风貌，线上线下累计观看人数超 10 万人次。举办红色故事会文艺专场，以情景演绎的形式将音乐快板《湖南为什么这样红》、常德丝弦《只要主义真》、长沙弹词《一张借据》等节目进行呈现，表演形式多样，生动展现了夏明翰、左权等革命英雄用生命铸就信念与忠诚的事迹，让学员在欣赏红色原创文化节目中领悟湖湘革命精神。

开展“青年故事青年说短视频大赛”，用生动影像展现青春活力，用唯美镜头记录时代芳华。

（三）实施“笃志躬行”实践研学计划

在“湖湘·杏林青年马克思主义者”培养中，实践研学是重要培养环节之一，主要通过日常实践研学和主题实践研学两种形式进行。

日常实践研学助力中医药文化进基层。学员自主成立 10 余支研学队伍，开展了文化进校园、进社区等主题活动。开展“重走青年毛泽东成长之路”研学活动，组织学员赴韶山、湖南第一师范学院等革命传统教育基地、爱国主义教育基地、革命遗址实地学习，参加祭奠革命先烈、重温入党誓词等仪式教育。

以“杏林青年建功行”助力乡村振兴实践研学。深入乡村振兴帮扶开展文明乡风、送医送药送文化等实践服务，将学员分成支教、调研、义诊三个组别：支教组通过开设音乐、阅读、舞蹈、手工、中医药科普等课程，丰富留守儿童的精神生活；调研组就留守儿童的生活水平和情感状况、乡土情怀的现状等议题，对数百名受访者进行深入调研，获得大量一手数据；义诊组通过卫生所就诊和入户义诊同步进行模式，快速有效地缓解了受诊对象的病痛和症状，完成了 170 余份居民健康档案信息的收集工作。

（四）实施“实干担当”素质提升计划

组建“湖湘 · 杏林”青年突击队，用实际行动诠释青年马克思主义者的责任与担当，为广大师生树立优秀典范。

定期举办食堂开放日活动，让学员充分参与学校食堂食品卫生、后厨环境、就餐环境的监督管理，有力保障学校食品安全。

协助开展校领导接待日活动，收集学生提案及建议，组织学生与校领导面对面交谈，畅通校领导与学生沟通渠道，在校内形成自我服务、自我管理、自我教育的良好氛围。

严把入口关，提质出口关。培养期内，每名学员将开展个人德育答辩，撰写德育论文，总结培训期间的思想收获，总结反思成长得失。通过德育答辩，直观展示学员在培训期间的学习成果，同时帮助校团委及时掌握学员个体成长中的困惑问题，帮助他们解疑释惑，在未来的工作中引导他们作出正确的价值判断，从而更有针对性地提升思想高度。

三、以三大特色阵地为依托，推进青年思想引领的实效性

（一）打造“青年研习荟”校内教育新阵地

青年研习荟是湖南中医药大学独具共青团工作特色和实践风采的团属青年阵地，配有现代化教学用具和多功能电子设备，整合了“湖湘 · 杏林青年马克思主义者培养工程”开展情况，近年来乡村振兴战略和大学生创新创业成果等资源。

设置“青年文化走廊”，让团员青年以实景参观、定点讲解、参与活动等方式，“走一走、看一看、想一想”。室内设置教学研讨区，集“湖湘·杏林青年马克思主义者培养工程”小组课堂、“杏林青年成长营”、“主题团日”、团务宣传、图书阅览等功能于一体，可开展远程线上团课、现场青年师生理论授课、小组研讨、青年宣讲会、读书报告会等活动，让团员青年坐得住、听得进，成为学员理论研学必去“打卡地”。

（二）打造“杏林青年之家”校内学习阵地

以团员青年和学员需求为导向，依托“湖湘 · 杏林青年马克思主义者

培养工程”主平台，整合青年志愿者管理与服务中心等团属组织，打造“杏林青年之家”，使之成为青年马克思主义者接受理想信念教育的主阵地。

定期组织专兼职团干部到“杏林青年之家”报到，零距离为团员青年提供服务，引导他们广泛参与校内外各项重大活动，进一步拉近共青团和团员青年之间的距离，使“杏林青年之家”真正成为融合中医药专业特色的“有温度的家”。

（三）打造“青年毛泽东成长之路”校外红色研学阵地

充分利用省内现有党团教育资源，以各类党史学习教育阵地组织学员开展“坚持真理、坚守理想”主题教育。

组织学员前往多类型的革命传统教育基地、爱国主义教育基地、革命遗址开展“对党忠诚、不负人民”主题教育。以各级各类代表工作室为教育阵地组织学员开展“践行初心、担当使命”入党动机专题教育，邀请各级各类代表作专题报告，与学员近距离沟通，更好发挥先锋示范作用。

自2021年“湖湘·杏林青年马克思主义者培养工程”实施以来，培养了一批心系社会的学生骨干人才，取得了阶段性的育人成效，在全省范围内起到了模范带头、示范引领作用。

2023年6月26日，习近平总书记在同团中央新一届领导班子成员集体谈话时强调：“青年人有理想、敢担当、能吃苦、肯奋斗，中国青年才会有力量，党和国家事业发展才能充满希望。”

作为湖南中医药大学对团员青年进行思想政治工作的品牌项目，“湖湘·杏林青年马克思主义培养工程”始终坚持为党育人根本任务，切实提升培养质量，充分发挥了“点亮一盏灯、照亮一大片”的示范带动作用。

（原文刊载于《年轻人》2023年第25期，有删改）

校企合作视域下中医药院校培育创新型应用人才的探索

——以湖南中医药大学中医学院国医精诚班为例

贺哲淳　康杰　蒋海兰　杨晶　张湘卓

党的二十大报告指出：教育、科技、人才是全面建设社会主义现代化国家的基础性、战略性支撑。我们必须坚持历史思维，统筹发挥三者的支撑作用，深入推进实施科教兴国战略、创新驱动发展战略和人才强国战略，为全面建设社会主义现代化国家提供强有力的保障。中医药是中华医学的文化与瑰宝，孙思邈将中医传统美德概括为“大医精诚”，意为集医之大成、济世救人、博极医源、精勤不倦。而中医药要永葆自身魅力，必须适应时代的需求进行发展与创新，这离不开中医药创新型人才的培养。“立足应用，精准育人”，中医药院校与企业医院合作已然成为湖南中医药大学创新育人模式的新探索。

校企联合培养模式是一种以培养学生的全面素质、综合能力与就业竞争能力为重点，利用学校与企业两种不同的教育环境和教育资源，采取课堂教学与实践教学有机结合的方式，培养用人单位需要的复合型人才的教育模式。企业医院通过医疗、教育、科研同步发展提升综合实力、增强企业活力和传播企业文化；院校充分发掘利用临床教学资源，多角度创新培养模式，开拓就业空间。基于校企以市场需求为导向、以就业创业为目标的人才培养模式，湖南中医药大学中医学院率先成立国医精诚班，并对建立校企联合培养机制、

作者简介：贺哲淳，湖南中医药大学药学院党委副书记，副教授；康杰，湖南中医药大学中医学院办公室副主任，讲师；蒋海兰，湖南中医药大学组织人事部组织科副科长，助教；杨晶，湖南中医药大学药学院，副教授；张湘卓，湖南省中医药研究院办公室，助教。

培育创新型应用人才进行了初步探索。

一、建立双向互动机制，定向培养专业型人才

2017 年，湖南中医药大学中医学院首次尝试在中医学五年制专业群体中成立国医精诚班。该试点顺应了高质量医学教育新要求，以医教协同创新“3+2”人才培养机制为出发点，以培养卓越中医人才为目标，以日常行为习惯规范与养成为突破口，更好地探索了高等中医药院校立德树人的新模式。入班采取自主申报原则，学生自愿自主报名、提交书面申请，学院审核通过即可，该模式旨在吸纳愿意参与、长期坚持、目标明确的学生。班级组建后实行“大班制 + 小组化”定向管理的方式，以实现统一有序的“精准培养”。截至 2022 年 6 月，已有五届国医精诚班运行，拟为中医药事业的发展培养八百余名精诚学子。其中，首届国医精诚班共 168 名学生，在班主任引导、辅导员动员、高年级同学巡讲等帮助下，经过 4 年的学习实践，在科技创新、学术研究、专业学习和社会实践等方面均取得了丰硕成绩。最终，113 名同学通过国医精诚班的结业考核，完结率达 67.3%。目前，首届国医精诚班继续升学率达 54.86%，企业医院就业率达 44.16%，在同类专业班级中位居前列，学生综合素质得到了用人单位的一致认可。

同时，国医精诚班设立校企联合培养工作小组，制定完备的培养方案，与企业医院建立双向互动机制，在人才培养方面积极探索新出路。学生不仅要完成在校理论知识学习，而且需同步接受企业医院实践教育。这既有助于实现学生对用人单位工作流程和所需人才类型的早熟悉，也有助于推进教师团队对学生管理培养方式的早转换。校企双方遵循市场需求，联合制定相应课程内容，通过增设早晚自习、开创周末“讲堂”等方式充分发挥第一课堂与第二课堂的联动作用，共同服务于中医药创新人才培养。院校以第一课堂为主阵地和主渠道，开展通识教育和专业教育，负责理论知识系统梳理，关注日常行为习惯规范；企业医院则充分利用课外社会实践和自我教育活动等进行临床教学，将理论与实践相结合。校企联动不断完善定向培养机制，更好地培养具有深厚的人文底蕴、扎实的专业知识、强烈的创新意识、宽广的国际视野的国家栋梁和中医药领域精英。学院利用召开用人单位座谈会及用

人单位走访的方式征询用人单位意见，2017—2021年累计对一百五十余家单位发放了《用人单位满意度调查表》，其中医疗卫生事业单位占60%，民营企业占32%，教育单位和其他事业单位占8%。调查显示，近5年用人单位对毕业生满意度达90%以上。

二、构建“双师”带队模式，充分发挥服务团优势

教师是传授知识、培养人才的主体，是立德树人的关键。人才培养过程中，需要解放思想、转变观念，通过学习讨论找问题、寻差距，探索新型教育教学培养模式。在国医精诚班与企业医院合作中，院校师资与医院师资共同指导教育教学活动，打造教学观念和教学手段先进的高素质教师队伍。院校方面实行全方位导师制，切实承担起导思想、导品德、导心理、导学业、导生活的职责，制定个体成长规划手册，帮助学生形成健全完善的独立人格。除此之外，院校另选聘理论基础扎实的任课老师进行专业学习指导，安排日常管理经验丰富的专职辅导员担任国医精诚班班主任。企业医院方面选拔诊疗技术水平过硬，且具有教学能力的专业医师、人力资源师对学生实践就业进行指导，以2名或多名老师管理与培养一个精诚小组团队，交叉融合，组建服务团开展实践活动。针对不同阶段的学习需求和计划，院校安排形式多样、内容丰富的特色教育教学活动，如邀请国医大师开展学术沙龙和讲座，企业医院协同配合开展临床跟诊、健康宣讲等社会实践活动，职业生涯规划师等优质师资予以专门的教学指导和职业规划，逐渐建立起一支专兼结合的“双师”培养工程体系。

社会实践活动中，以“萤火虫”支教队、“青囊”义诊队志愿者服务团为基础，国医精诚班学子自主融入队伍并积极参与实践。每次实践活动，院校和企业医院共派指导老师带队。企业医院通过组织学习沙龙、学术讲座，筹划健康宣传教育活动、协助病案资料整理等，帮助学生拓展学习思维、提升临床技能。与此同时，企业医院自身人才供给不足的问题也能得以解决，使知名度、好评度得到进一步提升。团队依据用人单位的反馈与评价，充分发挥师生主体作用，与用人单位共建人力资源数据库和信息系统，动态优化专业培养方案，架设人才供需直通道，逐渐实现“订单式”“精准式”就业

模式，管理模式在同行列初露头角，院校、学生与企业医院真正实现共建共赢。国医精诚班培养了一批在礼、仪、仁、智、信上作表率且专业能力强、综合素质高的优秀学生，培养模式效果凸显，广受社会各界认可。2019 年，精诚学子陈禧音同学创立了湖南妇女儿童基金会禧音善行项目团队，她的事迹经《今日女报》报道后，中共湖南省委宣传部 2019 年第 43 期《阅评简报》称赞她的善举：生动呈现了当代大学生弘扬守望相助、扶危济困的中华民族优良传统。国医精诚班特色教育全面提升了学生综合素养，所开展的内涵丰富、形式多样的活动得到了中青网、新湖南、红网等国家级、省级的媒体报道累计三十余次。

三、定期“三巡”互融互促，推进科教研协同发展

企业医院助力国医精诚班学生培养，与学院共同组织“三巡”活动，即巡诊、巡讲、巡查。“巡诊”是指企业医院安排具有高级职称的指导老师带领学生进行跟诊、坐诊，巡回治病，深入临床一线。“巡讲”是指双方联合成立授课宣讲小组，院校安排专业老师到实践地考查学生临床跟诊方式，结合实际问题，答疑解惑，教授理论知识；企业医院组织专业技术老师开展学术专题讲座、教学查房示教、技术指南宣讲等关联性活动。“巡查”是指双方成立巡查小组，定点、定时组织互查互促，具体针对活动开展学生的深入度、活跃度，带教老师的耐心度、负责度等方面进行督查和指导。双方合作方式规范，共同注重培养理论实践高度融合，知行合一的中医药人才。

院校利用中医药企业医馆合作平台，充分发挥“传帮带”作用，构建名医名师、青年教师、硕博士、高年级同伴辅导员梯队教育科研团队，整合教育资源，通过慕课、微课等做到课程特色化、实践临床化、活动系统化，促进科、教、研、产水平快速提高。国医精诚班在探索校企联合培养模式过程中，积极发动研究生参与本科生培养，实现学院本硕博人才一体化发展，真正做到全员、全程、全方位育人，把握育人整体性。研究生与企业技术人员、临床医师等共同探讨临床、科研问题，将临床实践与学术科研紧密结合，不断寻找新的研究突破点。研究生为国医精诚班开设周末课堂，督促坚持做好中医经典理论学习和中医思维理念培养，畅通临床科研新问题、新思

考的传输渠道，真正帮助同学早期接触临床、早期科研训练、早期社会实践。院校和企业医院共同营造浓厚学术氛围，初步实现产品产业数字化、具体化、专利化，促进医学联合研究、培训和转化，形成与新时代教育理念、临床岗位胜任力更契合的人才培养体系。国医精诚班学生积极参加全国大学生医学技术技能大赛、《黄帝内经》知识大赛等专业竞赛，参加“挑战杯”“互联网 +”等各类大学生创新创业大赛，参加湖南省青年文化艺术节等文体类竞赛，累计获得国家级荣誉三十余项，省部级荣誉六十余项，校院级荣誉三百余项。

四、校企文化融入活动，潜移默化增进影响力

国医精诚班价值观的构建与中国特色社会主义核心价值观的理念紧密切合，通过规范学生基本行为习惯和文明礼仪，将日常行为教育渗透在专业知识学习中，引导青年学生在传承与弘扬中华优秀传统文化中陶冶情操、涤荡心灵。院校立足专业特色，积极搭建“三下乡”“四进社区”等重要活动平台，主办、承办各类知识竞赛、演讲比赛、青年论坛等，设立企业医院奖励基金，不断激励国医精诚学子全面发展。国医精诚班学生在入班初期参加“江氏杯”国学文化大赛等，潜移默化将优秀中医药文化扎根心中，从入校伊始坚定中医自信；中期参加“湘域郎中”知识竞赛等，巩固所学专业知识，为走向临床一线奠定良好基础；后期参与“仁上药业”精诚学子宣讲会等，将各类企业医院优秀文化贯穿大学生活始终，正确引导学生树立深入基层医疗单位就业的择业观与服务意识。

以“国医精诚”教育为主题打造了一系列特色鲜明、形式多样的竞赛或文化活动，累计组织校级学生活动二十余次，院级学生活动三十余次，名医名师主题讲座 18 场。如中医基础理论知识竞赛、中医诊断微视频制作大赛、温病诵读大赛等学科知识竞赛。每场知识竞赛报名参与人数达一千五百余名，广受师生推崇。

校企文化活动中，院校挖掘企业医院专业性、特色性等专科优势，全方位、多角度地引导学生夯实专业技能水平；企业医院全面、系统、密切参与学生培养全过程，为“点对点”培育所需人才搭建平台。双方拟通过易班网站、

微信公众号等新媒体平台深入宣传校企文化，不断拓宽影响渠道，将中医药人才培养建设与文化自信深度融合。同时，与其他探索校企培养模式的高校加强交流，做到经验透明、成果共享，通过系列探索研究初步形成可借鉴、可复制的中医药创新型人才培养标准和培养方案，并充分利用双方师资向社会提供优质、开放的中医药教学资源。以生动活泼、风趣幽默的方式向人民群众普及中医药、宣传中医药，潜移默化增进中医药文化影响力，培育自信理性、积极向上的中医药传承者和创新者。

五、小结

湖南中医药大学国医精诚班作为全省中医药创新人才培养模式的首次探索，坚守“为党育人，为国育才”，依托院校优势资源平台，加强与企业、医院及研究机构的交流与合作，经过 5 年的教学改革与探索，获得了良好的教学效果及辐射作用，对我省中医药人才优化培养具有品牌效应、示范作用和推广价值。院校专业人才的培养水平得以提升，学生学术科研能力、临床实践能力、创业就业能力得到全面发展，已逐步呈现出人才结构合理、学术氛围浓郁、科研成果突出、文化内涵丰富的“联盟合作”。中医药院校校企联合培养创新型应用人才新路径，旨在培养一批在礼、义、仁、智、信上作表率，用人单位认可度高的卓越中医药人才。随着经济发展对应用技术型人才的需求变化，未来国医精诚班将紧密围绕培养目标、培养模式和培养体系等实施系列育人教学实践的探索与创新，以期将国医精诚班建设成为具有中医药鲜明特色的高水平应用型班级，努力培育好新时代中医药传承创新发展的后浪，为实现健康中国助力。

参考文献

［1］樊圃.《旧唐书·孙思邈传》笺证［J］. 陕西中医学院学报，1982，45（3）：54-57.

［2］文库，徐桂华. 健康中国视域下加快中医药健康服务人才培养的思考［J］. 中华医学教育杂志，2021，41（8）：673-676.

［3］谢春霞. 基于校企联合的高职教育办学模式革新路径［J］. 时代教育，2018，7（12）：

30.
［4］陈景桥. 高校教育管理的机制优化与体系创新研究［J］. 课程教育研究，2020，25（24）：19-20.
［5］杰蒂，埃格兰德，赵鹤，等. 工程教育中的学生企业协作模式——提升就业能力的教育设计［J］. 清华大学教育研究，2021，42（3）：65-69，87.
［6］闫研. 自媒体视域下高校“三全育人”工作策略研究［J］. 思想教育研究，2021，12（3）：140-144.
［7］王建交，武志超，李洋，等. 精准混合式教学模式在医学本科生早期接触临床实践中的探索［J］. 中国医刊，2020，55（8）：925-928.

（原文刊载于《湖南中医杂志》2023年第39卷第3期，有删改）

以“远志”计划为载体的资助育人工作探索与实践

胡超

一、案例概要

“远志”有两层含义，一是指“一种多年生草本植物”，属中草药，具有安神益智、消肿等功能，体现中医药大学特色；二是指“远大的志向”。“远志”计划以习近平新时代中国特色社会主义思想为指导，深入学习贯彻党的十九大精神和全国教育大会精神，通过深入挖掘家庭经济困难学生的隐性特征和深层次发展需求，强调“以生为本”的理念，是我校发展型资助的一次有益探索。

该项目秉承“精准资助，精细铸人”工作理念，包含感恩励志、心理援助、志愿服务、能力提升四大子工程，自项目实施以来，通过举办“圆梦中医大”国家（励志）奖学金典礼、“诚信自强之星”宣讲会等品牌活动，坚持暑期走访困难学生家庭，强化资助与心理援助结合模式，搭建志愿服务实践平台，最终实现学生综合素质提升，涌现出 2019 年湖南省高校国家奖学金获得者优秀事迹巡回报告会成员俞赟丰、2020 年全国优秀共青团员陈禧音等一大批优秀学生代表。这些朋辈榜样的优秀事迹激励杏林受助学子心怀远大志向，鼓励他们自立自强、诚实守信、知恩感恩、勇于担当，实现“解困—育人—成才—回馈”的良性循环，真正落实立德树人根本任务。

作者简介：胡超，湖南中医药大学学生工作部思政科副科长，政工师。

二、主要做法

学校学生资助工作在校党委的领导下，始终坚持“精准资助，精细铸人”的工作理念，通过精准资助夯实育人基础、典型评比增强诚信奋斗意识、特色项目增进感恩意识、社会实践培育实践能力，取得了较好的育人实效，2019 年获评“湖南省学生资助研究先进单位”。

在疫情防控常态化背景下，“远志”计划重点在于确保家庭经济困难学生在疫情防控期间能获得及时、有效的暖心资助与帮扶，从感恩励志教育、资助心理协同援助、社会志愿服务、素质能力提升等四方面集中发力，构筑育人体系，逐渐形成高校思想政治教育新的增长点。

（一）坚持感恩励志教育，不坠青云之志

新冠疫情防控期间，学校将 2019 年度国家奖学金获得者的图文简介宣传板放置于校园道路两侧，营造崇尚榜样的校园文化氛围，促进构建优良校风学风，极大激发了同学们的励志成才、奋勇争先意识，发挥“润物无声”的教育功效。学生工作部官方微信公众号“杏林学子微助手”开辟“他山之石——2019 年度国家奖学金获得者专访”栏目，共连载 25 期访谈文章。例如，学校受访谈的 2015 级中医专业学生俞赟丰，连续 4 年获评国家奖学金，被省资助中心遴选为 2019 年湖南省高校国家奖学金获得者优秀事迹巡回报告会成员，赴省内多所高校进行事迹报告宣讲，其事迹激励了众多学子奋发学习，讲好了资助故事，传播了资助育人正能量。

2020 年 5 月，学校组织开展“诚信教育月”系列活动，通过举办以“以我之手，绘诚信之信”为主题的手绘海报设计大赛，诚信主题班会，2020 届毕业生“线上征信知识和诚信还款宣讲会”等活动，引导学生将“诚信”作为立德、立学、立言、立行的重要依据，培养诚信意识和契约精神，强化责任观念。6 月端午节期间，学校为全体无法返家的家庭经济困难学生发放粽子、咸鸭蛋等节日物资，做到“有需必助，应助尽助”，将资助工作做得更为细致暖心。7 月，学校延续 7 年暑期家庭经济困难学生大走访活动传统，由学生工作部部长带队赴省内多地区实地走访受助学生家庭，送去学校关怀，宣传国家及学校资助政策，增进了家校联系，不断丰富资助工作内涵。

（二）资助心理协同联动，保障身心健康

新冠疫情防控期间，家庭经济困难学生心理更为敏感，学生资助管理中心始终保持与心理健康教育中心及二级学院的沟通反馈与协同联动，第一时间组织辅导员全面摸排家庭经济困难学生的生活情况，及时掌握学生的家庭经济困难状况，并采取了诸多举措进行联动帮扶。

2020 年 2 月，疫情防控延迟开学期间，学校积极收集建档立卡学生手机信息，开展手机流量帮扶行动。3 月，学校迅速将春季国家助学金发放到位，并对疫情期间家庭突发变故的家庭经济困难学生进行经济帮扶，做好精准资助，切实保障困难学生群体在疫情防控期间的基本学习生活需求，让他们安心求学。根据国家和湖南省教育厅要求，资助中心全面落实国家助学贷款政策，向受疫情影响的贷款毕业生宣传延期还款政策，避免学生产生征信不良记录，切实缓解学生还款压力。6 月，学校倡导发挥党员干部先锋模范作用，鼓励教师党员与家庭经济困难学生开展“扶困、扶智”结对帮扶行动，发挥党建育人作用。8 月，学校开展住宿费退费工作，及时退费减轻学生经济负担。

复学后心理健康服务中心迅速启动全校学生的心理排查工作，资助中心也得以全面了解了学校家庭经济困难学生心理健康状况。心理健康服务中心对此类同学积极开展心理辅导及危机干预工作，齐心协力进一步为家庭经济困难学生心理健康成长保驾护航。5 月，学校还举办“聚力同心，战疫同行”系列活动，普及心理健康知识，传递心灵温暖，减少疫情的负面心理影响。6 月，学校组织“睡觉是门技术活——从头开始学习睡觉”“疫情期间心理特点与复学后的心理调适”等多场线上专题培训。多管齐下，引导家庭经济困难学生学会自我调节，帮助其克服自卑、懈怠心理，提高情商和逆商，塑造受助学生自尊自信、理性平和、积极向上的阳光心态。

（三）倡导社会实践服务，培养责任意识

新冠疫情防控期间，学校涌现出 180 余位学生抗疫志愿者，学校开展了“寻找最美抗疫志愿者”“抗疫在心，茶颜送情”等活动，对这些志愿者发放抗疫证书、勋章及奖品等进行表彰，激励广大学生向榜样学习。其中涌现出一批优秀家庭经济困难学生，如新疆阿勒泰地区布尔津县冲乎尔镇孔吐汗村的叶尔夏提·巴合提汗同学，他积极配合村医入户走访、排查发热人员、登记

外来人员、消毒公共场合以及宣传防疫知识。2020年3月，学校收到了一封来自哈尔滨市阿城区新冠疫情防控工作指挥部寄来的感谢信，信中表扬护理学院2018级学子迟宇积极响应市政府志愿服务号召，主动承担社区多项防控工作任务。像他们一样的很多家庭经济困难学生都奋战在家乡的一线，积极参加体检测温、防疫宣传等志愿活动，其中有志愿者工作时间长达2个月。

此外，校学生会资助部团队自发倡议组织，向武汉市慈善总会官方账号直接捐赠2500元。2019年度国家奖学金获得者陈禧音主动捐出8000元奖金，并向社会发起依法网络募捐，筹集善款34931.51元，驰援抗击新冠疫情。同时克服全球医疗物资紧缺困难，于2月底将符合标准的1002只N95医用防护口罩及1400只KN95防护口罩分别寄送武汉雷神山医院及湖南省人民医院。校第一、第二附属医院的研究生们筹集了4万余元善款，用于购买一次性橡胶手套、护目镜等医疗物资送往湖北。他们用实际行动彰显了湖南中医药大学资助育人实效，展现了新时代杏林学子的爱国情怀与责任担当。

复学后，学校继续坚持实行学生公寓卫生责任区清扫劳动实践活动，引导家庭经济困难学生从受助到助人，发挥其主观能动性，培养他们的责任意识和奉献精神。暑期，学生工作部还发布《2020年暑期致全体同学的一封信》，鼓励同学们积极参与社会实践，在踏实劳动中增长才干，在服务社会中提升自我。

（四）强化活动载体，提升综合素质

学校努力为提升家庭经济困难学生的综合素质创造条件，深入挖掘其能力需求，以内容丰富、形式多样的活动为载体，制订专项培训计划。在疫情特殊情况下，为受助学子安排了音乐疗愈、摄影培训等线上技能类系列培训课程，丰富其知识储备，提升综合素质。2020年5月，寿仙谷助学金为获奖学生发放中医药书籍，勉励同学们一心向学，学好本领，向抗疫的前辈医者学习，用自身的聪明才干报效祖国。6月，慈济爱心助学金进校为45名家庭经济困难学生发放慈济爱心助学金，慈济志工向同学们宣讲环保理念，待疫情形势好转后再带领学生参与垃圾分类志愿活动。7月，学校联合湖南移动长沙分公司，推荐优秀家庭经济困难学生参与长沙移动暑期动感先锋训练营，提升实践能力和综合素质。此外，学校还继续开拓校内勤工助学岗位，拓展受助学生的创新能力和实践能力。自2017年起，每年暑期选聘20余名国家奖学金获得者担任“学生资助宣传大使”，他们利用寒暑假赴生源地开展资助政策宣讲，充分发挥其政策传播与励志引领作用，激励学生形成勤学、修德、明辨、笃实的精神风貌，用实际行动践行社会主义核心价值观。

湖南中医药大学高度重视学生资助工作，坚持谋划发展型资助，建立了培育和践行社会主义核心价值观的特色资助育人模式，取得了良好的育人成效，帮助学生在思想道德、学习成绩、学术科研、社会实践等方面不断进步。

三、效果启示

（一）坚持党建引领，提高政治站位

学校不断提高资助育人工作政治站位，充分发挥党员干部先锋模范作用，鼓励教师党员、学生党员与家庭经济困难学生开展“扶困、扶智”结对帮扶行动，强调资助育人工作与党建工作的有机结合。

（二）心理健康教育同资助工作相结合

学校通过加强心理健康教育引导，强调人文关怀和心理疏导，加强对家庭经济困难学生适应性、交往障碍、心理健康等多项内容进行筛查，了解他们的压力与困惑，帮助他们克服自卑心理及心理上的障碍，有助于其树立积极进取、立志成才的品质。

（三）强化典礼育人作用

学校坚持打造“圆梦中医大”国家（励志）奖学金典礼、“诚信自强之星”宣讲会两大资助育人品牌。典礼既是励志大会，更是青春奋进的思政大课，通过集中表彰本年度的国家奖学金、国家励志奖学金获得者以及诚信自强典型，为家庭经济困难学生树立成功榜样和标杆，激励影响更多的杏林学子。

（四）创新爱心社模式

2007 年学校成立了“尚善爱心社”，爱心社坚持“受助者助人”的理念，通过开展社会公益、志愿服务等特色活动，极大地培养了学生的感恩意识及责任意识。

（原文刊载于“湖南省高校‘十大’育人案例”丛书之《资助育人》，湖南教育出版社，有删改）

突出抓好思想引领 精准实施三大工程 努力推动学校共青团工作迈上新台阶

蒋俊

在新时代背景下，湖南中医药大学各级团组织深刻领悟习近平总书记重要讲话精神，筑牢党建带团建这一政治灵魂，把握建设全省基层团建工作示范点这一重大契机，围绕服务大学生成长成才这一根本任务，把制度优势转化为提升基层团组织建设质量和凝聚高校青年力量的强大推力，切实提高大学生思想政治教育工作实效，为共青团事业铸“魂”强“根”。

一、筑牢党建带团建这一政治灵魂，精准实施“杏林青马工程”

一是立足学校特点，推动党史学习教育深入开展。印发《“学党史、强信念、跟党走”学习教育实施方案》，涵盖“七个一”主要任务，即开展一轮专题学习培训，组织一批实践教育活动，传唱一波红色赞歌，举办一系列红色主题纪念活动，讲好一段革命故事，寻访一段红色之旅，办好一批大学生竞赛，引领全校团员青年厚植爱党、爱国、爱社会主义的情感，让红色基因代代相传。

二是不断完善“青马工程”培训机制，做好线上线下双轨联动。我校形成了系统科学的选拔、培养、管理机制，将完成“青马工程”培训作为团内推优和学生组织负责人选拔等工作的重要参考依据。近 3 年共组织 1 万余名学生参加“湖南青马在线”课程培训，参训人员涵盖校院班三级团学组织学生干部、学生骨干等。在学校党委的指导下，线下成立“湖湘 · 杏林青马工

作者简介：蒋俊，湖南中医药大学继续教育学院党支部书记、院长，讲师。

程班”，选拔一批政治觉悟高、理论水平扎实、对党的工作有热情的专任教师、一线辅导员等承担教学工作，将理想信念教育贯穿在培训全过程。

三是把好团员青年思想“开关”，掀起“青年大学习”学习热潮。通过制定年度团员青年政治理论学习计划及年度主题团日选题等文件，明确要求以依托“青年大学习”学习平台开展线上学习为主要形式，辅以主题团日学习讨论等，每周定期通报学习率，对于每一季有两期以上没有参与学习的团员和团干部，取消团内表彰评选和推优入党资格。

四是结合重要时间节点，开展红色文化育人工作。以“唱支红歌给党听”为主题，通过在校园内传唱红色曲目，组织广大团员青年以歌声歌颂党的丰功伟绩、歌颂祖国繁荣富强、歌颂青春使命担当，视频播放量逾 70 万，获省青媒奖优秀文化产品；开展“青春向党，牢记使命”升旗仪式暨国旗下的讲话，通过师生共同诵读，既讲好模范党员个体形象，又讲好先进党员群体形象；举办“党史影院”观影活动，引导团员青年重温红色岁月，缅怀革命先烈，进一步丰富党史学习教育的内容和形式。

二、把握建设全省基层团建工作示范点这一重大契机，从严执行“强基固本”工程

一是学校党委对共青团工作高度重视。学校党委定期听取工作汇报，将团建工作纳入党建考核体系。制定校院两级领导班子成员联系指导学生班团工作制度，对各级党组织深入学生班团、指导团支部活动开展等方面作了明确要求。校团委按正处级别单独设置，各二级学院团委书记均按照科级职位配备到位。在学校党委的坚强领导下，我校团委获评湖南省基层团建工作示范点。学校党委严格按照学生人均不少于 20 元的标准预算足额划拨校团委日常工作经费，2021 年划拨共青团专项经费共计 42 万。

二是从严治团，坚持基层为重。我校团委明确改革的着力重点，针对学生会要回归服务同学宗旨这一要求，找准组织定位，目前我校学生会成员严格控制不超过 60 人，骨干成员学业成绩综合排名均在班级前 30%，且无课业不及格情况。严格执行“三会两制一课”制度，下发团支部工作记录手册并定期抽查，确保各项工作有落实、有记录、有成效。以“对标定级”工作

为抓手，指导全校团支部积极开展标准化建设，持续整理整顿软弱涣散团组织，未达标的基层团支部及其支部委员不得参评团内荣誉。强化“一切工作到支部”的理念，完善支委会和班委会协同工作机制，全面推行班长兼任团支部副书记制度。

三是依托“智慧团建”系统，做好团员电子档案管理工作。认真完成团员信息管理，抓好团员注册、档案管理、团费收缴、组织关系接转、学社衔接等工作，严格采取定期通报制度，将团省委重点考察指标在各级团组织内进行通报。目前，我校党史学习教育开展率达 100%，学社衔接率达 94.4%。

四是扎实推进主题团日活动。校团委定期下发主题团日活动参考选题，明确要求各团支部每学期开展主题团日活动不少于 3 次，活动整体参与率达到了 98% 以上。近几年开展了“请党放心，强国有我”“齐心协力战疫情·爱国力行做先锋”“学习全国学联二十七大会议精神”等一系列主题团日活动，通过政治理论学习激发团员青年爱国之情、强国之志和报国之行，其中联合省内外五所高校开展的“聆听战疫故事，齐展青春光芒”线上主题团课，共有 12 万名团员青年在线收看。

三、围绕服务学生成长成才这一根本任务，大力推进“实践育人”工程

一是依托专业优势打造具有中医药专业特色的实践育人体系。结合专业优势，依托我校中医药人才资源，制定了校地联动实践育人实施方案。组织开展中医药文化及健康知识传播与推广社会实践活动，通过全国青年志愿服务大赛金奖项目“中医药继承者关爱留守儿童”、全国社区服务示范项目“优儿帮”和“健康 E 小屋”、与诺贝尔教育集团开展“大手牵小手”系列活动及青年讲师团健康宣讲等平台，推动中医药文化进校园、进社区等活动，在提升专业素质、宣传推广中医药传统文化的同时，进一步强化青年学生的社会责任意识。

二是利用省内红色革命资源厚植团员青年爱国主义情怀。与雷锋纪念馆、杨开慧故居、徐特立故居、湖南党史纪念馆等合作建立德育基地，并联合省内外高校开展了以“重走长征路”“循伟人足迹”等为主题的红色访学活动，着力形成常态化教育模式，打造品牌项目，以此来加强大学生革命传统文化

教育。

三是加强志愿者队伍建设。自 2018 年起，我校逐步推动志愿者注册工作，新生注册比例接近 100%。积极组织团员青年参加三下乡、返家乡等社会实践活动，并将社会实践情况纳入个人综测评定，每年均组织 20 余支团队、近千名志愿者开展暑期三下乡活动，2020 年被团中央评为暑期三下乡最佳组织单位。

四是重视社团建设与发展，努力构建“文化修养、体育精神、志愿公益、科技实践”的四维活动体系。学校党委以每年每生 20 元（共计约 40 万元）的标准设立了学生社团专项经费。安排专职团干担任学社联秘书长，学生社团指导老师均已配备到位。思政类社团（潇湘习哲社）和 7 个公益类社团的社团指导老师均为中共党员，充分发挥了学生社团在思想引领中的重要作用。2021 年我校获第三届湖南省大学生社团就业创业能力挑战赛最佳组织奖。

五是服务“三高四新”战略，提升大学生创新创业能力。紧紧围绕省委“三高四新”战略要求，完善大学生科学技术协会组织建设，定期组织参加“挑战杯”“互联网 +”等高水平赛事，培养大学生科技创新意识、提升创业技能。目前我校各学院均成立了大科协分会，成功承办了第十四届“挑战杯”湖南省大学生课外学术科技作品竞赛终审决赛，我校获特殊贡献奖、优秀组织奖并捧得团体“优胜杯”，完成了省赛特等奖的突破，获奖等级及数量均创历史新高。

经过多年努力，目前我校共青团工作已形成了党委领导、行政支持、团委运作、其他部门及学院协同合作的工作格局。进入新发展阶段，共青团湖南中医药大学委员会将在团省委和学校党委的坚强领导下，继续以“学党史、强信念、跟党走”主题教育为主线，把党史学习教育与服务团员青年结合起来，聚焦思想引领主责主业，把理论学习与主题实践紧密结合，真正实现广大学生通过党史学习教育坚定信仰、提升能力、锤炼品格，持续推动共青团深化改革落到底、见实效，带领团员青年为实现中华民族伟大复兴中国梦贡献青春力量。

立德树人视域下高校党代表工作室的构建路径与育人功能探索

——以湖南中医药大学为例

方圆　张湘明　朱施琴　李雪晶

习近平总书记在全国高校思想政治工作会议上强调，高校思想政治工作关系高校培养什么样的人、如何培养人以及为谁培养人这个根本问题。要坚持把立德树人作为中心环节，把思想政治工作贯穿教育教学全过程，实现全程育人、全方位育人。在2018年5月2日北京大学师生座谈会上，习近平总书记进一步强调，要坚持办学正确政治方向。马克思主义是我们立党立国的根本指导思想，也是我国大学最鲜亮的底色。要把立德树人内化到大学建设和管理各领域、各方面、各环节，做到以树人为核心，以立德为根本。

在这一背景下，高校党代表工作室作为党代表任期制和党代会常任制试点工作的产物，既是深化党代会常任制的重要载体，更是高校就如何坚持办学正确政治方向、"如何培养人"、如何实现全员全过程全方位育人的一种强有力的探索。高校党代表工作室除了在团结动员师生、加强党内民主、提升党的建设科学化水平方面具有重要意义，更是在实现高校立德树人根本任务，强化价值引领，培养社会主义合格建设者和可靠接班人等方面具有重要现实意义。

作者简介：方圆，湖南中医药大学中医学院党委副书记，高级政工师；张湘明，湖南中医药大学资产与实验室管理处处长，高级政工师；朱施琴，湖南中医药大学组织人事部党校办公室主任，政工师；李雪晶，湖南中医药大学马克思主义学院教师，副教授。

一、党代表工作室的成立背景与指导思想

（一）成立背景

为认真贯彻落实党的十九大精神，推进全国高校思想政治工作会议精神，落小、落细、落实《高校思想政治工作质量提升工程实施纲要》，探索新形势下高校立德树人和基层党建工作的新途径新方法，完善党代表作用发挥的有效渠道，加强党代表与基层学生党（团）青年的经常性、制度性联系，根据《中国共产党章程》相关要求，2018 年 1 月，报学校党委批准，由湖南中医药大学党委学生工作部牵头在学校成立了党代表工作室，湖南省第十一次党代会代表卢芳国同志担任工作室负责人。

（二）指导思想

坚持以党的十九大精神为指引，深入贯彻落实习近平新时代中国特色社会主义思想，围绕学生、关照学生、服务学生，以“知党情、听民意、促和谐”为主题，按照“因地制宜、重在支部、探索创新、注重实效”的原则，通过构建党代表工作室，把党代表工作室打造成服务青年学生的“加油站”，党代表履职尽责及“两学一做”的“主阵地”，不断完善学校学生党建服务工作体系，使党代表作用发挥更充分，党代表与基层学生党团青年联系更密切，基层组织更坚强，校园建设更和谐。

二、党代表工作室的建设情况

（一）工作室建设思路

按照“整合资源、一室多用、共建共享、便民实用”的原则，整合我校大学生心理健康发展中心“心灵加油站”资源，合理设置党代表工作室。同时建立“党代表个人工作室”和“党代表网络工作室”。加强对互联网、微博、微信等新媒体技术的综合运用，建立网络工作室，开展网上互动；设立专线咨询电话，实现线上线下两个阵地同步建设。

（二）制度建设

根据人员职责、分工的不同，分别设立了《驻室党代表工作职责》《党

代表接待党员群众工作流程》《党代表工作室联络员工作职责》《党代表工作室工作制度》等四项制度，起到了人员明确、职责明晰、分工明了的作用。

（三）工作室队伍建设

建设好党代表、联络员、志愿者“三支队伍”。一是工作室负责人：由湖南省第十一次党代会代表卢芳国同志担任工作室负责人；二是长期驻室党员：配备3~4名有工作经验、热心党代表工作的同志为联络员（主要由医学院、学生工作部相关工作人员担任），主要负责做好工作室的日常工作；三是志愿者：以学生党员为主体，入党积极分子和团员青年为补充，建立党员志愿者服务队伍，为党代表工作室服务提供帮助。工作室联络处设在学生工作部办公室，做好牵头抓总工作及工作室的日常联络服务和组织协调工作。

三、党代表工作室的工作内容与构建路径

（一）工作内容

接待青年学生。党代表通过在工作室定期（每周工作日晚上7：00—9：00）接待学生党（团）青年、召开座谈会、听取基层情况反映等方式，广泛收集校情民意，帮助学生党（团）青年解决实际困难。

开展政策理论宣讲。党代表在接待、走访、座谈中积极宣传阐释马克思主义理论、习近平新时代中国特色社会主义思想等，结合校情校史宣讲校（院）党委的决策部署，为学生讲授党课和形势教育课，指导青年学生更好地认清中国国情与国际大势，学习领会国家大政方针政策，引导学生做社会主义核心价值观的坚定信仰者、积极传播者、模范践行者。

开展联系走访。党代表通过走访院（系）、班级和学生，与青年学生进行零距离接触、面对面交流，增进相互间的理解和信任，确保收集的信息真实可靠，特别是对学生群体中遇到的热点难点问题等进行深入了解。

提供育人服务。党代表及工作室成员结合自身专业特长和实际能力，加强协同配合、增进院系联动支持，向青年学生提供学业指导、职业规划、人际关系、情感舒压、困难帮扶等成长辅导服务。

开展学习研讨活动。依托党代表工作室，通过以会代训、专题辅导、代

表论坛、经验交流等方式，组织好基层学生党组织的学习研讨活动。

征询意见，建言献策。党代表围绕党委中心工作，深入到基层一线，认真听取并准确反馈青年学生的意见建议，提高党委决策科学化、民主化水平。

（二）构建路径

建立工作机构。制定工作制度，畅通运行模式，明确工作内容，设立校级党代表个人工作室，并报学校党委备案。

统一建设标准。党代表工作室外挂“党代表工作室”统一标牌，内置“知党情、听民声、谋发展、促和谐”统一标识；统一悬挂党代表工作室标识、牌匾、制度和承诺。同时，充分运用现代通信技术手段，依托学工网站等网络平台建立网络工作室，开展网上互动、在线学习等。

组建工作队伍。依托党委学生工作部（处）和党代表所在的医学院党委，为工作室安排 2~3 名联络员，负责工作室的联络服务、意见建议综合汇总、分类整理等工作。工作室的联络员一般由学院组织员或副书记担任，网络工作室的联络员一般由学生干部等担任。

派驻志愿服务队。以党代表工作室为依托，以青年党员为主体，按照“奉献、友爱、互助、进步”的原则，组建学生党员志愿者队伍，在党代表的指导组织下开展政策文化宣传、医疗义诊、敬老助困、学业帮扶等志愿服务。

打造精品示范点。按照“职责清晰、功能明确、设施完善、运行规范、活动常态、作用显现”的标准积极建设党代表工作室。学生工作部按照“五好党代表工作室”（建设规范好、制度完善好、日常管理好、作用发挥好、学生评价好）标准，培育党代表工作室示范点。

分阶段验收总结。校党委组织部、学生工作部将严格按照标准，从工作规范运行、学期重点工作落实、群众满意度测评等多方面、分阶段对党代表工作室进行验收和总结。

四、党代表工作室的育人功能及其实践

坚持以习近平新时代中国特色社会主义思想为指导，紧紧围绕统筹推进“五位一体”总体布局和协调推进“四个全面”战略布局，坚持和加强党的全面领导，充分发挥中国特色社会主义教育的育人优势，以立德树人为根本，

以理想信念教育为核心，以社会主义核心价值观为引领，以全面提高人才培养能力为关键，强化基础、突出重点、建立规范、落实责任，一体化构建内容完善、标准健全、运行科学、保障有力、成效显著的高校思想政治工作质量体系，形成全员全过程全方位育人格局，切实提高工作亲和力和针对性，着力培养德智体美劳全面发展的社会主义建设者和接班人，着力培养担当民族复兴大任的时代新人，不断开创新时代高校思想政治工作新局面。这既是新时代党对高校思想政治工作质量提出的目标要求，也是对高校立德树人根本任务的深刻阐述，亦是对高校党代表工作室功能发挥的重要指导。

根据《高校思想政治工作质量提升工程实施纲要》精神要求，结合高校工作特点，高校党代表工作室应紧密围绕立德树人根本任务，积极发挥以下功能：

（一）发挥组织育人功能，强化思想与价值引领

把组织建设与教育、引导、引领结合起来，强化党代表工作室的育人职责，党代表直接参与到学生的理想信念教育、价值引领过程中去，在青年大学生中宣讲解读党的路线方针政策。党的十九大召开以来，我校党代表工作室负责人卢芳国教授多次深入青年学生，将思想政治教育与专业课程贯通起来，将理想信念教育与医疗改革政策、中医药发展战略联系起来，将社会主义核心价值观与中医药文化传承创新结合起来，通过微党课、微视频、微访谈等生动鲜活的方式，让学生感悟新时代新思想的魅力，深受学生欢迎好评。高校应充分发挥党代表工作室基层战斗堡垒作用，不断增强工作活力、扩大工作覆盖、推动工作创新，引导青年学生明党史、知党情、听党话、跟党走，涵育学生至诚报国的家国情怀，坚定马克思主义信仰和共产主义理想，增进对中国特色社会主义的政治认同。

（二）发挥知党情、听民意、传民声的功能，强化学校决策的民主化与科学化

党代表具备群众性、代表性，享有建议权、监督权，为其深入党员群众开展工作提供了独特优势。以我校为例，党代表在面对面、“零距离”接待访谈党员群众的过程中，在深入学生教室、寝室、自习室、活动室进行实地

走访调研的过程中，一方面了解到了学校党委的决定、决策在基层的执行情况、存在问题等，听取了学生的意见建议，掌握了学生的思想动态；另一方面，党代表对上述情况、问题与意见及时进行分析梳理，将学生诉求、民意民声，以最快捷、最有效的方式传送到党组织，并及时将党组织的承办处理情况告知学生。这有利于增强党组织服务学生的亲和力、针对性与有效性，强化学校党委行政决策的民主化与科学化。

（三）发挥密切党群关系促和谐的功能，强化和谐党群关系与和谐校园的构建

高校党代表工作室的建立，不仅为党代表提供了相对固定的工作场所，亦搭建了青年学生“有话向党说，党就在身边” 的交流互动平台。通过党代表加强与学生的联系沟通，不断增强青年大学生对党的信赖感与支持度，引导学生有话向党说、有难找党帮，积极协调解决学生的困难问题，及时化解学生的情绪矛盾。党代表工作室负责人卢芳国同志与医学院党委组织并指导“结对共进”活动，旨在以“互通、互帮、互学”的形式，增进各民族学生思想、学业、生活等多方面的共融、共进、共认同。通过促进学生个体的和谐健康成长与团结融合，推进和谐党群关系与和谐校园建设，努力将高校党代表工作室打造成密切党群关系的“连心桥”，化解矛盾的“防洪堤”，维护高校团结稳定的“助力器”。

（四）发挥高校党代表自身专业专长，强化党代表履职能力与服务能力建设

高校是传承文明、培养人才、创造知识、服务社会和传播先进文化的专门机构。高校党代表作为高校共产党员中的优秀代表，大多来自教学、科研、管理一线，党性修养好、文化素质优、专业技能强、科研水平高。高校党代表应始终牢记立德树人的根本使命，立足党代表工作室这一平台与窗口，充分发挥自身所具备的专业优势与专长强项，通过自身深度参与课程育人、科研育人、实践育人、管理育人、心理育人、服务育人等实践，促进思想政治教育与知识教育相结合，促进正确的政治方向、价值取向与学术导向相结合，促进理论教育与实践养成相结合，促进育心与育德相结合，促进解决实际问

题与解决思想问题相结合等，不断增强自身履职能力、服务能力与供给能力，在围绕学生、关照学生、服务学生的过程中实现教育人、引导人、激励人。

高校党代表工作室是新形势下高校党建创新和思想政治工作质量提升工程的新探索、新要求。党的十九大的召开，为党代表工作室的创新开展与长效实践提供了根本遵循和新的指引。始终坚持立德树人根本要求，进一步加强对于高校党代表工作室的组织领导、氛围营造、工作保障与创新探索，这不仅是高校党建工作的需要，更是促进学生成长成才的需要。今后，湖南中医药大学将进一步积累开展党代表工作室建设的经验与做法，积极探索党代表工作室有效运转的方式方法，充分挖掘和发挥党代表工作室的优势潜能，切实推动高校党代表工作室建设出亮点、见成效，打造具有中医药院校特色的党代表工作室品牌。

参考文献：

［1］习近平总书记在全国高校思想政治工作会议上的重要讲话［N］. 人民日报，2016-12-09（01）.

［2］中共教育部党组. 中共教育部党组关于印发《高校思想政治工作质量提升工程实施纲要》的通知［EB/OL］.（2017-12-05）［2024-08-08］.http：//www.moe.edu.cn/srcsite/ A12/s7060/201712/t20171206_320698.html.

［3］习近平. 在北京大学师生座谈会上的讲话［EB/OL］.（2018-05-02）［2024-08-08］.http：//politics.people.com.cn/n1/2018/0503/c1024-29961468.html.

［4］孙洁，张觅. “党员妈妈”在身边 湖南高校首搭党群“连心桥”［EB/OL］.（2018-06-14）［2024-08-08］.http：//edu.rednet.cn/c/2018/06/14/4654526.htm.

［5］黄琦. 和谐党群关系视角下党代表工作室制度的构建［J］. 辽宁行政学院学报，2011（7）：57-60.

（原文刊载于《成都中医药大学学报（教育科学版）》2018年第20卷第03期，有删改）

调·查·研·究

新时代高校辅导员实施大学生美育贯彻现状及改进策略研究

贺圆圆　毛璟玲

“美育”最早由王国维介绍到中国，又经由梁启超、蔡元培、鲁迅等人改进与倡导，促使康德、席勒的美育思想与中国“礼乐”传统相容并济。《关于全面加强和改进新时代学校美育工作的意见》指出：“全面深化美育综合改革，坚持德智体美劳五育并举，加强各学科有机融合。”“美育”与“德育”工作相得益彰，美育为德育带来了多样性和灵活性，有效突破了单一模式的限制，是高校思想政治教育的重要手段，是大学生的精神食粮。辅导员作为贴近学生日常学习和生活的重要管理者，是最便于在日常工作中落实美育细节的中坚力量。高校美育应把准时代发展脉搏，超越传统意义的美学专门教育，涵养当代大学生美的视野、美的品格、美的灵魂，为实现培养德智体美劳全面发展的社会主义建设者和接班人而持续发力。

一、新时代高校辅导员开展大学生美育工作的积极意义

（一）以美育心，塑造大学生健康心灵

“辅导员是开展大学生思想政治教育的骨干力量，是高校学生日常思想政治教育和管理工作的组织者、实施者和指导者。”辅导员的特殊性决定了其对于大学生美育的重要性。新时代大学生大都属于“00 后”群体，生活条件优越，但面临着复杂多变的生活环境和家庭关系转变，不少学生承受着巨

作者简介：贺圆圆，湖南中医药大学针灸推拿与康复学院学生管理科科长，讲师；毛璟玲，湖南中医药大学针灸推拿与康复学院辅导员，助教。

大的学业压力、情感障碍、就业压力等问题，这些问题不仅影响心理健康，还可能引发生理问题，因此大学生心理健康问题已经成为高校辅导员关注的重点。美育是促进大学生审美情绪的直观方法，更是提升大学生身心健康成长的重要教育手段。高校辅导员以自身审美和正确的言行举止来影响学生，在思想政治教育工作中积极渗透美育，有利于提高抗压能力、塑造健全人格、培养积极乐观的精神风貌。

（二）以美育德，凸显价值引领

高校辅导员在美育渗透过程中应不忘“立德树人”之初心，注重核心价值观教育的引领，引导美育的正确发展方向，发挥受教育者的主观能动性，引导大学生通过自我认识、自我评价和自我调控等途径，自觉接受并形成正确的审美能力与思想品质。美育与智育、体育、德育的相互渗透和相互促进，有助于利用情感教育和心灵教育促进大学生的全面发展，引导他们发现美和创造美，增强文化自信，弘扬中国精神，对中华优秀传统艺术的历史、文化产生认同感与归属感，培养有道德、有理想、有文化、有纪律的社会主义建设者和接班人。

二、新时代高校辅导员美育工作现状调查及结果

（一）新时代高校辅导员美育工作调查问卷设计

为了提高调查问卷的可靠性，在正式发放之前，笔者通过查找和阅读相关文献的方式进行了合理的问题设计和小范围的预调查，最终运用“问卷星”平台发放题为《大学生对于高校辅导员美育现状认知调查》的电子问卷。经筛选，收集到的有效问卷为498份，有效调查对象为498人，年级覆盖范围广；这样的年级分布情况使采访对象集中在美育的重点培育对象，并且拥有一定的大学生活经验，对学校的了解度较高，有足够的时间对校园的美育情况进行探索，信息客观全面。

（二）新时代高校辅导员第一课堂美育实施教学方式、教学内容单一

大学生第一课堂美育学习体验是反映高校辅导员美育工作成效最直接关键的环节。调查问卷显示，大学生对于高校辅导员的美育工作认可度较低、

满意度有待提高。究其原因，现阶段高校辅导员在培养学生的美育过程中手段过于单一，学生缺少对美全方位的认知，难以从多方面感受到美。而大学生对于美的概念认知主要集中在精神层面，更期待辅导员在思政教育中全面贯彻实施美育，从教学模式、教学语言和教学内容等多个角度明确美育内容，使美育工作更加清晰明了。

（三）新时代高校辅导员美育实践活动多样性缺失

现阶段高校美育实践活动形式单一。70.68% 的调查对象认为，辅导员需要参加美育教学实践，以提高其教学实践能力；63.05% 的调查对象希望美育重点的培育方式为文娱活动或电影、音乐、图书等文艺作品的渗透，以及优秀模范事迹引领等。此外，在美育能力的培养方面，第二课堂中全方位多样化的课外实践活动为学生搭建了美育提升平台，多样的美育实践形式能提高学生参与美育的兴趣。因此，用大学生喜闻乐见的方式去开展美育实践活动迫在眉睫。

（四）高校辅导员美育实施过程中缺乏审美自觉

“寻求审美过程和教育过程的潜在相似，能帮助阐明教育美学，有利于推广文化。”伯林特的“审美场”理论强调审美主体和审美客体。在美育过程中，高校辅导员作为审美主体会影响学生这一审美客体的审美情况。马克思曾指出：“如果你想感化别人，那么你就必须是一个实际上能鼓舞和推动别人前进的人。”大学生希望辅导员在美育过程中能以内心美为中心展开，注重教师内心美对大学生审美水平的推动，而不是以自身群体特征来转变大学生的当下思维。随着政策对学生群体的细化与落实，辅导员需要根据时代需求及不同学生群体的需求转变自身的审美取向，逐步增强审美意识、注重审美自觉，使美育符合学生的群体特征。

（五）高校大学生美育影响因素多样，家庭因素占比突出

习近平总书记表示，“家庭是社会的基本细胞，是人生的第一所学校”。美的家庭环境在学生认知中占比 73.09%，被大部分学生认为是过往美育体验中最重要的因素之一。随着社会的高速发展，“80 后”的家长搭乘文化发展

列车，开始在家庭教育中有意识或无意识地对子女进行美育引导。“每所高校的校园环境都有其独特的韵味和美感。”另外，优美的校园环境建设，能给予学生丰富的文化内涵，让学生感受到美的熏陶。高校辅导员作为学生与学校沟通的桥梁，需要定期了解学生在学校的生活体验，及时向学校有关部门进行反馈，并提出合适的建设意见。

三、新时代高校辅导员美育工作优化发展策略

当下，高校在“以美育人”方面面临着许多新的挑战。大学生对辅导员的美育教学情况及其美育掌握程度的了解，有助于探究“五育并举”视域下高校辅导员“以美育人”的有效策略，进一步优化辅导员工作。

（一）基于学生美的认知优化美育课堂形式

针对部分学生反映的辅导员在美育过程中难以感化的问题，需要在思想教育的内容中融入更多的审美教育理论，让学生切身感受到美育。“去除思想政治教育的‘假、大、空’，通过案例的讲述、讨论，改变‘一言堂’，树立互助合作的教学新风”；形式上将课堂改成小班制，为学生定制个性化的美育内容，提高美育的吸引力。高校辅导员要遵循以生为本的原则，尊重审美的创造性和个体的差异性，主张和允许大学生个性化发展，为学生欣赏美、创造美打下良好基础。

（二）渗透美育，完善学生内心的美

学生对于美在性格方面的作用认知程度较低，因此教师在进行心理辅导时，可以凸显美育在心灵教化上的作用，通过美来帮助学生不断克服心理上的弱点，走向人格的健全。例如中医类高校可以通过“中医经典诵读”“药植园植物辨析”“传统功法训练”等活动，弘扬中华优秀传统文化，为美育精神渗透创造良好环境，让大学生在校园文化氛围中慢慢积累并提升审美素养、陶冶情操、增强审美判断力；学校还可以组织“暑期三下乡”“红色义诊”等活动，为当地居民提供医药、医疗技术支持，并走访当地的红色旅游资源来开展美育思想教育，让学生在深刻体验中坚守民族文化根脉、增强文化自信、激发新时代中国力量；高校辅导员可以利用高校校园文化活动，如寝室

文化节、草地音乐节、趣味运动会、节日晚会、周年纪念等，培养学生健康审美观念和积极参与审美实践的意识，同步提升学生对校园的归属感。

（三）提升辅导员群体的审美自觉

为了深化高校辅导员的审美自觉，必须实现其内在自我对美的深刻感悟。调查研究结果表明，学生在课堂情境中更愿意在教师的引导下进行美的接收和学习。因此，在美育课堂中，教师可以将自己感受到的美传递给学生，围绕其展开教学；在日常生活中，教师也需要通过内心美的全面释放接受更好的美的体验，更愉悦地达到审美自觉。此外，在和学生密切相关的课堂中，辅导员可以提高美育相关的知识比重，带入实际情景，使学生课下也能够自觉调动课上所学的美育知识；也可以让学生成为主讲人，分享身边“美”的案例，使学生之间相互熟悉，以学促美并引发思考。

（四）建立个人、家庭、高校、社会美育发展长效机制

美育不仅仅是辅导员个人的任务和责任，还是需要社会各方共同努力的事业。高校辅导员可以根据学生过往的美育体验，分析起到重要作用的因素，并加以整合，以重要影响因素推动校园美育的发展；在美育工作中也要注重和学生家庭的沟通，让家长意识到美育对子女成长的重要作用，逐渐培养家长对子女进行审美训练的意识。在新型美育构建下，辅导员要注重审美素质培养，加强审美自觉意识，提高审美融合能力，用自身的审美素养激发学生的审美知觉，让审美知觉构建属于学生的、符合大学生定位的新型审美能量场，让学生在自己的美育能量场接受美的能量润泽。

四、结语

美育不仅是艺术教育的代名词，它还涵盖了大学生整个人生观教育，包括自然美、社会美、科技美、艺术美、专业美、健康美和文化美等多种审美形态的感性形象体验。美育可以帮助大学生深刻认识生活、社会和理想，从而促进他们的政治品质、道德面貌和思想感情健康地成长。高校美育在培养全面发展的高素质人才方面发挥着重要作用，它不仅能够提升大学生的审美素养和创造力，更能够陶冶心灵、强化德育效应，为大学生未来的成长和发

展奠定坚实基础。

参考文献：

［1］徐娜．高校美育三议：本质意义、价值指向与实践路径［J］．江苏高教，2021（6）：113-116.

［2］中共中央办公厅　国务院办公厅印发《关于全面加强和改进新时代学校体育工作的意见》《关于全面加强和改进新时代学校美育工作的意见》［J］．中华人民共和国国务院公报，2020（30）：20-26.

［3］张馨艺，李永胜．论新时代高校以美育人的五大着力点［J］．中学政治教学参考，2020（42）：60-63.

［4］辛华．中共中央　国务院举行春节团拜会　习近平发表重要讲话［J］．台声，2015（5）：22-23.

［5］李鹏，郭志远．促进高校思想政治教育与审美教育有效融合的思考［J］．中北大学学报（社会科学版），2017，33（5）：89-92.

［6］刘宏飞，于丽萍．阿诺德·伯林特的"审美场"理论探析——基于一种"以文化人"的美学范式［J］．沈阳师范大学学报（社会科学版），2022，46（5）：36-42.

［7］马克思，恩格斯．马克思恩格斯全集：第42卷［M］．北京：人民出版社，1979.

［8］李红梅，杨华岳．增强高校思想政治教育话语艺术性的路径探析——基于习近平总书记系列讲话中的艺术［J］．中北大学学报（社会科学版），2015，31（4）：66-69.

（原文刊载于《秦智》2024年第06期，有删改）

医学生人文素质构成因素的研究

马改红　陈燕　史红健　邵渝

随着生物—心理—社会医学模式的推广，以疾病为中心的功能制医疗模式不能适应新的医学模式的需求。传统以学生的技术训练为主的教育模式逐渐发展为对“综合型”人才的培养，高校教育必须加强人文素质教育，培养新形势下的综合医护人才，但目前缺乏一个系统、全面的医学生人文素质内涵体系，即高等院校医护类专业的大学生到底应该具备什么样的人文素质。本研究采用德尔菲法和问卷调查法，构建医学生人文素质构成的因素和指标，为人文素质教育方式方法提供有效依据。

一、研究方法

（一）德尔菲法

采用德尔菲法，结合专家的意见构建医学生人文素质的构成要素及指标。

1. 成立研究小组

研究小组由 6 名成员组成，包括 1 名护理学教授，1 名主任护师，3 名副主任护师，1 名讲师。研究小组的主要任务是编制专家咨询问卷、选择咨询专家、发放和回收专家咨询问卷、对结果进行统计分析。

2. 编制专家咨询问卷

参考王小丽等、孙鹏、孙萌等的研究，结合医护专业特色制订了专家咨

作者简介：马改红，湖南中医药大学学生工作部副部长，副教授；陈燕，湖南省护理学会理事长，教授，博士生导师；史红健，湖南中医药大学护理学院教师，讲师；邵渝，湖南中医药大学护理学院教师，讲师。

询问卷。问卷包括专家说明信、问卷主体、专家基本情况、对内容的熟悉程度和判断依据。问卷主体由人文知识、人文思想、人文方法、人文精神 4 个一级指标，9 个二级指标和 32 个三级指标组成。对于每个指标，按 Likert 5 点计分法请专家判定指标的重要性，即很重要、重要、一般、不重要、很不重要分别赋值为 5、4、3、2、1 分。

3. 选择咨询专家

从湖南中医药大学、湖南中医药大学第一附属医院、中南大学等选择 20 名专家。专家来自行政管理、社科部、临床医学、护理教育等岗位。其中，具有副高级及以上职称的专家为 15 名（75%），具有硕士及以上学历者为 18 名（90%），具有 10 年及以上工作经验者为 14 名（70%）。

4. 进行专家咨询

通过电子邮件的方式发放专家咨询问卷，于 2 周内收回。对第 1 轮专家咨询的结果进行统计分析，经研究小组讨论后，结合专家意见和建议进行修改，再进行第 2 轮专家咨询。共进行 2 轮专家咨询。以重要性均值 >3.5、变异系数 <0.25 作为指标筛选的标准。

5. 统计分析方法

利用 Excel 软件录入和分析数据，计算专家的积极系数、权威系数、协调系数、重要性赋值的均值和标准差、变异系数等。

（二）问卷调查

依据构建的人文素质构成要素设计调查问卷，对医学生进行问卷调查，并进行因子分析，确定人文素质构成要素的因子。

1. 调查对象

采用方便抽样，从湖南中医药大学、中南大学选取 200 名医学生作为调查对象；同时，选取学校和临床的 50 名管理者作为知情人进行问卷调查。

2. 调查工具

问卷包括 26 个条目，分为人文知识、人文思想、人文方法、人文精神 4 个维度。每个条目按照很重要、重要、一般、不重要、很不重要分别赋值为 5、4、3、2、1 分。

3. 统计分析方法

应用 SPSS 17.0 统计软件进行数据录入和统计分析。采用主成分分析法进行因子分析，提取人文素质构成因素的公因子。以每个条目在某因子上的载荷值 >0.4，且在其他因子上的载荷值较低作为指标的筛选标准。

二、结果

（一）德尔菲法的结果

1. 专家的积极系数

在 2 轮专家咨询中，分别发放了 20 份问卷，均收回，回收率为 100%。第 1 轮专家咨询中提出了 21 条建议，第 2 轮咨询中提出了 6 条建议。

2. 专家的权威系数

专家权威系数（Cr）为专家判断依据（Ca）和专家熟悉程度（Cs）的平均值。本研究中，专家判断依据平均为 0.86，专家熟悉程度为 0.72，专家权威系数为 0.79。

3. 专家咨询结果

经过第 1 轮专家咨询，修改了 13 个三级指标，删除 6 个三级指标。第 2 轮根据专家咨询意见，修改 5 个三级指标。最终确定了由 4 个一级指标、9 个二级指标和 25 个三级指标构成的人文素质构成要素（表 1）。

表 1　人文素质构成要素

一级指标	二级指标	三级指标	重要性均值	标准差	变异系数
人文知识			4.04	0.83	0.21
	基本知识		3.82	0.91	0.24
		历史知识	3.87	0.95	0.24
		文学知识	3.99	0.98	0.24
		哲学知识	3.66	0.82	0.22
		政治知识	4.01	0.96	0.24
		法律知识	4.59	0.63	0.14
		艺术知识	3.68	0.91	0.24
		语言知识	4.02	0.88	0.22

续表

一级指标	二级指标	三级指标	重要性均值	标准差	变异系数
	道德知识		4.56	0.64	0.14
		职业伦理道德	4.61	0.66	0.14
		家庭道德	4.55	0.63	0.14
		社会公德	4.51	0.63	0.14
人文思想			4.30	0.74	0.17
	民族理念		4.30	0.72	0.17
		民族理想	4.32	0.72	0.17
		民族精神	4.28	0.72	0.17
	思维观念		4.30	0.75	0.18
		逻辑思维	4.21	0.76	0.18
		推理判断	4.32	0.79	0.18
		创新性思维	4.39	0.70	0.16
人文方法			4.48	0.67	0.15
	行为规范		4.48	0.69	0.15
		遵纪守法	4.39	0.73	0.17
		勤劳敬业	4.58	0.65	0.14
	交流合作		4.48	0.66	0.15
		人际交往	4.57	0.64	0.14
		团队合作	4.64	0.56	0.12
人文精神			4.36	0.73	0.17
	人道理念		4.35	0.73	0.17
		人文关怀	4.37	0.72	0.16
		价值人格	4.29	0.76	0.18
	科学精神		4.27	0.78	0.18
		求知精神	4.34	0.71	0.16
		批判精神	4.20	0.85	0.20
	精神追求		4.24	0.77	0.18
		坚定信念	4.31	0.75	0.17
		审美能力	4.17	0.80	0.19

（二）因子分析的结果

采用主成分分析法，分别对人文知识、人文思想、人文方法和人文精神进行因子分析。采用最大正交旋转，按照特征根 >1 的标准提取公因子。

1. 人文知识

经 KMO 检验和 Bartlett 球形检验，得到 KMO 值为 0.812，大于 KMO 检验的可接受值 0.7，Bartlett 球形检验 x^2 值为 578.240，$P<0.01$，适于进行因子分析。根据因子分析结果，人文知识 10 个条目共提取出 2 个公因子，累计方差贡献率为 52.684%，各条目的因子载荷值见表 2。公因子 1 反映了文学知识、历史知识、哲学知识、政治知识、法律知识、艺术知识、语言知识等信息，将其命名为社科类知识。公因子 2 反映了家庭道德、职业伦理道德、社会公德等条目的信息，将其命名为伦理道德规范。

表 2　人文知识各条目的因子载荷

条目	因子 1	因子 2
历史知识	0.720	−0.034
文学知识	0.762	0.133
哲学知识	0.686	0.236
政治知识	0.661	0.209
法律知识	0.267	0.587
艺术知识	0.519	0.208
语言知识	0.520	0.381
职业伦理道德	0.022	0.799
家庭道德	0.181	0.829
社会公德	0.236	0.763
公因子方差贡献率	38.251%	14.433%

2. 人文思想

经 KMO 检验和 Bartlett 球形检验，得到 KMO 值为 0.723，大于 KMO 检验的可接受值 0.7，Bartlett 球形检验 x^2 值为 269.068，$P<0.01$，适于进行因子分析。根据因子分析结果，人文思想 5 个条目共提取出 2 个公因子，累计方差贡献率为 72.433%，各条目的因子载荷值见表 3。公因子 1 可解释逻辑思维、

推理判断、创新性思维3个条目的信息，将其命名为理性思维能力；公因子2反映了民族理想、民族精神，将其命名为民族意识。

表3 人文思想各条目的因子载荷

条目	因子1	因子2
民族理想	0.129	0.887
民族精神	0.236	0.841
逻辑思维	0.761	0.233
推理判断	0.865	0.109
创新性思维	0.796	0.172
公因子方差贡献率	51.311%	21.122%

3. 人文方法

经KMO检验和Bartlett球形检验，得到KMO值为0.796，大于KMO检验的可接受值0.7，Bartlett球形检验 $P<0.01$，适于进行因子分析。根据因子分析结果，人文方法5个条目共提取出1个公因子，方差贡献率为54.647%，各条目的因子载荷值见表4。该因子可代表遵纪守法、勤劳敬业、人际交往、团队合作4个条目的信息，将其命名为在社会劳动中的角色特征表现，简称为社会角色特征。

表4 人文方法各条目的因子载荷

构成因素名称	因子
遵纪守法	0.776
勤劳敬业	0.779
人际交往	0.745
团队合作	0.708

4. 人文精神

经KMO检验和Bartlett球形检验，得到KMO值为0.815，大于KMO检验的可接受值0.7，Bartlett球形检验 $P<0.01$，适于进行因子分析。根据因子分析结果，人文精神6个条目共提取出1个公因子，方差贡献率为51.060%，各条目的因子载荷值见表5。该因子能代表求知精神、批判精神、

价值人格、坚定信念 4 个条目的信息，将其命名为个人认知倾向。

表 5　人文精神各条目的因子载荷

构成因素名称	因子
人文关怀	0.670
价值人格	0.745
求知精神	0.775
批判精神	0.761
坚定信念	0.743
审美能力	0.572

三、讨论

（一）专家咨询法构建医学生人文素质构成体系

本文采用专家咨询法，从行政、临床、教学等岗位选取了 20 名专家。在第 1 轮专家咨询中，确定了人文、人文素质的概念和内涵，基本构建了医学生人文素质构成的框架，意见相对集中。经过第 2 轮专家咨询对构成体系进行了修改与完善，确定了医学生人文素质构成的三级指标，形成了医学生人文素质构成因素的体系。医学生专业人文素质构成因素包括 4 个部分，即人文知识、人文思想、人文方法和人文精神，共包括 26 个三级条目。基于该构成要素，对学生和管理干部进行问卷调查，运用主成分分析法，共提取出 6 个公因子，分别为社科类知识、伦理道德规范、理性思维能力、民族意识、社会角色特征、个人认知倾向，其可以代表人文素质的主要构成要素。

（二）加强医护类专业学生人文素质教育的建议和策略

根据本研究构建的医学生人文素质构成要素，可通过下列措施，加强医学生人文素质的培养和教育。1. 构建校园活动文化体系：组织开展丰富的第二课堂活动，建立校园文化活动平台是学生人文素质教育的重要途径。在医护类大学生人文素质构成的公因子中，伦理道德规范、理性思维能力、民族意识等都可以通过校园文化活动的开展达到教育目的。2. 深化社会实践教育体系：社会实践教育是人文素质教育不可缺少的部分，在培养学生理性思维能力、个人认知倾向等方面具有显著作用。我校很多专业是具有鲜明特色的学科，如针灸推拿、中医护理等，在社会实践中具有显著优势。开展“中医进社区” “中医在农村”等实践教育活动既可以提高学生的专业水平，也可以使学生在为基层群众服务中体会职业内涵，提高服务理念，培养理性思维，健全个人认知等。3. 依托“特色成长辅导室”开展人文素质教育辅导：特色成长辅导室是各二级学院学生素质教育工作的重点项目，对于思政教育工作的开展具有重要的现实意义。根据统计结果，价值人格、求知精神、批判精神、坚定信念等是组成人文精神的重要因子，人文精神的培养通过人文素质教育的团体和个体辅导实现。如开展校企联合或校院联合的第二课堂团体辅导、开展“一帮一”的个体人文素质提升等，对提高学生人文精神具有促进作用。

参考文献：

[1]王小丽，史瑞芬，张立力．护理专业大学生人文素质指标内涵要素的初步构建[J]. 护理学报，2009，16（4）：10-11.

[2] WILSON E O. Integrated science and the coming century of the environment [J]. Science，1988，28（31）：4028-4029.

[3] 孙鹏．医学生人文素质教育体系构建研究［D］. 重庆：第三军医大学，2012.

[4] 孙萌，郑蔚，张利霞，等．护士人文素质评价量表的编制及信效度检验［J］. 郑州大学学报：医学版，2014（2）：47-50.

[5] 吕洪宾．基于模糊评判的高校学生综合素质评价体系研究［D］. 济南：山东师范大学，2007.

[6]钟江顺，杨富荣．大学生社会实践动机的心理引导策略研究[J]. 黑龙江高教研究，2015（5）：66-67.

（原文刊载于《中华护理教育》2015 年第 12 卷第 12 期，有删改）

“国医精诚班”模式下对中医学五年制本科生培养效果的调研

张革放

习近平总书记指出：中医药学凝聚着深邃的哲学智慧和中华民族几千年的健康养生理念及其实践经验，是中国古代科学的瑰宝，也是打开中华文明宝库的钥匙。新时代中医药事业传承发展创新之路其道大光，中医药的复兴之门如何开启？办好中医药事业，关键在党，关键在学校，关键在人才。在高等教育普及化的大背景下，遵循大医精诚育人理念，培养符合新时代医学人才，满足国家发展、民族振兴需要的卓越人才是大多数医学类高等院校的重要使命，也是医学高等教育永恒的价值追求。医学卓越人才的培养离不开精诚德育，实施精诚德育是在生物—心理—社会医学模式下实施医学生综合素质培养和道德教育模式的重要创新。国医精诚班作为湖南中医药大学中医学院“三全育人”特色项目之一，是一项重要应用，也是学校对于中医学五年制本科专业人才培养模式改革的创新性探索。本文调查并探讨了“国医精诚班”模式下对2017级中医学五年制本科生培养的应用效果，现报告如下。

一、资料与方法

（一）一般资料

采用方便抽样法，在2017级中医学五年制本科生中随机选取50名“国医精诚班”模式培养的学生为实验组，50名非“国医精诚班”学生为对照组。

作者简介：张革放，湖南中医药大学中医学院辅导员，助教。

两组在性别、年龄等方面的差异均无统计学意义（$P > 0.05$），具有可比性。

（二）培养方法

对照组：基于现有的传统模式培养，为期四年。

实验组：在现有的传统模式培养下，给予“国医精诚班”模式培养，为期四年。

“国医精诚班”模式如下：

（1）国医精诚班学生须按原培养计划和教学安排学习相关的专业基础知识，参加学院和所在行政班级统一组织的教育教学等相关活动；同时参加国医精诚班设置的教育教学安排。针对不同阶段学生的特点和需求，结合实际情况，通过讲座、论坛、分享会等形式，开展行为培养、专业教学、社会实践、志愿服务、文娱体育、科技创新、职业规划等学生喜闻乐见的特色教育教学活动。

（2）国医精诚班实行严格的早起晨训、晨读、按时熄灯就寝等作息制度；国医精诚班为每名学生配备一份成长记录本，学生本人如实详细记录自己在国医精诚班的学习收获、成长心得。同伴辅导员每月对学生进行一次评价、指导；班主任（副班主任）每学期对学生进行一次评价、指导。每学年进行一次总结表彰，结合班级学生一年的学习、成长、出勤等情况，对思想品德、行为习惯、创新创业、专业学习等方面表现突出的同学予以表彰奖励。

（3）国医精诚班实行严格的请假制度，学生因病或特殊情况不能参加国医精诚班正常学习和集体活动，必须向同伴辅导员、班主任请假；班级（小组）对缺勤等情况做好相应的记录，多次不参加精诚班活动将予以劝退。

（4）国医精诚班实行宽进严出机制，对于有专业课挂科、多次无正当理由不参加活动等情况将予以退出处理。退出主要有三种方式，清退、劝退和自退。

学生在国医精诚班学习期间，有以下情况，直接予以清退处理：学期期末考试专业课挂科的；考试违纪或是作弊的；违反学校校纪校规的；连续3次未经请假，擅自缺席班级课程学习及活动的；个人行为不符合国医精诚班要求，多次劝说不改的；违反国家法律法规等其他不符合学生基本要求的情况。因以上相关情况被直接清退的学生，学院将予以通报并给予相应的处罚，取消当年的评奖评优资格。

学生在国医精诚班学习期间，有以下情况，班主任等有权予以劝退：自我要求低，行为习惯不符合班规班纪，屡劝不听的；多次不按规定的作息时间晨跑、晨练、熄灯就寝等的；一学期内多次请假不参加国医精诚班集体学习活动的；学期学分绩点低于 2.0 的；其他不满足国医精诚班基本要求的。对于劝退的同学，在规定的时间内有明显的进步、改变，可允许继续在班级学习；对于屡教不改者，直接予以清退。

因个人原因等其他情况不愿意继续在国医精诚班学习的，经本人申请，报学院领导小组审批通过后可予以退出。

（5）国医精诚班鼓励学生自我教育、自我管理、自我服务、自我监督；在班级具体运行过程中鼓励学生提出想法和建议，学生可通过同伴辅导员、班主任及其他成员向班级提出建议，专项运营管理委员会经讨论商定后予以解释答复。

（6）为弘扬中华民族传统美德，展示新时代中医学子的新风貌，鼓励广大学子勤学奋进、勇攀高峰、不断提升个人综合素质。中医学院特制定“国医精诚班”奖励管理办法，共设 6 个奖项，“优秀组织奖”“先进个人奖”“勤学奋进奖”“单项突出奖”“最佳进步奖”“综合素质奖”。

（三）评价工具

1. 一般资料调查表

由研究人员自行编制，包括性别、年龄、生源地、是否为独生子女、所在年级、是否参加国医精诚班。

2. 资料收集方法

全部问卷采用现场发放、现场收回的形式，统一分发问卷，统一指导语。在调查前调查人员先向各研究对象说明调查的目的、问卷结构，且采用不记名自愿填写的形式，在规定的时间内将所下发问卷全部收回。

3. 综合素质测评

根据《湖南中医药大学本科学生综合素质测评办法（2020 年修订）》，

将学生在校的基础素质、课程学习、发展素质等给出一定的分数，根据所占的比例算出总分，得分越高表示综合素质越高，满分 100 分。

4. 理论水平与实践能力

由中医学院科教科根据实际情况，对两组人员进行理论水平与实践能力考核，统一命题，统一制定考核标准，满分 100 分。

5. 职业道德修养

采用自制医学生职业道德的问卷调查表，调查内容涵盖医学生职业道德规范认知、职业道德素质评价、人际交往评价、学习能力评价、职业道德教育途径、见习单位人才需求标准、见习单位职业道德考核方式 7 个方面，总分 100 分。

6. 自我效能感

采用一般自我效能感量表（General Self-Efficacy Scale，GSES）评定学生的自我效能感，该量表是一个单因素问卷，共 10 个条目，在全世界得到广泛的应用与验证，具有良好的信效度。量表采用 4 级计分，得分越高表示效能感水平越高。

7. 培养模式满意度

采用自制问卷调查表，调查两组学生对学校培养模式的满意程度，分为非常满意、比较满意和不满意三个级别。

（四）统计方法

选择 SPSS 统计软件进行数据分析，所有资料采用双人双输的方法录入数据。

二、结果

1. 综合素质测评对比：实验组评分高于对照组（$P < 0.05$），见表 1。

表 1　综合素质测评对比

组别	综合素质（分）
实验组	73.50 ± 0.81
对照组	68.60 ± 0.92

2. 理论水平与实践能力评分对比：实验组评分高于对照组（$P < 0.05$），见表 2。

表 2 理论水平与实践能力评分对比

组别	理论水平（分）	实践能力（分）
实验组	93.50 ± 4.51	90.00 ± 4.07
对照组	88.60 ± 4.95	88.70 ± 5.31

3. 职业道德修养评分对比：实验组评分高于对照组（$P < 0.05$），见表 3。

表 3 职业道德修养评分对比

组别	职业道德修养评分（分）
实验组	89.10 ± 5.73
对照组	82.40 ± 6.91

4. 自我效能感评分对比：实验组评分高于对照组（$P < 0.05$），见表 4。

表 4 自我效能感评分对比

组别	自我效能感评分（分）
实验组	2.60 ± 0.50
对照组	2.46 ± 0.50

5. 培养模式满意度对比：实验组满意度高于对照组（$P < 0.05$），见表 5。

表 5 培养模式满意度对比

组别	非常满意	比较满意	不满意	满意度
实验组	28（人）	22（人）	0（人）	100%
对照组	19（人）	28（人）	3（人）	94%

三、讨论

（一）有利于提高中医学生的综合素质

国医精诚班自 2017 年 11 月立项成立以来，充分发挥了“一二三课堂”的作用。在第一课堂中结合了日常行为教育渗透专业知识内容，拓宽了大家的知识面；在第二课堂中邀请了国医大师、专家教授进行学术讲座，激发了学习热情，浓厚了学术文化氛围；在第三课堂，通过走出校园、面向社会，利用寒暑假开展了与专业、日常行为相结合的社会实践活动，提升了青年学子的动手能力与实践技能，涵养了公益精神与家国情怀。这大大提高了学生的综合素质，取得了很好的培养效果。

（二）有利于提高中医学生的理论水平与实践能力

中医学是一门理论性和实践性极强的专业，临床教学必须以实践为基础，实践是临床教学质量的重要保证。临床教学是中医学生成为临床医师，培养其临床实践能力的必要阶段。所以，国医精诚班在临床教学阶段前侧重培养理论水平和实践学习能力，给学生提供了开阔视野、拓宽知识面的平台，使学生接触到了更丰富的专业知识；通过组织各种活动、比赛和技能培训等，培养大学生创新意识与实践能力。

（三）有利于提高中医学生的职业道德修养

我国对于医生职业理想自古秉承大医精诚的古训，认为一名合格的中医人不仅要有丰富的医学知识和技能，还应该具有良好的文化修养、道德人格。在国医精诚班的师承文化中，一方面在择徒方面要求较为严苛，尤其将优良品行视为择徒的重要标准；另一方面，在传承中不仅努力帮助学生获得知识与专业技能，还非常重视将中医药文化中所包含的以仁存心、济世活人、大医精诚、淡泊名利等道德理念进行传承。国医精诚班要让同学们知道，要成为一名优秀的医生，不仅要有医学知识和技能，还要有良好的职业道德修养。

（四）有利于提高中医学生的自我效能感

自我效能感是影响自主学习的重要因素，自我效能感促进认知参与，增强自我效能感亦可促进学生对认知策略的运用，从而提高学习成绩。而大学阶段是培养自主学习能力的关键时期，提高自我效能感，从而使大学生在自主学习中能够进行积极的情感调控，调动潜能和主观能动性达成既定学习目标，具有十分重要的意义。国医精诚班通过习惯养成等激发学生潜能和积极性，增加学生在学习中获得成功经验的机会；给予学生信任、期待以及积极的暗示，让学生相信自身效能具备执行某一任务的能力，有效增强了学生的自我效能感，实现了专业学习自主性、自我管理主观能动性的提高。

通过国医精诚班模式培养引导学生守初心，秉持精与诚。作为一名中医学子，始终牢记大医精诚、治病救人的初心，力求成为具有仁心仁术的卓越医学人才。人正则品端，负责任、讲真话、办实事，才能“仰不愧于天，俯不怍于人”。发展中医药事业，必须精诚于品格、精湛于医术，才能赢得人民大众的信任。只有信中医才会爱中医，只有爱中医才会用中医，继而肩负起服务健康中国建设、担当民族复兴之大任。

通过国医精诚班模式培养练就硬本领当好“领头雁”。《战国策》有云:“毛羽不丰满者，不可以高飞。”学习是成长进步的阶梯，实践是提高本领的途径。新时代中医青年，要在踏实的学习中、在丰富的实践中、在广阔的基层土壤中，练就过硬本领、拓宽思路眼界、提升专业技能、传扬国医精髓，以真才实学、真扎实干践履伟大的“中医梦”、中国梦。

通过国医精诚班模式培养勇于担使命，续写新篇章。《中共中央、国务院关于促进中医药传承创新发展的意见》中指出，“传承创新发展中医药是新时代中国特色社会主义事业的重要内容，是中华民族伟大复兴的大事”。作为中医学子，一方面要挖掘和传承中医药宝库中的精华精髓，博览医籍、勤求古训，传承名老中医学术经验、老药工传统技艺；另一方面，要树立创新意识，培养创新精神，开拓创新思维，提高创新能力，要善于抓住时代的机遇，在继承和创新中担负起发展中医药的时代使命。

综上所述，国医精诚班能有效提高中医学生综合素质、理论水平、实践能力、职业道德修养、自我效能感和培养满意度。2017级国医精诚班包揽了年级成绩排名前四，学分绩点3.0以上的人数中占到86.21%，英语四级通过率达到95.58%，共计获得国家级奖项3项，省级奖项6项，其他院级及以上的奖项近百项。湖南中医药大学“国医精诚班”的实践研究表明，这是一种可行的、有效的中医教育模式，顺应了当前促进中医药传承发展、推进人才培养模式改革的精神要求，对于学院、学校的发展，对中医人才的培养，对社会需求的满足，都具有重要的现实与实践意义。这种培养模式是加强和改进大学生全面发展的新尝试和新载体，具有很强的生命力和活力，有很大的应用前景且值得推广。

参考文献:

[1] 林心宇.生物—心理—社会医学模式下医学院校学生国际化培养的研究[D].广州：南方医科大学，2016.

[2] 张金荣，韩东亮.医学生实践能力培养的探讨[J].西北医学教育，2015，23(01)：11-13.

[3] 程子军.完善医学生职业道德培养教育途径[J].医学与哲学，2005，26(19)：74-75.

基于核心素养的中医药院校护理本科学生指标体系构建

邹灵玥 吴湘 罗尧岳 刘莉

核心素养是当前我国教育领域的重要概念，也是引领我国教育事业发展、提高人才培养质量的重要依据和理论指导。自2016年9月《中国学生发展核心素养》发布以来，核心素养成为教育学界和业界的重要议题，护理学界自2016年开始便展开了对核心素养理念在护理学专业教育、人才培养等方面的运用研究，积累了一定的研究成果。但是从既往研究来看，大多集中于对核心素养在护理教育领域的理论和路径探讨，而缺乏对护理专业学生核心素养指标体系和评价体系的讨论，而后者是实现核心素养理念在护理教育领域落地的关键。同时，学界对于中医药院校护理专业核心素养的讨论也并不充分，作为中国自主科学知识体系的中医药学及其下设的中医护理专业，在中医药发展重要机遇期的时代语境下，理应顺应时代发展，不断探索新的更适应当下需要的人才培养模式，而核心素养理念的引入恰逢其时。我国学生发展核心素养总体框架是基于马克思关于“人的全面发展学说”而确立的，具体包括文化基础、自主发展和社会参与三个方面，以及人文底蕴、科学精神、学会学习、健康生活、责任担当、实践创新“六大素养”。这为新时期中医药院校护理专业本科学生的培育及其路径优化提供了新的理论指导，因此，在此背景下探讨中医药院校护理本科学生的核心素养及其指标体系建设，具有重要的现实意义。

作者简介：邹灵玥，湖南中医药大学护理学院辅导员，助教；吴湘，湖南中医药大学资产与实验室管理处副处长，讲师；罗尧岳，湖南中医药大学发展规划与医院管理处处长，教授；刘莉，湖南中医药大学护理学院学生管理科科长，副教授。

一、方法

（一）拟定指标体系的框架

本研究以马克思主义关于“人的全面发展学说”为理论核心，以核心素养理论为主要研究范式，结合《普通高等学校本科专业类教学质量国家标准》《护理学类教学质量国家标准》《全国护理事业发展规划（2021–2025年）》《新入职护士培训大纲（试行）》，以及各中医药院校护理人才培养方案等，检索国内外数据库护理核心能力、护理核心素养相关文献资料进行理论分析，邀请学界、业界专家以护理本科学生核心素养为话题，进行半结构式访谈。经过初步拟定，我们提出了包括5个一级指标、18个二级指标和52个三级指标的中医药院校护理专业本科学生核心素养体系框架，其中5个一级指标分别为学习能力、身心素养、人文素养、实践能力和创新能力。

（二）专家遴选

两轮德尔菲法预计函询21位专家，所调查专家均就职于中医药院校或三级甲等医院，从事护理教学、研究或临床工作，具有本科及以上学历、中级及以上职称，对本研究领域较为熟悉。

（三）调查方法

本文根据研究内容、目的和资料收集情况选择德尔菲法和专家评分法，以问卷形式对专家进行函询。在调查期间，专家之间互相不联系，仅与研究者联系。每轮函询后，综合专家意见的统计结果和修改建议，对指标进行优化，形成中医药院校护理专业本科学生核心素养评价体系。

（四）问卷设计

第一轮专家调查问卷包括3个部分，分别是专家一般情况调查表，指标体系重要性评分表，专家对问题的熟悉程度、判断依据及其影响程度评分表。“重要性”按照Likert 5级评分法评定：“很重要”为5分、“重要”为4分、“一般”为3分、“不太重要”为2分、“不重要”为1分。“熟悉程度”按照Likert 5级评分法评定：“熟悉”为5分、“较熟悉”为4分、“一般”为3分、“不太熟悉”为2分、“不熟悉”为1分。“判断依据”包括理论分析、实践经验、参考国内文献、参考国外文献、对国内外有关进展的了解、个人直觉。

后一轮专家调查问卷增加上一轮专家调查问卷的专家意见及重要性评价统计结果反馈。

（五）统计分析

运用统计软件 SPSS 25.0 和 Excel 2019，对专家积极程度、专家权威程度和专家协调系数进行分析与评价。

（1）专家积极程度：用专家积极系数来表示，专家积极系数即问卷回收率。专家积极系数越高则专家积极程度越高，积极系数＞ 70% 则表明专家的积极程度非常高。回收率 = 回收问卷数量 / 发出总问卷数量 ×100%。

（2）专家权威程度（Coefficient Rate，简称 Cr）是根据专家对于指标体系框架中的每个条目的熟悉程度（Cs）和判断依据（Ca）的评估。Cr=（Ca+Cs）/2，一般认为专家权威系数≥ 0.70 为可接受的程度。

（3）专家意见集中程度：根据专家指标评分的均值、标准差、变异系数（Cv）来反映。专家评分的均数越大，则对应指标的重要性越高。Cv ＜ 0.30 提示专家对该条目重要性评价的一致性高，专家协调程度高，评价结果可信度高；Cv ＞ 0.70 提示专家对该条目争议较大，需对其进行再次评价。

（4）各级指标权重：在第二轮专家函询中，请专家对各指标的重要性程度进行打分。权重计算方法为将每级指标的平均分相加，再求出各个指标的均值在指标均值总分中所占的比重，即各指标的权重。

（六）构建评价体系

经过两轮问卷函询，综合专家的修改意见对相应指标进行修改，构建最终的中医药院校护理本科学生核心素养评价体系。

二、结果

（一）可靠性分析

1. 专家基本情况

21 位专家分别来自湖南中医药大学、广州中医药大学、南方医科大学、湖南中医药大学附属第一医院、广东省中医院、南方医科大学南方医院、中南大学湘雅医院等单位。其中中级职称 8 人、副高级职称 10 人，正高级职称 3 人；学士学位 9 人、硕士学位 11 人、博士学位 1 人，均符合纳入标准。专家的基本情况见表 1、表 2。

表 1　专家的年龄与工龄结构

专家年龄 / 岁	人数 / 人	构成比	工作年限 / 年	人数 / 人	构成比
20~29	4	19.05%	1~8	5	23.81%
30~39	11	52.38%	9~16	13	61.90%
＞40	6	28.57%	＞17	3	14.29%
合计	21	100%	合计	21	100%

表 2　专家的职称与学位结构

专家职称	人数 / 人	构成比	最高学位	人数 / 人	构成比
正高级	3	14.29%	博士	1	4.76%
副高级	10	47.62%	硕士	11	52.38%
中级	8	38.09%	学士	9	42.86%
合计	21	100%	合计	21	100%

2. 专家积极程度

在本研究中，第一轮和第二轮函询均发放问卷 21 份，回收 21 份，有效问卷 21 份。两轮问卷回收率和有效率均为 100%，表明专家积极性高。

3. 专家权威程度

在本次调查中，专家的判断系数平均值 Ca 为 1.105，专家对问题的熟悉系数平均值 Cs 为 0.690，则专家的权威系数平均值为 Cr=（Ca+Cs）/2=0.898 ＞ 0.70，可判断专家具有权威性。详见表 3。

表 3　专家权威程度

专家	判断系数（Ca）	熟悉程度（Cs）	权威系数（Cr）
1	1.10	0.90	1.00
2	1.00	0.70	0.85
3	1.10	0.70	0.90
4	0.60	0.70	0.65

续表

专家	判断系数（Ca）	熟悉程度（Cs）	权威系数（Cr）
5	1.00	0.70	0.85
6	1.10	0.70	0.90
7	1.20	0.70	0.95
8	1.10	0.70	0.90
9	1.20	0.70	0.95
10	1.20	0.70	0.95
11	1.20	0.70	0.95
12	1.10	0.50	0.80
13	1.20	0.50	0.85
14	1.10	0.50	0.80
15	1.10	0.70	0.90
16	1.20	0.90	1.05
17	1.20	0.70	0.95
18	1.20	0.90	1.05
19	1.10	0.50	0.80
20	1.20	0.70	0.95
21	1.00	0.70	0.85

4. 专家意见集中程度

专家对于各项指标的变异系数如表 4 所示，一级指标的变异系数 Cv 为 0.06~0.11，二级指标的变异系数 Cv 为 0.09~0.17，均小于 0.3，表明专家对各项指标的意见较为一致，集中程度较高。

（二）函询结果

本研究中，采用专家评分法确定中医药院校护理本科学生核心素养评价体系权重，经过 2 轮德尔菲法专家咨询，在拟定指标体系的基础上剔除了 3 个二级指标和 8 个三级指标，最终确立了由 5 个一级指标，15 个二级指标和 44 个三级指标组成的中医药院校护理专业本科学生核心素养体系及其评价权重，详见表 4。

表4　核心素养评价指标体系（附权重、统计分析）

	指标	权重	极小值	极大值	均值	标准差	变异系数
1	学习能力	0.206	4	5	4.900	0.301	0.061
1.1	自我管理能力	0.068	3	5	4.620	0.590	0.128
1.1.1	自我认识与自我发展目标能力	0.024	3	5	4.570	0.676	0.148
1.1.2	自我评价能力	0.020	3	5	3.950	0.669	0.169
1.1.3	自我教育、自主学习能力	0.023	3	5	4.380	0.590	0.135
1.1.4	自我控制能力	0.020	3	5	3.950	0.498	0.126
1.2	公共基础技能	0.058	3	5	3.950	0.669	0.169
1.2.1	护理人文社会科学知识与技能	0.023	3	5	4.380	0.590	0.135
1.2.2	计算机技术	0.022	3	5	4.190	0.602	0.144
1.2.3	护理学外语文献和外语交流技能	0.022	3	5	4.290	0.561	0.131
1.3	专业知识积累	0.068	4	5	4.670	0.483	0.103
1.3.1	临床医学基础知识与技能	0.024	3	5	4.570	0.598	0.131
1.3.2	常见传染病知识与技能	0.023	4	5	4.520	0.512	0.113
1.3.3	药理学知识与技能	0.022	3	5	4.330	0.658	0.152
1.3.4	中医学知识与技能	0.023	4	5	4.480	0.512	0.114
1.3.5	健康评估知识与技能	0.024	4	5	4.620	0.498	0.108
1.3.6	护理学基础知识与技能	0.025	4	5	4.760	0.436	0.092
1.3.7	护理常见临床心理问题知识与技能	0.024	4	5	4.670	0.483	0.103
1.3.8	护理教育学、护理伦理等知识与技能	0.022	4	5	4.240	0.436	0.103
1.3.9	社区护理学、危急重症知识与技能	0.022	4	5	4.240	0.436	0.103
2	身心素养	0.205	4	5	4.860	0.359	0.074
2.1	身体素质	0.068	4	5	4.620	0.498	0.108
2.1.1	大学生体质检查	0.024	4	5	4.710	0.463	0.098
2.1.2	体力胜任临床护理工作能力	0.024	4	5	4.710	0.463	0.098
2.2	心理素养	0.068	4	5	4.670	0.483	0.103
2.2.1	情绪调节能力	0.026	4	5	4.950	0.218	0.044

续表

	指标	权重	极小值	极大值	均值	标准差	变异系数
3	人文素养	0.198	4	5	4.710	0.463	0.098
3.1	道德修养	0.069	4	5	4.710	0.463	0.098
3.1.1	理想信念	0.024	4	5	4.710	0.463	0.098
3.1.2	家国情怀	0.024	4	5	4.570	0.507	0.111
3.1.3	专业价值观	0.022	4	5	4.330	0.483	0.112
3.2	专业认同	0.067	3	5	4.570	0.676	0.148
3.2.1	护士身份	0.024	4	5	4.670	0.483	0.103
3.2.2	护理专业价值	0.024	4	5	4.620	0.498	0.108
3.3	人文关怀	0.069	4	5	4.710	0.463	0.098
3.3.1	人的尊严和价值	0.024	4	5	4.570	0.507	0.111
4	实践能力	0.197	4	5	4.670	0.483	0.103
4.1	团队合作能力	0.065	3	5	4.430	0.598	0.135
4.1.1	协调资源能力	0.018	3	4	3.570	0.507	0.142
4.1.2	配合协调能力	0.024	3	5	4.570	0.676	0.148
4.2	护理操作技术	0.067	4	5	4.570	0.507	0.111
4.2.1	护理常用诊疗技术能力	0.024	3	5	4.620	0.669	0.145
4.2.2	整体施护能力	0.021	3	5	4.100	0.700	0.171
4.2.3	规范操作能力	0.025	4	5	4.760	0.436	0.092
4.3	临床思维能力	0.070	4	5	4.760	0.436	0.092
4.3.1	综合评估能力	0.024	4	5	4.620	0.498	0.108
4.3.2	准确研判能力	0.024	4	5	4.670	0.483	0.103
4.4	人际沟通能力	0.068	4	5	4.620	0.498	0.108
4.4.1	医护沟通能力	0.025	4	5	4.760	0.436	0.092
4.4.2	护患沟通能力	0.025	4	5	4.760	0.436	0.092
4.4.3	护护沟通能力	0.024	4	5	4.670	0.483	0.103
5	创新能力	0.194	4	5	4.620	0.498	0.108
5.1	评判性思维	0.067	3	5	4.570	0.598	0.131
5.1.1	辨证施护的能力	0.020	3	5	3.860	0.793	0.205
5.1.2	分析判断的能力	0.021	3	5	4.100	0.700	0.171
5.2	信息素养能力	0.064	3	5	4.380	0.590	0.135
5.2.1	信息观念	0.021	3	5	4.100	0.700	0.171

续表

	指标	权重	极小值	极大值	均值	标准差	变异系数
5.2.2	信息技术知识	0.020	3	5	3.860	0.727	0.188
5.2.3	信息转化、融合重组的能力	0.022	3	5	4.240	0.625	0.147
5.2.4	信息安全的能力	0.021	3	5	4.100	0.625	0.152
5.2.5	学术道德	0.021	3	5	4.100	0.700	0.171
5.3	护理专业前沿	0.066	3	5	4.520	0.602	0.133
5.3.1	国家卫生工作的基本方针、政策和法规	0.021	3	5	4.140	0.655	0.158
5.3.2	学科发展动态及趋势	0.022	3	5	4.330	0.577	0.133

从上表我们可以比较清晰地看出中医药院校护理专业本科学生核心素养三级指标的具体内容及其指标权重，由此可知不同指标在核心素养指标体系之中的重要程度以及权重赋值情况。这对于后续有针对性地调整培养计划、推进课程改革以及优化教学评价等都具有奠基性作用，指标体系的确立对于评价方式及其体系的构建具有重要的指导意义。

三、讨论

本研究所采用的德尔菲法又称专家咨询法，主要通过数轮问卷咨询专家意见并形成反馈，达到对某一主题意见的统一，目前被认为是有效的信息收集方法，为核心素养指标体系的构建提供科学依据。德尔菲法的研究结果均来源于专家意见，反映大多数人的客观观点，因此，专家遴选是德尔菲法的关键步骤，专家积极性、权威性将直接影响咨询结果的质量。本研究严格执行专家纳入标准，21 名专家均来自中医药院校、三级甲等医院等，具有本科以上学历、中级及以上职称，80% 以上专家具有 9 年及以上工作年限，且多数具有护理管理、护理研究、护理教学、中医临床护理经验，充分保证了本研究的科学性。

课题组通过相关文献资料研读与专家半结构式访谈，初步拟定的评价体系框架中 5 项一级指标分别为“专业知识学习”“个人素养”“专业素养”“科研创新能力”“实践操作能力”，在第一轮函询中多位专家对一级指标的设置提出了修改意见：应更加明确地区分“能力”和“素养”，“学习”不是一种“素养”，而“个人素养”又过于笼统。经过反复斟酌，将5项一级指标改为“学习能力”“身心素养”“人文素养”“实践能力”“创新能力”。在设置评价体系中，首先结合前期文献资料和专家意见，提炼出中医药院校护理本科学生应具备的核心素养的几个大类，继而对一级指标进行合理分类。最初的评价体系中，在二级指标和三级指标中间设置了本科护理学生核心素养评价体系等级评分咨询表，专家指出应当改变该表位置，避免专家给各级指标评分过程中的思路被打断，提示研究者在设计调查问卷时应该更加注重问卷结构的合理化。

本研究计算了各指标的权重，权重可以判断该指标的重要程度。从5个一级指标权重来看，“学习能力”和“身心素养”权重最高，这是基于护理是一门对专业知识要求较高的专业，护理本科学生要求学习护理学专业课程、思政课程、医学基础课程、人文社会科学课程、行业发展课程，学生须具备较强的学习能力，才能胜任护理工作；同时，护理工作具有工作环境复杂、需要经常性值夜班、工作难度大、突发问题多的特点，学生必须具有健康的身体素质和强大的心理素质，才能胜任临床高强度的工作。各高校应着重保障护理本科学生教学质量，可以从学历背景、职称职级、临床工作经历及带教意愿等方面选拔专任教师，同时加强在岗教师教学、科研、管理方面的能力，提高教师的综合素质水平。从二级指标和三级指标权重来看，具有较高权重的二级指标和三级指标多集中在一级指标“实践能力”下，比如二级指标中的“临床思维能力”，三级指标中的“规范操作能力”“医护沟通能力”“护患沟通能力”，这表明护理是一门实践性很强的专业，除了复杂精细的临床操作外，还需配合医生的治疗，同时应对护患矛盾。有鉴于此，在护理本科教育中，本科院校可以为本科学生提供更多实践机会，比如三下乡活动、义诊活动等，提供更仿真的情景教学，更加注重护理本科学生实习期在实习基地的科室轮转及案例学习情况，确保更有力地提高学生的实践能力。此外，专家对于指标“道德修养”的认同符合“立德树人”的人才培养背景，具有良好道德修养的医学人才是我国医疗事业发展的关键。

综上，培养护理专业本科学生过程中，需注重学生多方面发展，因此在各本科院校人才培养方案中，应结合护理专业特点，设置具有专业特色的通识教育课程和人文社会科学课程。而在专业教育方面，通过开展多种形式的教学活动，如混合教学、情景模拟、护理查房、翻转课堂、工作坊等，引导学生主动去发现、思考、解决问题，激发学生的学习兴趣和热情，增强学生的护理思维能力，以期符合《中国学生发展核心素养》中对于文化基础、自主发展和社会参与三个方面的要求。

四、小结

本研究通过德尔菲法和专家评分法构建的中医药院校护理专业本科学生中医护理临床实践培养体系较为科学可靠。该指标体系可为中医药院校培养护理专业本科生提供参考和借鉴，为优化中医药院校护理专业人才培养方案提供指导，为本科护理专业人才培养模式的创新、内部管理体系的改革、教学质量诊断的改进以及学生学业质量的评估等提供重要的抓手，提升本科护理教育的人才培养质量和核心竞争力，为发展中医药本科院校护理教育工作指明方向，对本科护理教育的整体发展影响深远。

参考文献

[1] 赵婀娜，赵婷玉.《中国学生发展核心素养》发布［N］. 人民日报，2016-09-14（12）.

[2] 臧格，时秋英，徐甜甜，等. 核心素养在教育中的研究进展对我国护理学的启示［J］. 中国实用神经疾病杂志，2016，19（22）：120-121.

[3] 杨丽. 护理专业核心素养的培养［J］. 西部素质教育，2017，13（5）：187.

[4] 刘迅，邓奕辉. 中医药发展的优势、劣势、机会与威胁分析［J］. 医学与哲学，2021，42（13）：62-66.

[5] 黄海鹏，李磊."新医科"理念下中医人才培养的时代审思［J］. 长春中医药大学学报，2022，38（10）：1167-1170.

[6] 毛歆，杨悦，张河战. 医药卫生领域能力评价工具研究概述［J］. 中国医药导报，2017，14（25）：46-50.

[7] 李慧珍，宗星煜，王晶亚，等. 基于改良德尔菲法与优序图法的中医药团体标准评价指标体系构建［J］. 中国中医基础医学杂志，2023，29（5）：775-780.

[8] 黄敬亨. 健康教育学［M］. 上海：上海医科大学出版社，1997.

[9] 田丹，李蕊，孟开，等. 基于德尔菲法的北京市产科护理安全管理指标体系构

建研究［J］. 中国医药导报，2019，16（25）：179–184.
［10］POWELL C. The Delphi Technique：Myths and Realities［J］.Journal of Advanced Nursing，2003，41（4）：376–382.
［11］徐莎，唐小玲，王蕾，等. 中医护理的发展现状［J］. 世界最新医学信息文摘，2019，19（98）：74–75.

（原文刊载于《湖南中医药大学学报》2024 年第 44 卷第 3 期，有删改）

中医药院校网络思政课的效果分析与经验启示

——以湖南中医药大学为例

张毅韬　薛金凤　周良荣

2020年初，突如其来的新冠疫情引发了大规模的线上教学实践，全国的各级教学机构开始线上授课和开发适宜线上的授课内容。2021年全国全面复学，然而，我国运用互联网进行线上授课、结合线下教学的高校仍不在少数。就思政教育的内容而言，中医药院校在后疫情时代，对学生进行专业文化知识的传授时，更应该把“抗疫精神”“中医药重要作用”等元素融入思政课堂中，丰富中医药院校思政课的教育内容；同时在思政教育的形式上，探索开拓线上思想政治教育传播途径，以落实院校思政课立德树人的根本任务。相较于专业课而言，学生在思想政治课上投入的时间和精力较少。探索学生乐于接受、学习相对自由，同时教师教学效果良好的新型线上思想政治教育模式，是中医药院校思政工作的当务之急。

一、资料与方法

（一）一般资料

因考虑到大二及以上年级学生已经学完《思想道德修养与法律基础》，故本研究从湖南中医药大学大一学生中随机抽取男生90名、女生90名，按随机数字表法平均分为3组，每组60名且男女各半。传统的面授形式为对

作者简介：张毅韬，湖南中医药大学湘杏学院学生管理科科长，讲师；薛金凤，湖南中医药大学护理学院团委书记，讲师；周良荣，湖南中医药大学人文管理学院教师，教授。

照组，年龄为 17~19（17.8 ± 0.75）岁；线上教学为实验组 A，年龄为 17~19（17.7 ± 0.70）岁；学生自学讲稿为实验组 B，年龄为 17~18（17.6 ± 0.74）岁。3 组学生年龄对比，差异无统计学意义（$P > 0.05$），具有可比性。

（二）实施方法

授课内容为中医药特色的思政课程，测试选取 2018 版《思想道德修养与法律基础》第 3 章《弘扬中国精神》、第 4 章《践行社会主义核心价值观》，并结合纪录片《钟南山》《“核心价值观百场讲坛”云宣讲：“人民英雄”张伯礼讲述抗疫故事》进行讲述。对照组与实验组 A 的授课教师为同一人。按照《思想道德修养与法律基础》教学安排，对照组第 3 章集中学习 3 个学时，第 4 章集中学习 3 个学时，由老师进行两个章节的面授讲课。实验组 A，由老师在线上进行与对照组相同内容、相同时长的讲述。实验组 B 自学 6 个学时讲稿、自行观看教师所选的课程相关的疫情纪录片。学期末，3 组学生进行所学内容的测试，最终根据 3 组学生的考试成绩进行分析，检测教学效果。

（三）不同教学法的实施

1. 面授思政课

课前，教师需对授课内容和授课对象进行研究；课中，将中医、抗疫内容与原课文知识点结合时，课程应有的政治性、思想性和理论性不能少；教师需要具备深厚的学理功底和流畅的表达能力，将原本看似枯燥的理论知识（如“青年要爱国”“社会要平等”“国家要富强”等学生早已熟稔于心的内容），讲得生动具体、有亲和力，要让学生精神有收获、理论有拔高。面授教学，教师能够直观地看到每一个同学，从他们的表情、行为的反馈中立刻得知当前的教学内容是否能够达到备课时想要达到的效果，从而进行调整。在学生注意力不集中时，教师也能及时纠正。另一方面，学生能够在现场通过直接发言、肢体表情、回答提问等方式及时地得到老师的反馈，从而加深自己对教学内容的理解，增强对课程学习的专注度。

2. 线上思政课

线上思政课除了备课内容和授课表达要与面授别无二致之外，为确保上课质量，需在课前确保网络通畅。授课过程中，教师可以提醒学生在讲重点时进行录屏，以便课后进行思考和复习。不同于面授上课时师生互动为举手发言，网络思政课过程中学生有问题可以直接在屏幕上以文字形式提出，也可以要求与教师进行语音互动，教师能够根据上课进程控制和回答，对上课的流畅性影响较小。网络思政课所选取的视频、案例可以鼓励师生多观看、互动讨论，从而使思想政治教育中常常偏重灌输式的“理论话语”能够通过同学们的反馈而变得生活化，使思想政治教育更加“浸润式”。

3. 学生自学讲稿

学生自学的讲稿需要更加贴近老师上课时所使用的版本，要做到条理清楚、理论深厚、重点突出，能够让学生在自学过程中接受到的知识点不少于对照组和实验组 A。

（四）统计学方法

运用SPSS 23.0软件检验接受不同教学方式的学生成绩是否具有差异性，其中有 2 组成绩不服从正态分布，因而使用 H 检验来进行教学方式差异显著性检验，以 $P<0.05$ 为差异有统计学意义。

二、结果

将 3 种教学方式进行 H 检验，对照组与实验组 A 的学生成绩比较差异无统计学意义（$P > 0.05$）；对照组、实验组 A 与实验组 B 比较，差异有统计学意义（$P < 0.01$）；对照组和实验 A 组成绩均高于实验 B 组，差异具有统计学意义（$P < 0.01$）。见表 1。

表 1　中医药特色思政课 3 种教学法成绩对比

组别	n/ 人	成绩 / 分
对照组	60	81.75 ± 5.80
实验组 A	60	81.47 ± 7.55
实验组 B	60	77.18 ± 9.33**##

注：与对照组比较，**$P < 0.01$；与实验组 A 比较，##$P < 0.01$。

数据表明，传统线下面授形式的教学效果是最好的，线上教学形式次之，学生自学的效果最差。对照组的学生成绩离散度最低，实验组 A 学生的成绩比较平均。实验组 B 的平均成绩较对照组低，对比实验组 A 与对照组无明显差距来看，实验组 B 的学习效果差了许多。此外，实验组 B 的样本标准差也高于实验组 A 和对照组，说明实验组 B 的学习水平最参差不齐。

三、讨论

（一）思政课需要老师进行教学和引导

自学思政内容的学生在测评中得出的成绩比面授和线上教学的明显要低。这表明学生即使有相同的学习资料，仅靠自学仍无法达到另两种教学方式所达到的教学效果。这之间的差距主要是因为学生在上思政课时，依旧需要教师的引导、监督和讲解。

（二）思政课可以发挥线上教学的优势

根据 3 种思政课的实施结果，可以看出接受面授教学的学生在测试中表现最好，但是线上思政课的考试成绩直观上与其相比并没有区别。在进行教学方式两两对比的时候，也可以看出思政课线上教学能够达到与面授思政课相同的教学效果。在做学生思政工作时，教师能够克服时间和空间的限制，打造网络思政的阵地，强化思政内容的传播力，是高校落实“立德树人”这一教育根本目标的有力举措。线上教学不仅能够使学生重复学习、随时随地学习、方式灵活学习，从学生角度来看，线上教学的效果更具有互动自由、易于接受等独特优势。高校结合好线上与线下的思政课教学方式，选定好不同教学内容应用的教学手段，是能够将思政课的育人实效发挥到最大。

四、经验启示

（一）搭建线上思政课平台

习近平总书记指出，做好高校思想政治工作还要“运用新媒体技术使工作活起来，推动思想政治工作传统优势同信息技术高度融合，增强时代感和吸引力”。思政课作为中医药院校向学生传授思想政治教育理论体系的主干道，选用的专任思政老师需要具有政治素质高、乐于探索网络教学形式、重视教学效果、教研能力强等特点。在借助网络平台授课时，能够积极探索适用于学生网络使用习惯的教学方式和教学素材，用学生乐学的方式有针对性地进行备课，才能更好地增强大学生的政治素质，提高大学生的思想品德和心理素质，培养新时期所需要的高素质人才。

（二）利用海量网络精品线上课程

为了提高当代大学生积极应用易班和其余网络学习平台的效率，保持中医药院校思想政治教育与大学生接纳能力、接纳方式相统一，中医药院校的思想政治教育应结合以易班优课、校园网络金课为代表的线上精品课程，辅以教师在线讲授，使中医药院校的思政课紧跟着时代发展的潮流。

（三）探索思政课“互联网 +”新路径

当代大学生互联网使用时间的增长和使用形式的丰富给新时代的思想政治教育提出了新的思路。通过持续跟踪上网行为计算、问卷调查、大数据分析等方式来把握学生的思想动态、政治观点、关注热点、学习情况、心理健康状况、生活需要，从而做到以人为本、思想引领、因材施教。而通过校内外的各种传统媒体和新媒体的传播，学生在日常生活中的碎片时间也能够得到优质、及时、多样、有亲和力的思政课资源。

（四）鼓励学生制作中医药思政课内容

中医药院校学子结合自身院校优势特点，亲自动手参与到中医药思政课内容制作中来，更能够提升学生学习的积极性，发挥学生的主观能动性和提升网络教育平台在学生之间的利用率。要以学生为中心，专业教师、思政教师、辅导员同时参与进来，运用翻转课堂等形式围绕中医药思政课学习者要干货、重归纳、多发散的需求来进行制作。所蕴含的思政内容要多挑选贴近学生生活的实例，让大学生在实质性互动过程中潜移默化地提升中医药文化素养，更能提高政治站位、坚定理想信念。

五、结语

疫情的出现不仅仅给高校的正常教学带来了挑战，也带来了新的教学思路。在分析线上与线下思政课的教学效果和实施优势后，高校要研究如何利用其优势，将思政课的育人实效发挥到最大，完成好立德树人的根本任务。

参考文献：

[1] 胡敏兰．新媒体环境下思想政治理论课教学改革的实践路径探析［J］．合肥师范学院学报，2020，38（2）：127-129.

[2] 熊晓梅．把握好高校思想政治教育立德树人的四个维度——学习贯彻习近平总书记关于思想政治教育重要论述［J］．现代教育管理，2020（8）：23-29.

[3] 林媛媛，马旭，吕金泽．高校“大思政”教育生态的基本要素与结构功能研究［J］．黑龙江高教研究，2020，38（7）：135-139.

[4] 徐进功，刘洋．思想政治理论课“三位一体”教学改革实践探索［J］．思想理论教育导刊，2020（12）：119-123.

[5] 韩俊，金伟．疫情背景下高校思政课网络教学的机遇与挑战［J］．学校党建与思想教育，2020（17）：57-59.

[6] 王武．网络互动社区对高校新生思想政治教育影响研究：以“易班”平台为例［J］．中共济南市委党校学报，2018（1）：87-90.

[7] 张烁，鞠鹏．习近平在全国高校思想政治工作会议上强调：把思想政治工作贯穿教育教学全过程 开创我国高等教育事业发展新局面［N］．人民日报，2016-12-09（1）.

[8] 陈子季．准确把握高校思想政治工作三大根本任务的丰富内涵——学习习近平总书记在全国高校思想政治工作会议上的讲话［J］．大学（研究版），2017（3）：24-39.

[9] 周紫薇，黄碧玉．“互联网+”视域下医学生思想及医德教育的困境与应对［J］．安徽卫生职业技术学院学报，2019，18（4）：116-117.

[10] 马福运，孙希芳．常态化疫情防控中的高校思政课教学创新［J］．教学与研究，2021（5）：96-104.

（原文刊载于《湖南中医药大学学报》2021年第41卷第8期，有删改）

高校资助育人工作现状调研及心理帮扶路径探讨

——以湖南中医药大学为例

毛璟玲　李湘玉　贺圆圆

中共教育部党组印发的《高校思想政治工作质量提升工程实施纲要》（教党〔2017〕62号）提出高校应大力提升高校思想政治工作质量，建立健全系统化育人长效机制，切实构建"十大"育人体系。其中资助育人是"十大"高校育人体系中的一项重要任务。2017年时任教育部部长陈宝生在答记者问时说，打赢教育脱贫攻坚战要着力实施"两个转变"，其中之一就是由大水漫灌转变为精准滴灌。近几年高校资助育人多停留在物质和经济资助层面，如何使家庭经济困难的在校大学生实现"扶困"到"扶智"和"扶志"的转变，成为高校资助工作需要解决的问题。

作为中医类高校，对于医学生这一特定群体，准确了解和把握其心理发展需求，是深化高校资助育人工作，提高精准资助成效，达到综合扶智目的的关键。本调查研究以湖南中医药大学为例，采用访谈调研法、文献调研法、问卷调研法相结合的方式，对部分家庭经济困难学生进行调研，收集家庭经济困难学生基本家庭情况、月消费水平、在校综合表现以及心理特征等相关数据，采用分类统计和交叉分析的方法，对不同性别、专业、年级的受访者进行分析，以探究"资助育人"现状和"心理育人"在资助过程中的重要性。

作者简介：毛璟玲，湖南中医药大学针灸推拿与康复学院辅导员，助教；李湘玉，湖南中医药大学学生工作部资助中心主任，讲师；贺圆圆，湖南中医药大学针灸推拿与康复学院科长，讲师。

一、高校资助育人工作现状调研分析

本研究共发放问卷 718 份，回收问卷 513 份（其中女生 398 人，男生 115 人），有效回收率 71. 45%。

（一）受助学生困难成因分析

1. 原生家庭困难是受助学生贫困的本质原因

调查结果显示，被调查对象中有 74. 41% 的学生成长在农村，82. 87% 的学生是农村户籍，96. 36% 的学生父母未受高等教育，故家庭经济困难学生认定具有相对复杂性，属于农村户口还是非农户口、幼时成长环境、父母是否受高等教育等信息都可以作为家庭经济困难学生判定的客观依据。由此可见，很大一部分受助学生来源于贫困家庭，原生家庭的问题成为受助学生群体产生心理状况的首要因素。

2. 因病致贫是导致家庭经济困难的首要原因

对于家庭中有成员长期患慢性疾病、突发重大疾病或者因病去世的困难学生要给予高度关注，这部分受助学生往往不愿意透露自己或者家人的病情隐私，因此精神压力和心理压力较普通受助学生更大，在做好因病致贫临时困难补助等相关资助工作的同时，应当及时关注这部分学生的心理健康，帮助他们化解压力、健全人格。

（二）学生消费情况分析

学生月消费情况大数据分析可以作为判定家庭经济困难学生的依据，大学生阶段学生主要的生活来源来自家庭，经济条件较差的，比如每月生活费只有 600~1000 元的大学生，可能会利用课余时间勤工俭学，弥补经济上的不足。

（三）现行资助政策对学生的心理健康影响

1. 赠予—激励型资助与赠予—保障型资助对于学生自信心、积极性的不同作用

高校现行的资助主要分为赠予—激励型资助和赠予—保障型资助，赠予—激励型资助以国家奖学金、国家励志奖学金、社会类奖学金为主，赠予—

保障型资助主要是指国家助学金或其他高校补贴。调查结果显示，大学生明显更倾向于国家奖学金和国家励志奖学金，因为其对学生的学习成绩、学习能力有着正向、积极的影响，而学习成绩、学习能力反过来作用于学生获得更多的资助奖项，对于受助学生来讲是个生活与学业并进的良性循环。

2. 现行资助政策满意度与心理压力分析

一是受助学生对现行资助政策满意度分析。对于现行资助政策、资助流程以及资助公正调查研究显示，奖学金带给家庭经济困难学生正向且积极的影响，绝大多数学生是满意的，受助学生立志专注学业、选择考研、增强自信心、当好学生干部、回报父母等，即便是产生心理负担，也会努力学习以再次获得奖学金，对得起父母的支持，不辜负自己，回报社会等，这样就将压力变成了动力。

二是受助学生个性化建议分析。希望学校在资助过程中全面、准确了解学生。此建议源于学生与老师信息不对等、资助信息未及时更新等情况，高校应当建立完善家庭经济困难学生档案，做到实时更新学生真实状况，不漏掉一名需要帮助的学生，杜绝错判、漏判，把资助给到真正有需要的学生，做好资助后监督、教育、引导工作。希望评选流程更加私密一些。由此建议可以看出部分家庭经济困难学生较为敏感乃至自卑，不愿被公开家庭、疾病、贫困等状况。建议取消班级民主评议，遏制抱团行为。此建议来源于班级民主投票环节，这个环节是资助评定公平公正的环节，但有一些学生对此质疑，原因是民主评议存在拉票，或者靠人缘的情况，导致资助与贫困等级不相匹配。

三是受助学生心理压力及激励程度分析。受助学生心理调节能力有待加强。从调查结果看，有的学生自卑心理与极强自尊心指标都超过了 30%。能够进行自我调节的学生自控力强，化压力为动力，即使有心理情绪也能够自我化解，从其他层面弥补情感缺失，但受助学生往往无法调节心理压力。受助学生自我情绪排解能力弱。调查显示心理压力较大的学生，自我情绪排解能力弱，或发泄情绪渠道有限，与父母、朋友沟通交流少，容易累积负面情绪，从而产生紧急危机状况。

二、高校资助育人政策优化探讨

（一）从受助学生需求出发，合理设置勤工助学岗位

从调查情况看，多数学生认可勤工助学方式，但有考研或者就业需求的受助学生普遍希望勤工助学正好契合学生的学业课程或者安排在周末、寒暑假不耽误学习的时间，这就需要高校从学生的需求出发，设身处地为家庭经济困难学生推荐介绍时间合适、兴趣使然或专业合适的勤工助学岗位。实践证明，尊重学生发展需求，掌握受助学生思想特征，提供合适的资助方式是帮助家庭经济困难学生的有效途径。

（二）合理配置赠予—保障型资助与赠予—激励型资助

高校应当着眼保证家庭经济困难的学生基本生活水准，组织落实好国家、政府、社会和学校层面的赠予—激励型资助，帮助家庭经济困难学生解决实际困难，树立自信心，找到自身价值所在，潜心求学，努力成长成才。

（三）组织好民主评议，寻求公平的方式让受助学生应助尽助

受助学生对于资助过程中的民主投票形式存在质疑，认为主要是靠人际关系而不是真正的贫困情况。高校资助评议者、辅导员、班级干部应当合力寻求更合适的资助评议方法，在民主评议的基础上，寻求更加公平的方式让受助学生应助尽助。

（四）资助过程中要注意保护受助学生隐私

家庭经济困难学生对身份较为在意，他们介意别人知道他们受助学生的身份，介意同学了解家人及自身的疾病等个人隐私信息，有的受助学生会因此产生自卑、极端的情绪。辅导员等职能部门工作人员，应关注受助学生的心理状况，尽可能地理解学生的情绪，并及时进行针对性疏导，在资助过程中注重保护受助学生的隐私，让他们获得应有的尊重。

（五）促进综合能力培养，提升受助学生发展潜能

家庭经济困难学生在人际交往上的投入较少，自卑、不够自信、情感压抑等心理问题比较常见。高校应当重视家庭经济困难学生人际交往能力、专

业技能等综合能力的培养，增强他们的发展潜能，帮助学生平稳、顺利完成学业。鼓励家庭经济困难学生积极参与学校各项学术、社团活动，获得锻炼和提高，扩大自己的朋友圈，在自我发展之余更能够温暖他人。

三、高校资助育人的心理帮扶路径

学生资助工作是重要的保民生、暖民心工程，然而在现实中还面临一些问题，表现在重经济资助、轻精神心理激励，发展型资助的“造血” 功能认识不到位，“四位一体”资助助人机制缺失，资源分配偏重“扶困”，“扶智”“扶志”倾向偏弱，受助学生自主意识淡薄，解困能力弱。因此，高校在资助育人过程中应关注学生内在需求，不仅要从经济上和物质上去扶持，更要深入了解学生的心理和思想动态，重视学生的人格发展，加强思想引领，组织好感恩公益和社会创新实践活动。

（一）完善受助学生心理帮扶机制

一是建立专人帮扶机制。根据受助学生经济和心理健康状况，个性化地开展受助学生心理帮扶活动，建立专人帮扶机制。汇集政府、社会、家庭和学校的力量，共同对受助学生进行心理、学业、经济、就业等全方位的帮扶。

二是完善朋辈帮扶机制。在切实摸清底数的基础上，安排心理专干教师、辅导员、班干部、学长学姐定期对受助学生进行心理问询，及时了解受助学生的心理状况，尤其是在其未获得内心希冀的资助时，要第一时间对受助学生进行心理帮扶，帮助他们了解资助政策，参加勤工俭学等，从而解决实际困难，努力完成学业。

（二）塑造积极的人格

一是积极开展心理育人，培养受助学生人格自信和优秀品质。高校应开设积极心理学课程，引导受助学生学会运用心理学方法进行自我认知，调节个人心理状况，减轻负面情绪；鼓励高校教师尤其是辅导员在日常的思政教育和教学中熟练运用心理学理论，培养学生积极向上的优秀品质；针对确有心理问题的受助学生，要善于运用心理学干预方法帮助他们解开心结，提升受助学生耐挫能力。

二是努力加强德育引领，培养受助学生的感恩和奉献意识。调查结果显示，高校资助育人工作目前普遍存在重资助轻育人的现象，有的受助学生容易产生“拿来主义”的依赖思想，不利于培养受助学生自强自立精神和感恩之心。为此，高校要在“输血型”的无偿资助方式中融入“造血型” 的资助方式，加强德育教育，采取针对性措施丰富学生的精神世界；组织受助学生参与校内外实践教育活动，培养感恩意识、奉献精神，塑造积极的人格品质。

（三）营造积极向上的校园环境

一是形成友善互助的校风。强化全体教师的育人意识，关注家庭经济困难学生的学习情况和心理状态，教师和班干部帮助学业困难的受助学生，使其养成良好的学习、生活习惯，形成亦师亦友的良好校园环境，引导受助学生养成积极乐观的心态，从根源上消除自卑心理。

二是建设良好的班风和学风。一方面，辅导员、班主任和班干部要随时关注学生动态，全面了解受助学生的身心健康和学业、生活情况，进行个性化帮扶。另一方面，要充分利用学生干部的力量，积极开展丰富多彩的班级活动，营造勤学好思学习环境，潜移默化地转变受助学生心理状态，培养积极乐观的学习和生活态度。

三是开展丰富多彩的校园文化活动。有吸引力的校园文化活动和乐观向上的同伴引导能够转化和减轻受助学生内心的压力和自卑等消极情绪。高校作为培养学生成长成才的主阵地，应从实际出发，组织开展学生感兴趣、愿意参与的校园文化活动，帮助受助学生尽快融入集体生活，提升人际交往能力，增强自信心、成就感和幸福感，为圆满完成学业打好基础。

四、结语

新时代高校资助育人的初心和使命是让每位家庭经济困难学生都能获得教育公平，要把“扶困”与“扶智”“扶志”结合起来，建立国家资助、学校奖助、社会捐助、学生自助“四位一体”的发展型资助体系，构建物质帮助、道德浸润、能力拓展、精神激励有效融合的资助育人长效机制，实现无偿资助与有偿资助、显性资助与隐性资助的有机融合，形成“解困—育人—成才—

回馈”的良性循环，着力推动受助学生提升综合能力，形成自立自强、诚实守信、知恩感恩、回馈社会的良好品质。

参考文献：

［1］ 教育部 . 中共教育部党组关于印发《高校思想政治工作质量提升工程实施纲要》的通知［EB/ OL］.（2017-12-05）［2024-08-08］.http：//www.moe.gov.cn/srcsite/A12/s7060/201712/t20171206_320698.html.

［2］ 廖燕群，张志巧 .“三全育人”背景下高校资助育人的路径优化：“三全育人”背景下大学生成长与发展调查研究之二［J］. 百色学院学报，2021（5）：123-128.

［3］新华社 . 教育部部长陈宝生就“教育改革发展”答记者问［EB/ OL］.（2017-03-12）［2024-08-08］.http：//www.moe.gov.cn/jyb_xwfb/gzdt_gzdt/moe_1485/201703/t20170313_299293. html.

［4］ 张艳杰 . 高职院校家庭经济困难学生自我发展需求的调查研究：基于广东部分地区高职生的调查［J］. 太原城市职业技术学院学报，2018（12）：58-60.

［5］ 杨祖义，冯涛，曹科，等 . 家庭经济困难大学生资助政策优化研究：基于某医科大学药学生的调查研究［J］. 中国高等医学教育，2021（2）：35-36.

［6］丁绍家 . 从“扶困”到“扶智”、“扶志”：高校贫困生发展性资助创新实践研究：以 YZ 校为例［D］. 郑州：郑州大学，2018.

［7］许云峰 . 新时代高校资助育人模式的探索与研究［J］. 经济研究导刊，2020（11）：81-83.

［8］ 许力文 . 积极心理学在高校资助育人工作中的应用研究［J］. 决策探索（中），2021（11）：79-81.

［9］刘琳 . 增强大学生思想政治教育时代性的思考［J］. 长春教育学院学报，2014（8）：76-77.

（原文刊载于《西部学刊》2024 年第 01 期，有删改）

高校贫困大学生就业心理问题及对策

张斌　彭望　邱致燕　蒋怀滨

家庭经济困难的大学生即高校贫困生，是指在高等院校中，由于家庭经济困难，在校期间学习及生活缺乏固定经济保障的学生。随着高校招生、收费和就业制度改革的逐步深化，大学生中贫困生的数量也相对增加。为营造和谐的校园氛围和建构和谐的社会环境，贫困生作为高校中特殊的群体，得到了国家政府和学校有关部门的特殊照顾和重视。高校的大规模扩招，给高等教育事业带来了发展机遇的同时，也使高校的毕业生面临着严峻的就业挑战，特别是贫困大学生绝对人数的急剧增加，致使贫困生就业压力尤为突出。如果不能妥善处理好高校贫困生群体的就业问题，将直接影响到中国高等教育的可持续发展，也将给和谐社会的构建带来不利因素。因此，积极做好贫困毕业生的就业指导工作，事关高等教育的健康发展，乃至学校与社会的安定，也成为高校就业指导工作者的一个新课题。本文根据大学生入学时所填的家庭月收入情况和申领困难补助、学费减免、助学贷款等情况，采取分层随机抽样原则，抽取长沙市某大学贫困大学生 185 人，其中男生 56 人，女生 129 人，运用问卷调查与访谈相结合的方法对高校贫困生生存现状进行调查，重点结合当前高校贫困生就业存在的问题进行剖析，提出解决贫困大学生就业问题的对策。

作者简介：张斌，湖南中医药大学研究生院院长，教授；彭望，湖南中医药大学人文社会科学学院 2015 级中医心理学研究生；邱致燕，湖南中医药大学招生就业处就业科科长，副教授；蒋怀滨，福建技术师范学院教师，教授。

一、贫困生的生存现状及问题

（一）贫困生家庭经济困难

就贫困生的家庭月收入而言，29.3% 在 1000 元以下，70.7% 在 1000~2000 元之间。随着城镇化进程逐步推进和农村居民生活水平日益提高，家在农村或城市与贫困之间已无必然联系，但是调查显示，90.3% 的贫困生来自农村，只有 9.7% 的贫困生来自城镇，这说明我国经济发展水平的区域化差别仍然悬殊，生源结构区域明显。

（二）贫困生消费水平低

大学生每月消费支出额度与家庭经济条件、当地物价水平及个人习惯相关。调查显示，贫困生月平均消费在 399 元以下的占 47.9%，在 400~799 元的占 37.0%，在 800~1200 元的占 15.1%。多数贫困生的经济来源主要是父母供应。为了缓解经济压力，绝大多数选择勤工助学或校外兼职，这说明贫困生心理有积极的一面，经济的拮据促使他们更多地寻求外界条件以解决现状。

二、贫困生就业心理存在的主要问题

（一）贫困生的综合素质有待提高

调查显示，贫困生的学习成绩分为：10.1% 优秀，40.8% 良好，37.8% 合格，11.3% 不合格。这说明贫困大学生的学习成绩不尽如人意。由于生活的压力，82.7% 的贫困生有勤工助学或校外兼职的经历，学习时间被占用是影响贫困生学习状况的重要因素之一。另外，家庭经济贫困影响贫困生参加各种丰富多彩的课外活动、人际交往、社会实践等，从而制约贫困生综合素质的提高。高校对奖学金的评定不仅与学习成绩有关，还与学生综合素质有关，这就导致贫困生在综合成绩排名时处于劣势。另有调查显示，贫困大学生大部分来自农村，过分重视应试教育，学识结构和实践能力也有待进一步提升。

（二）贫困生的就业观念落后，就业期望值高

42.7% 的贫困生选择毕业后考研，31.4% 的贫困生希望考取公务员或进入事业单位。一方面，就业形势的严峻使许多贫困生选择继续深造；另一方面，贫困生对于拥有一份长期稳定工作的期望与“学而优则仕”等观念相关。

在选择工作环境的调查中，50.9% 的贫困生希望到经济发达的大城市或沿海地区工作， 48.0% 的希望到中小城市工作，只有 1.1% 的贫困生愿意到农村欠发达地区工作。对于未来工作一年后期望的薪资，40% 的贫困生认为月薪 2000~3999 元， 60% 的贫困生认为理想的月薪在 4000 元以上。这说明了贫困生对经济发达城市高工资的向往。研究数据表明，贫困生急于改变贫困现状，过分关注物质实惠等利益。这给高校贫困生带来了一定程度的就业困难。

（三）贫困生的心理健康状况不容乐观

调查研究显示，在人际交往方面，74.6% 的贫困生交往平淡，甚至有 2.1% 的贫困生没有朋友或不爱与人交往。这说明贫困生的人际交往的满意度普遍不高，在人际上常出现一些困惑。在对焦虑、抑郁自评的调查中显示，60% 的贫困生存在不同程度的焦虑，其中轻度 29.7%、中度 17.8%、重度 12.5%；29.1% 的贫困生存在不同程度的抑郁，轻度为 20.5%、中度为 6.4%、重度为 2.2%。这说明贫困生的心理健康状况不容乐观。在对社会支持的调查研究中发现，35.5% 的贫困生存在社会支持轻微障碍，18.3% 的贫困生存在严重的社会支持问题。这说明贫困生的社会支持系统薄弱，是心理问题的易感人群。

访谈中发现，贫困生由于家庭经济条件的限制，长期承受来自经济和心理的双重压力，主要的心理问题表现为：（1）自我认识上的自卑，贫困生在能力、自身价值等方面低估自己，担心别人瞧不起自己，心理上采取逃避、退缩的应对方式；（2）情绪上的焦虑，贫困生由于现实经济困难而引起自我无力应对的现实焦虑，物质生活的匮乏以及学费与生活费的无法保障导致了精神上的紧张和焦虑不安；（3）性格偏执，主要表现为对他人的不信任与怀疑，行为固执、自尊心过强、情绪不稳定，待人接物上有着严重的戒备心理；（4）人际关系的敏感多疑，贫困生往往自我封闭，交际面狭窄，与人交往中常常抱着一种防御心理，对他人的评价敏感多疑；（5）女性贫困大学生就业焦虑则更为严重，大部分表现为缺乏自信和竞争意识，妄自菲薄。

三、贫困生就业心理问题的对策思考

（一）完善就业环境，促进贫困生就业

贫困生既是承载家长高期望值的特殊群体，也是承载社会高期望值的特殊群体，更是国家宝贵的人才资源与和谐社会建设的重要力量。因此，各级部门对贫困生的就业工作必须高度重视。要解决贫困生的就业心理问题，最根本的是要保障他们赖以生存的物质需要。高校可以推行“绿色通道”，设立贫困生专项奖学金，政策上适当向贫困生倾斜，扩大贫困生获取奖学金的比例。在资助过程中，学校应对受益的贫困生严格把关，要让真正努力学习、自强不息的贫困生受奖，让贫困生树立自立自强的奋斗精神。深化勤工助学机制，积极促进校企对口扶贫，实现“产学研”与贫困生资助有机结合。一方面解决贫困生的物质需求问题，另一方面为贫困生了解社会、了解职业提供有利的条件，为日后就业做好准备。扩大高校贫困助学内涵，建立社会人士与贫困生“一对一”帮扶对子，提供优质社会兼职打工岗位，开展贫困生综合技能培训等。勤工助学拓展了经济资助的平台，不仅可以帮助贫困生获得补助，解决经济压力，还可以转移贫困生注意力，锻炼其人际交往能力，充实生活，较好地缓解焦虑情绪。

各级就业部门在制定毕业生就业政策与安排就业工作时，要加大对贫困毕业生的利益倾斜与政策支持力度。如进一步规范完善毕业生就业市场与就业服务体系，科学规范并理顺用人选拔机制，坚决杜绝人情因素，做到公平透明、竞争择优，为毕业生大力营造凭借个人才能就业的良好竞争环境。同时出台一些积极的就业政策以帮助贫困大学生就业，政府免费为贫困大学生进行职业技能培训，提供创业资助或失业补贴，帮助他们度过毕业即失业的困难期。同时，教育、司法、劳动等部门要协调合作，减少就业壁垒，提供就业服务咨询。针对就业市场中出现的不正之风，政府部门应该及时纠正并制定相应的政策法规，整顿就业秩序，规范就业行为，打造井然有序、良好竞争机制的就业市场，为贫困生提供良好的就业环境。

（二）提高贫困生综合素质，增强就业竞争实力

调查显示，贫困大学生对就业指导期待较高，但自身又缺乏就业准备。因此，贫困生在大学阶段应注重完善和充实自己，比如在课堂、社团活动和兼职中，

都要注意提高自己的语言表达、沟通和解决实际问题的能力。能力是就业的关键，因此，贫困生在大学期间除了选择适合自己的专业外，还要注重专业知识的培养和实践能力的提高，切实提升自身的竞争实力。学校应从帮助贫困生提高人文素养入手来提高其综合素质，定期开放微机室、语音室、音乐厅、报告厅等活动场所，并配备专职的辅导教师进行指导，通过定期举行研讨会、学术报告会、音乐会、舞会、演讲辩论比赛、英语角、创新创业大赛等活动，寓教育于活动之中，积极鼓励和引导贫困生参与其中，有效地提高贫困生的综合素质，从而增强他们的就业竞争实力。要鼓励贫困生积极参加校园社团与文体活动、争当学生干部，主动参加各种竞争性比赛，以增强其人际交往与组织管理能力，培养其团队合作精神，强化竞争意识，帮助贫困生树立自强、自尊、自信的健康心理品质，努力提高贫困生求职择业的竞争力。另外，贫困生一定要客观认识自己，在就业选择时，要合理定位，降低就业期望值，这样才能找到最适合自己的工作岗位。贫困生在面对就业挫折时，还需要树立积极心态行动起来，如积极寻求学校和家庭的帮助，主动寻找就业信息等，而不是退缩逃避。

（三）加强贫困生就业指导，健全就业心理辅导

高校的人才培养方式应该以市场需求为导向，及时优化学科结构，改革教学模式和调整专业结构，培养市场真正需求、有竞争力的合格毕业生。各高等院校应该通过媒体深入了解企事业单位的用工需求，加快改革人才培养模式，提升大学生的实践能力，提高毕业生就业素质，这是克服大学生就业焦虑的重要途径。在专业课程教学中多融入就业和创业教育，积极协调有关部门，整合资源，开辟新的就业渠道。学校积极组织实施创业服务，扶持高校学生实现自主创业。针对贫困生就业期望过高、不能正确正视自我等问题，高校应大力加强教育引导，有针对性地进行就业政策宣讲和就业形势教育。引导贫困生充分估计到就业的难度，正确为自己定位，要向贫困毕业生讲清国家奖励毕业生下基层的具体政策措施，使毕业生做好就业难的思想准备。同时，要从大众化教育的角度，引导并帮助贫困大学生树立“先就业，后择业”，全方位、多渠道的大众化就业观念，使他们充分认识到只要是能实现自身价值、有益于社会的职业，都可以一试身手，从而降低就业期望值，以平和的心态面对低工资及各类基层工作。高校应将职业生涯规划教育贯穿整个大学教育过程，要格外重视

贫困大学生职业生涯规划教育和就业指导服务，建立和健全贫困生就业跟踪和帮扶机制，根据贫困生的专业爱好、性格特点进行分类就业指导规划，引导贫困生调整就业预期。

高校应建立健全就业心理辅导机制，增强贫困大学生的就业心理素质。建立并强化大学生心理危机干预四级网络，即在学校、学院、年级和寝室层面建立完善的网络机制。发挥党团、学生会、社团作用，广泛开展心理健康教育。各类学生组织积极开展心理互助活动，使贫困生感受到社会和家庭的温暖，人与人之间的真挚感情，从而消除经济困难带来的精神压力。心理社团在发挥普及宣传教育作用时，鼓励学生助人自助，实现大学生朋辈心理咨询。可以成立贫困生互助群体，通过贫困生互助团体使他们建立自信，提高心理调节能力，减轻就业心理压力；让他们找到归属感，彼此相互帮助，增加人际交往信心。强化学校心理咨询机构的作用，帮助贫困生消除心理疾患。心理咨询机构要丰富大学生心理援助的形式和内容，可以通过互联网的优势，借助电子邮件、QQ群、博客、论坛等网络载体，通过网络心理健康教育知识讲座、网络心理咨询等方式，以学生喜闻乐见的形式进行教育，更符合现代青年大学生的性格特点，有利于与贫困生的沟通交流。高校还可以开展形式多样、内容丰富的就业心理指导，将个别心理辅导与团体心理辅导结合起来，通过网络咨询、心理剧和心理拓展训练等形式，使贫困生能够根据自己的兴趣爱好、专业特点和就业意向正确认知自己，认清就业形势，坦然面对就业压力。

总之，贫困生就业问题不单单是教育问题，还是一个经济和社会问题，能否解决好贫困大学生这一弱势群体的就业问题是衡量高等教育是否成功、经济是否能健康持续发展的重要尺度，也是构建和谐社会的重要内容。解决贫困生的就业问题是一个系统工程，只有政府、社会、高校、贫困生自身共同努力，从制度、观念、政策等方面齐抓共管，才能有效缓解贫困生就业心理压力，为贫困生创造良好就业氛围。

参考文献：

[1] 毕鹤霞.从“经济贫困”走向“心理贫困”——基于X高职院校贫困生调查的

实证研究［J］. 职业技术教育，2012，33（25）：62-67.
［2］田秀菊. 贫困大学生就业心理特点分析及问题对策［J］. 教育与职业，2014，11（24）：173-174.
［3］张永政，卞舒云. 高校贫困生生存现状调查研究——以常州市高校为例［J］. 职教通讯，2013，10（26）：57-59.
［4］伍安，张丽. 高校贫困生就业竞争力提升研究［J］. 当代教育理论与实践，2014，6（8）：98-100.
［5］马建新. 高校贫困生就业焦虑的现状及对策［J］. 教育与职业，2014，10（29）：90-92.
［6］王俊伟. 高校贫困学生就业能力的现状分析及对策研究［J］. 惠州学院学报（社会科学版），2011，31（4）：110-112.
［7］张二金. 高校贫困生消极就业心理的影响因素及其对策探析［J］. 黑河学刊，2013，8（11）：117-119.
［8］林国平. 高校贫困大学生就业问题分析与对策研究［J］. 内蒙古农业大学学报（社会科学版），2008，10（6）：239-242.
［9］张斌. 高校贫困生心理健康教育的研究与实践［J］. 中南林业科技大学学报（社会科学版），2013，7（1）：145-148.

（原文刊载于《医学争鸣》第 7 卷第 04 期，有删改）

大学生安全感与微信过度使用的关系：孤独感的中介作用

马翔　黄慧敏　姚振东　赵思路　陈火红

近年来，微信作为一款即时通信类手机APP，与大学生联系越来越密切，成为大学生日常生活中必不可少的手机应用。微信就像一把双刃剑，在方便人们交流、沟通的同时，也产生了一些问题。有研究显示，一些大学生将过多的时间投入在了微信中，大学生群体中使用微信的比例相当高。一些学生甚至在上课的时候查看微信消息、发布朋友圈、玩小程序游戏等，导致上课走神，学业成绩下降，甚至可能引发心身疾病。因此，进一步了解大学生微信过度使用的影响因素，对于减少大学生微信成瘾十分必要。

安全感是人类基本需求之一。安全感与个体手机依赖和成瘾等行为密切相关。例如林琪发现，安全感与手机依赖显著性相关，安全感水平越低，个体手机依赖得分越高。吴茜玲等发现，手机成瘾者的安全感能够显著负向预测其手机依赖水平。徐宏图等则发现，述情障碍可以通过安全感的中介作用对个体的手机成瘾倾向产生影响。这些研究表明，安全感与手机依赖与成瘾行为关联密切，个体的安全感水平越低，其手机依赖与成瘾水平越高。手机成瘾的大学生其中不少就是对微信的成瘾，因此了解微信过度使用与安全感的关系，对于进一步明确微信过度使用的影响因素以及其形成机制具有重要意义。

孤独感也是在大学生群体中较为常见的一种心理现象。一般而言，现实

作者简介：马翔，湖南中医药大学湘杏学院辅导员，讲师；黄慧敏，长沙工业学院学生工作处心理健康教育教师，讲师；姚振东，湖南文理学院学生工作部、武装部挂职副部长，校聘副教授；赵思路，湖南中医药大学湘杏学院辅导员，讲师；陈火红，湖南师范大学教育科学学院心理系博士研究生。

社交能力匮乏、人际缺失的个体更容易产生孤独感。因此，研究人员对孤独感与虚拟社交媒体依赖与成瘾之间的关联颇感兴趣。一些研究对孤独感与社交媒体依赖与成瘾的关系进行了探讨。罗晓等的研究显示，孤独感能够显著预测手机社交媒体依赖。李波等的研究也发现，大学生微信使用程度与孤独感具有正性相关，且达到了显著水平。其进一步研究还发现，孤独感能够正向预测大学生的微信使用程度，具体来看，大学生孤独感水平越高时，其微信使用程度也越高。根据以上研究不难发现，孤独感与大学生手机社交媒体依赖和微信过度使用密切相关。通常而言，大学生孤独感水平高的时候，更有可能沉迷于微信等社交媒体，这有可能是对现实社交需求无法满足时的一种补偿措施。

虽然尚未有研究直接对安全感、孤独感和微信过度使用之间的关系进行研究，但是前人对安全感、孤独感与手机依赖与成瘾之间的关系进行了一些有益的探索。例如有研究发现，孤独感与安全感、手机依赖之间存在一定关联。具体表现为：孤独感越强的人，手机依赖程度越深；孤独感越高，则安全感越低。高峰强等的研究也发现，安全感和孤独感、手机成瘾之间都表现出了负相关的关系。这些研究表明，安全感、孤独感和行为成瘾之间具有关联性。

安全感与孤独感相互影响，个体是否可能会由于过度使用微信而减少自己的孤独感，并获得安全感上的补偿？为进一步了解安全感、孤独感、微信过度使用三者的关系，并探索微信成瘾的形成机制，本研究综合采用 UCLA 孤独感量表、安全感量表、微信过度使用量表对大学生进行施测并对结果进行分析。鉴于安全感能够预测孤独感和手机成瘾行为，且孤独感能预测微信过度使用，本研究假设，孤独感在安全感影响大学生微信过度使用路径中具有中介作用。

一、对象与方法

（一）对象

532 名在校大学生（其中女性 426 名，男性 106 名；大一年级 109 名，大二年级 153 名，大三年级 113 名，大四年级 157 名），所有被试均是在知情同意情况下参与本项研究，研究在 2021 年进行。

（二）测量工具

1.UCLA 孤独感量表

由 Russell 等编制，共 20 题，采用 4 级计分，得分越高，代表个体的孤独感水平越高。本研究中该量表的 Cronbach's α 系数为 0.836。

2. 安全感量表

由丛中等编制，包括人际安全感和确定控制感两个维度，共 16 题，采用 4 级计分，分数越高代表个体的安全感水平越高。本研究中该量表的 Cronbach's α 系数为 0.938。

3. 微信过度使用量表

由 Hou 等编制，共 10 题，采用 5 级计分，包括情绪调节、突显性和冲突三个维度。分数越高表示微信使用程度越高，即微信过度使用的水平越高。本研究中该量表的 Cronbach's α 系数为 0.899。

（三）方法

采取随机取样的方法，使用 UCLA 孤独感量表、安全感量表、微信过度使用量表对长沙市某高校不同学科专业 532 名大学生进行施测。

为了不影响大学生学习时间，施测时间是在学生专业课最后一节课后。施测前，由主试向被试说明本次研究的目的、方法、施测流程以及注意事项，充分保障了研究参与者的知情同意权。所有被试同意进行研究后，由主试下发问卷，要求被试按照第一感觉对题目进行作答，不需要做过多思考，以保证研究结果能够充分反映学生真实的心理状态。待被试作答完毕后，将数据回收进行统计分析。

（四）统计学方法

采用 SPSS 24.0 对收集的数据进行描述统计分析、皮尔逊相关分析，并采用温忠麟等的依次检验回归系数法进行中介效应分析。$P < 0.05$ 表示差异具有统计学意义。

二、结果

（一）大学生孤独感、安全感、微信过度使用得分情况

大学生孤独感、安全感、微信过度使用得分的描述性统计结果见表 1。根据表 1 结果可以发现，大学生孤独感总分均值为 43.51，安全感总分均值为 52.48，安全感两个维度中，人际安全感维度得分均值要高于确定控制感维度得分。微信过度使用总分均值为 16.39，在微信过度使用三个维度中，突显性均值最高，情绪调节均值次之，冲突均值最低。

表 1　大学生孤独感、安全感、微信过度使用得分情况（n = 532）

项目	最小值	最大值	M	SD
孤独感总分	23.00	65.00	43.51	7.69
人际安全感	8.00	40.00	26.50	5.63
确定控制感	8.00	40.00	25.99	5.71
安全感总分	16.00	80.00	52.48	10.91
情绪调节	3.00	15.00	5.18	2.14
突显性	4.00	18.00	6.11	2.56
冲突	3.00	15.00	5.10	1.95
微信过度使用总分	10.00	48.00	16.39	6.06

（二）大学生安全感、孤独感、微信过度使用得分之间的关系

对施测样本安全感、孤独感、微信过度使用得分进行相关分析，结果发现，安全感与孤独感（$r = -0.634, P < 0.01$）、微信过度使用（$r = -0.155, P < 0.01$）呈显著负相关，孤独感与微信过度使用呈显著正相关（$r = 0.280$，$P < 0.01$）。具体结果见表 2。

表 2　安全感、孤独感、微信过度使用三者之间的相关（n = 532）

项目	1	2	3
安全感	1		
孤独感	−0.634**	1	
微信过度使用	−0.155**	0.280**	1

注：**$P < 0.01$。

（三）孤独感在安全感和微信过度使用的中介效应分析

对孤独感在安全感与微信过度使用之间的关系进行中介分析，结果见表3。安全感对孤独感（Beta = −0.447，t = −18.860，$P < 0.001$）和微信过度使用具有显著的预测作用（Beta = −0.086，t = −3.602，$P < 0.001$）。当因变量为微信过度使用时，孤独感的纳入使得安全感对微信过度使用的预测作用不显著（Beta = 0.021，t = 0.709，P = 0.478）。但孤独感能够显著预测微信过度使用（Beta = 0.240，t = 5.642，$P < 0.001$）。中介结果显著性检验显示，中介效应和直接效应的置信区间分别为[−0.152，−0.067]和[−0.376，0.080]，中介效应区间不包含0，直接效应区间包含0，说明中介效应显著，直接效应不显著，这表明孤独感在安全感与微信过度使用之间起完全中介作用（见图1）。

表3　孤独感在安全感与微信过度使用之间的中介作用

步骤	标准化回归方程	回归系数检验
第一步	$Y = -0.086X$	SE = −0.155，t = −3.062***
第二步	$M = -0.447X$	SE = −0.634，t = −18.860***
第三步	$Y = 0.021X + 0.240M$	SE = 0.038，t = 0.709
		SE = 0.304，t = 5.642***

注：X 为安全感；Y 为微信过度使用得分；M 为孤独感；***$P < 0.001$。

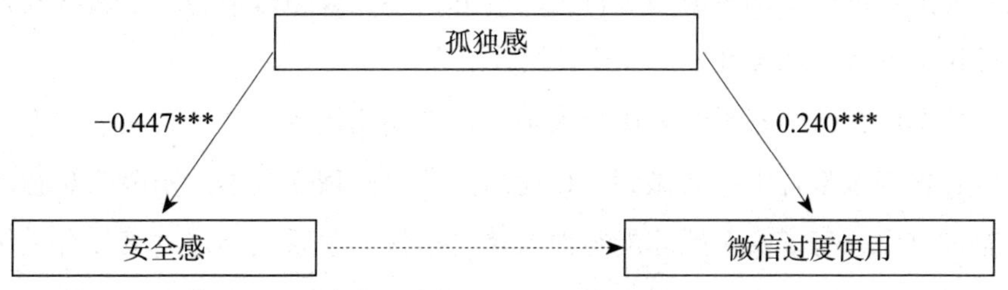

图1　孤独感在安全感与微信过度使用之间的中介作用模型

注：***$P < 0.001$。

三、讨论

相关分析结果显示，安全感与孤独感得分为显著负相关，孤独感与微信过度使用得分为显著正相关，这支持了前人的研究结果。可见，安全感水平低的大学生，孤独感水平高，微信过度使用的水平高。反之，安全感水平高的大学生，其孤独感水平低，微信使用水平也低。这提示我们大学生安全感、孤独感、微信使用水平三者之间可能存在某种关联。为了进一步了解大学生安全感、孤独感以及微信使用水平三者的作用机制，进行中介效应分析。结果发现，孤独感在安全感影响微信过度使用的路径中起到完全中介作用。这表明，当大学生安全感匮乏时，会造成强烈的孤独感，这种孤独感又会使得大学生过度使用微信。可能的原因是，一方面，虚拟社交与现实社交相比更容易让这类大学生感到安全。另一方面，根据“损失补偿假说”，成瘾行为是个体心理发育受阻时的一种补偿表现，基本需求若得不到满足，可能危及生存。孤独感与社交回避具有相关性，孤独感强的个体倾向于回避现实中的社交，并缺乏安全感。因此，当大学生缺乏安全感，感到孤独的时候，若无法通过现实社交减少孤独，则可能过度使用微信这类虚拟社交 APP 进行补偿，产生微信成瘾。值得注意的是，这种成瘾和其他形式的手机成瘾类似，可能会进一步削弱个体的现实社交能力，因此不利于大学生适应学校和社会。

此外，在探讨孤独感和安全感对微信过度使用与成瘾的影响的时候，还需要考虑孤独感和安全感相关的一些心理特征。例如研究发现，安全感与大学生的述情障碍存在显著相关。述情障碍个体通常在人际关系等方面存在问题，也更容易产生网络成瘾等行为。可见，影响成瘾行为的因素通常较为复杂且相互关联，未来可进一步开展相关研究。

从本研究结果来看，为避免大学生过度使用微信，减少其微信成瘾，在今后心理健康教育中需要做到：1. 提高大学生心理安全感。安全感对心理健康非常重要，有了安全感才能与他人建立信任的关系。心理健康教育工作者可以设计团体辅导方案，对大学生安全感进行干预。2. 减少大学生孤独感。营造良好班级氛围，多组织开展班级集体团建活动、联谊会等，引导大学生在现实层面开展社交活动，避免沉浸于微信等虚拟形式的社交。3. 加强心理健康知识教育。如开展心理健康知识讲座，培养大学生人际交往技能，提高其心理调适能力。

本研究存在的主要不足：1. 仅对大学生样本进行了研究，未来可扩大样本群体，了解其他群体微信过度使用与成瘾情况。2. 本研究探讨了大学生微信过度使用与成瘾的个体因素，但是大学生微信过度使用与成瘾也可能和其家庭教养方式、学校环境等外在因素有关，未来可尝试将内外因素结合后进行研究。

四、结论

本研究结果表明，孤独感和安全感对大学生微信过度使用与成瘾具有重要影响。为避免大学生过度使用微信，减少其微信成瘾，需要考虑大学生安全感和孤独感等心理因素的综合作用，并加强心理健康教育与心理干预。

参考文献：

［1］Mao C.Friends and Relaxation：Key Factors of Undergraduate Students’WeChat Using［J］.Creative Education，2014，5（8）：636-640.

［2］林琪．技校生手机依赖与安全感的关系研究［J］．职业，2018，25（34）：105-107.

［3］吴茜玲，罗娇，白纪云，等．大学生安全感对手机成瘾的影响：回避现实社交的中介作用［J］．心理发展与教育，2019，35（5）：589-596.

［4］徐宏图，杨琪，汪海彬．大学生述情障碍对手机成瘾倾向的影响：安全感的中介作用［J］．湖州师范学院学报，2018，40（4）：88-92.

［5］罗晓，胡春男．大学生睡眠问题对手机社交媒体依赖的影响：孤独感的中介作用［J］．中国健康心理学杂志，2021，29（5）：776-781.

［6］李波，史滋福，王诗宇，等．大学生微信使用程度与孤独感的关系：自我控制的中介作用［J］．心理技术与应用，2018，6（7）：431-437.

［7］贾丽娟．高中生手机依赖与孤独感的关系：自尊和安全感的中介效应［D］．石家庄：河北师范大学，2018.

［8］高峰强，张雪凤，耿靖宇，等．孤独感对手机成瘾的影响：安全感与沉浸的中介作用［J］．中国特殊教育，2017，24（7）：53-58.

［9］Russell D，Peplau L A，Cutrona C E.The Revised UCLA Loneliness Scale：Concurrent and Discriminant Validity Evidence［J］. Journal of Personality & Social Psychology，1980，39（3）：472-480.

［10］丛中，安莉娟．安全感量表的初步编制及信度、效度检验［J］．中国心理卫生杂志，2004，18（2）：97-99.

[11] Hou J, Ndasauka Y, Jiang Y, et al.Excessive Use of WeChat, Social Interaction and Locus of Control Among College Students in China [J].PLOS ONE, 2017, 12 (8): e0183633.

[12] 温忠麟，张雷，侯杰泰，等.中介效应检验程序及其应用[J].心理学报，2004，36(5)：614-620.

[13] 高文斌，陈祉妍.网络成瘾病理心理机制及综合心理干预研究[J].心理科学进展，2006，14(4)：596-603.

[14] 汪婧，钱亚新，祁可可.安全感对心理健康的影响[J].校园心理，2021，19(5)：434-436.

[15] 张雪凤，高峰强，耿靖宇，等.社交回避与苦恼对手机成瘾的影响：孤独感、安全感和沉浸的多重中介效应[J].中国临床心理学杂志，2018，26(3)：494-497.

[16] Misra S, Cheng L, Genevie J, et al.The iPhone Effect The Quality of In-Person Social Interactions in the Presence of Mobile Devices [J].Environment and Behavior, 2014, 4 (2): 1-24.

[17] 张亚利，陆桂芝，金童林，等.大学生手机成瘾倾向对人际适应性的影响：述情障碍的中介作用[J].中国特殊教育，2018，25(2)：83-88.

[18] 黄丽娟，郑显亮，谢智华，等.自我控制在大学生述情障碍与网络成瘾间的中介作用[J].中华行为医学与脑科学杂志，2021，30(10)：940-943.

[19] 曹羽鹤，王坚.安全感研究述评与展望[J].中国健康心理学杂志，2016，24(12)：1914-1917.

（原文刊载于《心理月刊》2023年第3期，有删改）